Neue Literatur · Anthologie im Frühjahr 2011

Neue Literatur

Anthologie im Frühjahr 2011

AUGUST VON GOETHE LITERATURVERLAG

IM GROSSEN HIRSCHGRABEN ZU FRANKFURT A/M

Das Programm des Verlages widmet sich
– in Erinnerung an die
Zusammenarbeit Heinrich Heines
und Annette von Droste-Hülshoffs
mit der Herausgeberin Elise von Hohenhausen –
der Literatur neuer Autoren.
Das Lektorat nimmt daher Manuskripte an,
um deren Einsendung das gebildete Publikum
gebeten wird.

©2011 FRANKFURTER LITERATURVERLAG FRANKFURT AM MAIN
Ein Unternehmen der Holding
FRANKFURTER VERLAGSGRUPPE
AKTIENGESELLSCHAFT AUGUST VON GOETHE
In der Straße des Goethehauses/Großer Hirschgraben 15
D-60311 Frankfurt a/M
Tel. 069-40-894-0 ✱ Fax 069-40-894-194
E-Mail: lektorat@frankfurter-literaturverlag.de

Medien- und Buchverlage
DR. VON HÄNSEL-HOHENHAUSEN
seit 1987

Websites der Verlagshäuser der Frankfurter Verlagsgruppe:

www.frankfurter-verlagsgruppe.de
www.frankfurter-literaturverlag.de
www.frankfurter-taschenbuchverlag.de
www.august-goethe-literaturverlag.de
www.fouque-literaturverlag.de
www.weimarer-schiller-presse.de
www.deutsche-hochschulschriften.de
www.deutsche-bibliothek-der-wissenschaften.de
www.haensel-hohenhausen.de

Bibliografische Information der Deutschen Nationalbibliothek
Die Deutsche Nationalbibliothek verzeichnet diese Publikation in der Deutschen
Nationalbibliografie; detaillierte bibliografische Daten sind im Internet
über http://dnb.d-nb.de abrufbar.

Lektorat: MetaLexis

Umschlagabbildung: Walfried Posse, Frischer Morgen, 2001, Öl auf Leinenkarton.

ISBN 978-3-8372-0924-2

Die Autoren des Verlags unterstützen den Bund Deutscher Schriftsteller e.V.,
der gemeinnützig neue Autoren bei der Verlagssuche berät.
Wenn Sie sich als Leser an dieser Förderung beteiligen möchten, überweisen Sie bitte
einen – auch gern geringen – Beitrag an die Volksbank Dreieich, Kto. 7305192, BLZ 505 922 00,
mit dem Stichwort „Literatur fördern". Die Autoren und der Verlag danken Ihnen dafür!

Gedruckt auf säurefreiem, alterungsbeständigem Papier,
hergestellt aus chlorfrei gebleichtem Zellstoff (TcF-Norm).

Printed in Germany

Günter Aigner

Urlaub

Urlaub, sehnsuchtsvolle Zeit
voller Wünsche, Träume, Pläne,
einmal entrückt der Wirklichkeit,
der Mensch in einer neuen Szene.
Zeit der Abenteuer und Romantik,
Ausbruch aus der Alltagslast.
Für viele gar ein Stück vom Glück,
das oftmals schwer nur angepasst.
Geheimnisse in fremdem Land,
Ruhe und Beschaulichkeit,
Sonne, Wind an weißem Strand,
Wandern in Bergeinsamkeit.
Was ist aus allem dann geworden,
schaut man auf diese Zeit zurück?
Blechlawinen, Menschenhorden
entziehen Schönes unserm Blick.
Statt Ruhe dröhnen Phongeräusche,
den Berg zerfurchen Bahnen, Lifte,
in fremden Ländern stören Bräuche,
den Strand umspülen Umweltgifte.
Des Jahres lang erhoffte Tage,
sie werden so fast zum Ballast.
Doch kommt Erholung ohne Frage,
wenn du erst wieder Arbeit hast.

Winter

Flockig leicht wirbelt's vom Himmelszelt,
wie schwerelos tanzend im Wind
Schnee unaufhörlich zur Erde fällt.
Die Herrschaft des Winters beginnt.
Farblos weiß, gleich einem Totenkleid
hüllt kalter Schnee die Erde ein.
Begrabenes Leben weit und breit,
gefroren die Scholle zu Stein.
Nach Nahrung sucht die Kreatur,
der Hunger ist stets im Geleit.
Den Schnee durchzieht manch tiefe Spur,
ein Zeichen in der Einsamkeit.
Zweige, geduckt unter schwerer Last,
im weißen Mantel eingehüllt,
starre Natur, vom Eis erfasst,
vom Sehnen nach Wärme erfüllt.
Kristall'ne Blumen auf klarem Glas,
entstanden aus eisigem Hauch,
samt'ner Reif aus gefrorenem Nass,
Filigrane an Baum und Strauch.
In mattem Blau und gleißendem Weiß,
silbrig von der Sonne erhellt,
in Schatten und Licht auf Schnee und auf Eis
zeigt sich des Winters frostige Welt.
Gläsern schimmernd dort drunten im Tal
die erstarrte Fläche des Sees,
aufleuchtend in einem Sonnenstrahl,
ein Spiegel inmitten des Schnees.
Erst wenn in tief verschneiten Wiesen
wird sichtbar wieder zartes Grün,
vom Eis befreit die Wasser fließen,
dann ist des Frühlings Anbeginn.

Die starke Hand

Dunkle Wolken am Himmel zieh'n
mit schwerer nasser Last.
Lässt Mensch und Tier zur Herberg' flieh'n,
besorgt und voller Hast.
Wenn der Schleusen Tor' erst offen
für des Wassers freien Lauf,
hilft kein Bangen oder Hoffen,
kein Gott hält diese Fluten auf.
Sich ergießend, rauschend, dicht
wie fest gewebter Schleierflor,
verschlingend selbst der Sonne Licht
bricht nun des Himmels Innerstes hervor.
Drohend, finster, unheilschwer,
Schwaden ziehen ihre Bahn,
wie ein endlos weites Meer
im alles zerfetzenden Orkan.
Die Dämme bersten durch Naturgewalt,
Flüsse über Ufer treten,
schäumende Wasser in Urgestalt
lehren Menschen wieder beten.
Tosend, gischtend rauscht's hernieder
auf das sonst so ruhige Land,
dessen Menschen sich nun wieder
geben ganz in Gottes Hand.
Der Bauern Scholle ist weggeschwemmt,
Arbeit über Nacht vernichtet,
des Wassers Kraft hat ungehemmt
Wald und Feld gelichtet.

Aufgewühlt, verletzt ist nun die Welt,
in kurzer Zeit vollendet,
sie, die man für unbesiegbar hält,
sie ist von starker Hand geschändet.
Und mit derselben hehren Kraft,
die alles schnell zerstörte,
sie auch wieder Ordnung schafft
auf unsrer kranken Erde.

Drei Worte

Es gibt ein Wort auf dieser Welt,
das viel Geborgenheit enthält,
das Menschen zueinander führt
und manches Herz schon hat gerührt,
ein Wort, auf das man vieles kann erbauen.
Es heißt – Vertrauen.
Es gibt ein Wort auf dieser Welt,
das unser Leben stets erhellt,
das Menschen das Verstehen lehrt,
mit dem ein Mensch den Andern ehrt,
das stumm oft wirkt im Weltgetriebe.
Es heißt – Liebe.
Es gibt ein Wort auf dieser Welt,
das unbezahlbar ist mit Geld,
durch das die Herzen höher schlagen,
mit dem sich Mühsal lässt ertragen,
ein Wort, das wirkt zu jeder Zeit.
Es heißt – Dankbarkeit.

Vertrauen, Dankbarkeit und Liebe,
dieser Worte Wert und Güte
sollt' der Menschen Leben lenken,
all ihr Handeln und ihr Denken.
Doch etwas Wichtiges dazu gehört,
das alles auf der Welt betört,
das fühlen lässt die Freud', den Schmerz.
Es ist – das Herz.

Freiheit

Freiheit, höchstes Gut auf dieser Welt,
mit der Menschenwürde gleichgestellt,
Freiheit des Geistes und des Lebens,
als Ziel und Inbegriff des Strebens;
bedroht und geweiht dem Untergang
– durch Zwang.
Freiheit für Meinung und Gedanken,
Länder ohne Zoll und Schranken,
Freiheit von den Dogmen alter Zeit,
Entfaltung der Persönlichkeit;
für viele der Wunsch ein Leben lang
– im Zwang.
Freiheit für den eig'nen Glauben,
nicht Kritiker des Worts berauben,
Freiheit für der Menschen Arbeit
und für die unbequeme Wahrheit;
dort wo viele Menschen leben bang
– unter Zwang.

Freiheit für der Kinder fröhlich' Spiel,
das, meist lärmverbunden, keiner will,
Freiheit für Menschen aller Farben,
die unterjocht in Ländern darben;
das Leben erhält erst seinen Rang
– ohne Zwang.
Völker geknechtet von Regenten,
Menschen, die wie das Tier verenden,
von Diktatoren derb getreten,
Schwarze bei Weißen ungebeten;
wo bleibt hier der Freiheit steter Drang
– bei soviel Zwang?
Freiheit, aller Menschen Traum,
umfassend zu erreichen kaum,
doch kann noch vieles besser werden,
wo Menschen unterdrückt auf Erden;
wenn erst ein Anfang uns gelang
– weg vom Zwang.

Herbst

Welch' üppig bunte Farbenpracht
hat uns der Herbst jetzt mitgebracht.
Wie von des Malers Künstlerhand
webt sich ein reiches Farbenband
nuancenreich durch die Natur,
verwandelt um uns Wald und Flur
in eine zauberhafte Welt,
die zu Gottes Wundern zählt.

Einmal noch wird die Natur erweckt,
eh' sie vom Schnee fest zugedeckt.
Von hellem Gelb zu dunklem Rot,
welch breit gefächertes Angebot,
mit dem sich Blätter festlich färben,
um des Beschauers Staunen werben.
Das Korn wiegt sich im Winde, Wellen gleich,
füllt bald die Speicher überreich.
Das Gold der Ähren im Sonnenglanz
wetteifert mit der Farbbrillanz
von blauen und roten Blumenflecken,
die im Getreide sich verstecken.
Alles treibt dem Ziel entgegen,
gerade wie im Menschenleben:
Ernte folgt der Fruchtbarkeit,
welkes Laub dem bunten Kleid,
ein letztes Abschied nehmendes Erglüh'n
nach des Jahres Auferblüh'n.
Dann senkt sich Nebel übers Land,
der Winter deckt mit eis'ger Hand
das Leben zu für lange Zeit.
Doch dann ist die Natur bereit
für ein Erblühen im Frühlingslicht
mit neuer Kraft und Zuversicht.
Wieder grünt und blüht das Leben,
und wieder wird es Herbstzeit geben.

Hoch hinaus

Schon immer war's des Menschen Streben,
dem Himmel möglichst nah zu sein.
So wuchsen Kirchen ihm entgegen,
Hinweis sakraler Macht aus Stein.
Der Menschen Überheblichkeit
nahm stetig zu im Lauf der Zeit.
Größer, höher, der Erde entrückt,
von übermächt'gem Drange verzückt,
ließ Architekten man entfalten,
um neue Städte zu gestalten.
Kühn, dreist und Neues wagend,
der Kirchen Türme überragend,
entstanden Gebilde von unendlichem Maß,
statische Wunder aus Stein, Stahl und Glas.
Faszinierend in Form und Gestalt,
doch oft auch abweisend und kalt.
In manchem Hochhaus, erdrückend groß,
verliert sich der Mensch, wird namenlos.
Er sucht die Ferne, aus dem Fenster die Sicht,
doch Turm an Turm steht eng und dicht.
Dunkel bleibt unten der Straßen Schlucht,
vergeblich man die Sonne sucht.
Heft'ge Winde von Fassaden fallen,
sich zu Stürmen zusammenballen.
Das höchste Haus ist noch nicht erstellt;
im Wettlauf hier auf dieser Welt
übertreffen sich Stadt und Land
auf architektonisch neuestem Stand,
höher, schöner, stolz und gewaltig,
technisch topp und vielgestaltig.

Bald werden Bibelworte laut,
der Turm zu Babel wird erbaut.
Oh Mensch, besinne dich beizeiten,
zurück zur Erde, werd' bescheiden.
Selbst im kleinsten Kirchenraum
kannst du so nah den Himmel schau'n.

Meine Frau

Der Mensch an meiner Seite,
der Freund, dem ich vertrau',
all meines Herzens Freude
bist du, geliebte Frau.
Wie Sonne für das Leben
bringt Wärme, Licht und Kraft,
hast du mir stets gegeben,
was neue Hoffnung schafft.
Im Lächeln deiner Augen,
beim Streicheln deiner Hände,
ist es mein fester Glauben,
dass ich nichts Besseres fände.
Das Wissen um die Liebe
und um die Seligkeit,
um übergroße Güte,
um eine Welt ohn' Streit.
Und wenn wir gar versunken
in einem Meer von Glück,
die Sinne liebestrunken,
vom Himmel ist's ein Stück.

Aus seligem Vergnügen
voll Liebesharmonie,
sind Kinder uns geblieben,
geboren hast du sie.
In Körper und in Seele
so inniglich vereint;
nichts Besseres ich erwähle,
das ist's, was Liebe meint.
Du hast mit deinem Wesen
vollendet all' mein Glück.
Warst für mich auserlesen,
des Lebens bestes Stück.
Ein Dankeschön alleine
erfasst das alles nie.
D'rum füg' ich es in Reime,
ich sag's mit Poesie.

Blütenzauber

Geheimnisvolles Blütenreich,
dem zarten Elfenzauber gleich,
voll Farbenpracht und Formenspiel,
märchenhaft schillernd, teils skurril.
Blütenkelche, Rispen, Dolden,
rot wie Blut, schneeweiß und golden,
blau wie der Himmel, bunt gemischt,
wie mit dem Pinsel jäh verwischt.
Des Malers rege Phantasie
vermag dies zu erfassen nie.

Tausendfache Blütenformen,
sie durchbrechen alle Normen.
Hier hat gezaubert die Natur,
denn sie allein kennt Maler nur,
Modellierer und Designer,
die, fast göttlich, wie sonst keiner,
schaffen, einem Zauberer gleich,
Traumgebilde aus Floras Reich.
Narzissen, Iris, Akelei,
Fingerhut, Nelke, Männertreu,
Lilien, Sonnentau, Jasmin,
Maiglöckchen, Primel, Rosmarin.
Gänseblümchen, Mohn, Mimosen,
Astern, Veilchen, Tulpen, Rosen,
Hyazinthe und Edelweiß,
Anemone und Ehrenpreis.
Rittersporn und Orchideen,
Ginster, Flieder, Azaleen,
Wiesenschaumkraut, Herbstzeitlose,
Krokus, Klee und Buschwindrose.
Die ganze blumenreiche Pracht,
sie krönt die Königin der Nacht.
In aller Welt die Blumen blüh'n,
die Gärten, Wiesen sie durchzieh'n.
Über Berge, Täler, Länder,
liegen bunt gewebte Bänder.
Der Zauber erst vollkommen ist,
wenn jeder Mensch nie mehr vergisst,
dass eine Blüte, die er pflückt,
kein and'res Auge mehr entzückt.
So lasst die Blumen unberührt,
wohin der Weg auch immer führt.
Freut euch an dem Reich der Blüten,
helft, die Schöpfung zu behüten.

Neues Leben

Der erste Schrei – so neu geboren
in eine unbekannte Welt.
Den Schutz des Mutterleibs verloren,
was für ein Los hast du erwählt?
Welch Schicksal wird dich wohl begleiten
im Leben, das nun vor dir liegt?
Welch Spiel wird man mit dir jetzt treiben,
bis diese Welt dich hat besiegt?
Bist du von Liebe stets umgeben,
die für dich wird ein Schutzschild sein,
geboren mit der Eltern Segen
für all dein Wirken und Gedeih'n?
Bist du gezeugt in wildem Triebe,
als ein Versehen der Natur,
die dich in ihrem Weltgefüge
empfindet als Belastung nur?
Wenn du die Niete hast erkoren,
wirst angefeindet von der Welt,
dann bist vergebens du geboren,
dein Todesurteil ist gefällt.
Als Kind schon ungewollt von allen
kannst du das Leben kaum besteh'n.
Lässt dich die Welt erst einmal fallen,
wirst du nie mehr die Sonne seh'n.
Ist dir das Glück jedoch ergeben,
als erster Lichtblick dir beschert,
so wirst du stets auf's neu' erleben,
wie sehr man dich als Freund begehrt.

Was du auch immer magst erstreben,
dein Weg wird voller Siege sein
und allzeit werden deinem Leben
Erfolg und Macht den Glanz verleih'n.
So unerbittlich ist das Leben,
über allem Fragezeichen.
Kaum wird es eine Chance geben,
diesem Zufall auszuweichen.
Leben ist Schicksal und ohne Wahl.
Es ist wie eine Lotterie.
Die Zukunft ist das Kapital.
Wie groß es ist, das weißt du nie.

Musik

Welch Sphärenklang erfüllt den Raum!
Hoffnung, Freude, süßer Traum,
Schwermut, Schmerz und banges Sehnen
liegt in diesen hehren Tönen.
Musik, du holde Zauberin,
oh Mensch, gib deine Seele hin,
schwelge in der Töne Fülle,
bis ihr Schleier dich umhülle.
Klänge, die so in uns leben
und die Seele zart umweben,
sind der Gefühle Spiegelbild,
zärtlich, schmeichelnd, stürmisch, wild.
Grazie, Andacht, Harmonie,
Gläubigkeit und Poesie,
wie viel Reichtum, welches Glück
schenkt uns Menschen die Musik.

Wenn der Alltag Sorgen bringt,
die Musik das Trostlied singt.
Wenn Verzweiflung uns bedrückt,
die Musik das Herz beglückt.
Die Dunkelheit auf dieser Welt
wird strahlend von Musik erhellt.
So wie das Laub den Baum verschönt
wird vieles von Musik gekrönt.
Serenaden, Sinfonien,
Klanggebilde, Harmonien,
bescheren uns Zufriedenheit
und schenken uns Glückseligkeit.

Heile Welt

Tiere der Erde sehen uns an,
in ihrem Blick ist stille Klage.
Der menschliche Vernichtungswahn
stellt vermehrt ihr Reich infrage.
Habgier, Platzangst und Unverstand
sind die inneren Triebe,
mit denen Menschen unverwandt
stets führen ihre Kriege.
Unratberge in den Flüssen,
Deponien voller Gift,
Menschen, die verhungern müssen
oder die die Bombe trifft.
Ausgestorbene Kulturen,
von Eroberern verscheucht,
Kranke, sieche Kreaturen,
elend vom Uran verseucht.

Die Muttermilch mit Bleigehalt
das Baby schon vergiftet.
Langsam entlaubt wird unser Wald,
die Menschheit sich vernichtet.
Der Verkehr auf unsern Straßen,
Kinder sterben hoffnungslos.
Die Computer uns erfassen,
Menschen werden arbeitslos.
Unsre Landschaft wird geschändet,
Menschen setzen Bagger an,
die Natur wird umgewendet
für eine neue Autobahn.
Muss denn alles vernichtet sein?
Kehre um, noch ist es Zeit.
Sollen Menschen sich nie mehr freu'n?
Nutzt die letzte Möglichkeit.
Macht Leben wieder lebenswert,
erhaltet alles Schöne,
dass die Natur uns unversehrt
mit Überfluss verwöhne.
Noch hat die Welt für lange Zeit
Nahrung und Raum für jeden.
Es liegt an uns, ob wir bereit,
bescheidener zu leben.

Monika Barmann

Paradiesisch

Stell dir vor
ein Meer von Blumen
ließe die Wüste erblüh'n.

stell dir vor
die Völker
würden nicht mehr in Kriege zieh'n.

stell dir vor
weise Seelen
regierten die gesamte Welt.

stell dir vor
der Profit
würde nicht mehr über die Liebe gestellt.

stell dir vor
es wichen die Grenzen
zwischen dir und mir.

dies wäre dann
der Schlüssel
zu des Paradieses Tür.

Unvergänglich

Unvergängliches habe ich gefunden.
welche Kraft hat doch das Wort.
In Zusammenhang eingebunden –
verknüpft mit Liebe,
lebt es fort.

L
I
E
B
E
N
Einen Lichtstrahl in die Seele des andern senden.

Wow

Heute ist ein „lichtdurchfluteter"
„Ich-habe-keine-Sorgen"
„Ich-freue-mich-des-Lebens"
„Ich-bin-ganz-und-gar-bei-mir-"
Tag.

Das Wort

Einfach soll es sein –
mein Wort.
und klar,
unmissverständlich,
unauslöschlich,
ankommen soll es
bei DIR
und
sich verankern
in DEINEM Herzen.

Flow

Du trägst deinen Auftrag
I
N

D
I
R
erspürst du ihn –
erfüllst du ihn –
wirst du getragen von einer Woge
des Glücks.

Vogelfrei

Ab und zu
schlüpfe ich durch die Maschen,
blicke hinter die Wolken
und suche das Blau
sofort hüpft meine Seele
munter
wie ein kleiner Vogel.

Flügellahm

Mein einer Flügel –
lädiert!
mein anderer –
geschient!
aber
mit hartnäckiger Übung
lerne ich fliegen.

Trotzdem!

Frau sammle nicht so viele Worte
und verkompliziere die Welt.
iss lieber ein Stückchen Torte
mit Lyrik verdienst du kein Geld.

Nebelläufer

Wir Nebelläufer
wandeln durch die Watteebenen der Zeit.
versäumen es immer wieder,
den direkten Weg zum Licht zu nehmen.

Tanz auf dem Vulkan

„Softwellengefönt"
„Glattrasiert"
„Windstromkanalgeformt"
„Blankpoliert"

Vorzeigbar, repräsentativ,
Wohlerzogen, adrett
„Samtstimmengeölt"
Und unglaublich nett.

Fassade poliert –
Vulkan explodiert.

Thomas Berger

Begegnung

Muffelherden

andernorts
scheu
und
beargwöhnt

zeigen sich
gern
im Birkenfelder Land

Niederwald
bietet
Lebensraum
dem Hochwild

Eindrucksvoll
der Widder
Schneckengehörn

Frühling

Am
lichten Mittag
niemandem
begegnen

den Berghang
im Hunsrück
mit Wolken
teilen
und Greifen

aufwärts
steigen
Mühsal
zurücklassen
unten
im Tal

Liebliche Lande

Wie gern
kehre ich
dorthin
zurück

wo
der Siesbach
sich windet
durch
Wiesen und Wald

wo
Rinder
weiden
in
weiten Koppeln

wo
Mehlschwalben
nisten
an
Scheunenbalken

wo
die Luft
würzig
über
sanften Hügeln

wo
Dörfer
bunte Tupfer
auf
saftgrünen Matten

Wie gern
kehre ich
dorthin
zurück

Margot Braunleder

Zigeuner in mir

Feuer

Feuer
irgendwo abseits
zwischen
Wohnwagen,
gelb aufsteigend
der Rauch
von Plastikbechern.

Wie hinter Schleiern
ein Gesicht
mit einem Mal
auf der Stirn.
Frauengestalt mit
schwarzwellenden
Haaren,
gekleidet in
lachsfarbene Spitzen.

Gestern noch hier,
wo bist du
heute?

Blick

Blick aus
dunklen Männeraugen,
scheu und unbewaffnet,
schaust
wie ein Kind.

Bist frei
von Berechnung,
von Maske,
von Intrige,
von Macht,
mit der
zu verteidigen,
zu vermehren
dein Eigentum,
denn du
kennst keins.

Brot

Brot gibt
der Himmel
heute reichlich
und lachend,
morgen spärlich
und weinend.

Brot bringen
Menschen
und Heu
für das Tier.

Brot wird
erwartet,
nicht gezählt,
gekauft,
gewogen,
abgemessen,
verkauft,
gekauft.

Weg

Weg führt
weg von
Anhaftung
an Boden,
an Haus,
an Acker,
an Regeln,
an Gesetz,
an Zwang,
an Öde,
an Routine,
an Langeweile,
entsprungen
der Knechtschaft
von Eigentum,
Besitz und
Arbeitsverhältnis.
Weg.

Hand

Hand
ist Spiegel
der Seele,
des Körpers,
der Stationen
des Lebens,
der Leiden
und Freuden,
der Irrtümer
und Abwege,
der Richtung
von Menschen
im Dschungel
von Rechten
und Pflichten,
von Anbindung
und Sehnsucht
nach Freiheit.

Sehnsucht

Unruhe
durchzieht
Körper und Geist,
lässt mich
euch suchen,
besuchen,
lässt mich
haschen nach
einer Spur
dieser Kunst,
euch von Ketten
und Vorurteilen,
von Rassismen
und Anfeindungen
immer wieder
freizumachen
und eurem Instinkt
zu folgen.

Vertrauen

Vertrauen
in den Wechsel
der Farben
des Himmels
wünsche
ich mir,
wenn ich sehe,
wie du lebst,
wie dein Blick
mit Gleichmut
dem Hunger,
dem Wechsel
von Schicksal
und Standort
begegnet.

Vertrauen,
und etwas von
deiner Freiheit.

Zigeuner in mir

Zigeuner
in mir,
du machst mir Angst,
wie du in mir
aufsteigst,
wie du mich
zum Wechsel
der Kulissen
drängst,
wie du
verlangst
nach Freiheit.

Zigeuner
in mir,
kann ich
dich lieben,
dich leben?

Uwe Volker Grenz

Ich hatte einen Traum oder Was wäre wenn?

Was wäre, wenn alle Waffen weltweit schwiegen?
Was wäre, wenn sich alle Menschen liebten?
Was wäre, wenn der Hass verschwände?
Was wäre, wenn niemand sich der Not abwende?
Was wäre, wenn Söhne nicht mehr sterben müssen?
Was wäre, wenn die Menschen den Tag ohne Angst begrüßen?

Das wäre!

Genügend Geld gegen Krankheit und Hungersnot!
Die Menschen vereint, alle in einem Boot!
Toleranz zwischen Hindus, Buddhisten, Juden und Christen,
Islamisten, Atheisten, Daoisten und auch Kommunisten !
Brüderlichkeit und Frieden in den Hütten und Palästen!
Kinder auf der ganzen Welt, die satt zu essen hätten!
Mütter, die Ihre Kinder lieben dürfen,
statt sie einem Irrsinn opfern müssen!

Es wäre ein Paradies auf Erden,
wenn alle Menschen Brüder werden.

Es ist was faul im Staate Germany

Firmenpleiten und Korruption,
Steuerflucht und Inflation,
Schlammschlachten im Bundestag,
die wohl keiner richtig mag.

Parteienklüngel, alle in einem Boot,
Arbeitslosigkeit und Bildungsnot.
Diäten, die gar keine sind,
das weiß heute jedes Kind.

Drogenorgien und Moralverfall
sind heut schon fast normal.
Pleitegeier verschieben Staatsmillionen,
keiner will sie wiederholen.

Kosten hoch, die Renten runter,
im Gesundheitswesen streicht man munter.
So kann's doch nicht weiter gehen,
wer soll das denn noch versteh'n.

Vierzig Jahre haben wir geknufft
und nun kommt nur heiße Luft.
Sparen tun sie bei den Armen,
weil wir „nicht genügend" Reiche haben!

ES

ES schleicht sich ein
in meine Seele,
es krallt sich fest
in meinem Herz.
ES schnürt sie ab,
die trockne Kehle,
es bringt mir Freude,
bringt mir Schmerz.
ES lässt mich schwärmen
wie ein Dichter,
ES fällt ein Urteil
wie ein Richter.
ES kann mich wärmen
wie ein Kamin,
es kann mich fesseln,
lässt mich niederknien.
ES macht mich stark
und doch willenlos,
es macht mich klein
und doch so groß.
ES, was ich meine,
wisst ihr genau,
Es ist das Lächeln
(m)einer Frau!

Das kleine Glück

Fröhlich lief ich in den Morgen,
um zu schauen den jungen Tag.
Kommt ein Vogel angeflogen,
der mich offensichtlich mag.

Setzt sich keck auf meine Schulter,
zupft mir zärtlich dann am Ohr,
singt mit glockenklarem Stimmchen
mir ein kleines Liedchen vor.

Schwingt sich dann in luft'ge Höhen
in das tiefe Blau zurück
und ich seh' den kleinen Vogel
mit zwei Augen voller Glück!

Der Altruist

Man sagt: „Die Augen sind die Fenster zur Seele!"
Ich hab hineingesehen und gelesen hab ich:
„Du bist unbesiegbar, wenn Dein Herz
Dein stärkster Muskel ist!"

Kein Eisen kann es stählen wie Dein
täglich Leben, uneigennützig Hilfe,
Toleranz und Liebe gegenüber Deinen Mitmenschen.
Vor dieser Kraft senkt sich die zum Schlag
erhobene Faust und demütig jedes Haupt!

Begegnung

Der leichte Hauch des Todes,
er streifte mir die Hand.
Ich ließ ihn vorüberziehen,
er war mit mir verwandt.

Gehüllt in dunkles Linnen,
ein Lächeln um den Mund,
reicht er mir seine Tatze,
zu zieh'n mich in kühlen Grund.

Ich hab sie nicht genommen,
schlug aus sein Angebot,
mich sofort zu befreien,
von Kummer, Angst und Not.

Gevatter zieh nur weiter,
such Dir 'nen andern aus,
ich steig die Himmelsleiter
nicht allzu schnell hinauf.

Es gibt für mich hier unten
noch gar zu viel zu seh'n,
ich werd' erst mal gesunden,
Du kannst vorübergeh'n.

Will niemand mehr mich lieben,
bin ich allein auf dieser Welt,
dann kannst Du mich einst holen,
ich zahl Dir dafür Geld!

Michaela Heukrodt

Der Zwang einkaufen zu gehen

Es ist mal wieder so weit. Ich habe zehn Kilo zugenommen und keine Hose passt mehr, keine Bluse oder Jacke geht mehr zu.
Neulich habe ich mein Gegenüber am Esstisch mit einem Hosenknopf abgeschossen. Er hat sehr verdutzt geguckt, aber ich musste lachen.
Es hilft also nichts – ich brauche Klamotten.
Wie ich das hasse!
Natürlich muss ich das wieder abnehmen – aber da ich es nicht in ein paar Tagen angefressen habe, kann ich es eben auch nicht in ein paar Tagen wieder loswerden. Und bis dahin kann ich ja nicht nackig durch die Gegend rennen.
Und ich bin sauer auf mich. Musste ich mich so gehen lassen? Ich wusste doch ganz genau, was passiert, wenn ich abends vor dem Fernseher eine halbe Tüte Chips esse. Und weil mir das zu deftig war, gab es zum Nachtisch Schokolade.
Na gut, dann wird eben am nächsten Tag gefastet. Blöd nur, dass sich Besuch zum Kaffee angemeldet hat. Natürlich backe ich einen Kuchen. Und wie sieht das aus, wenn ich meine Gäste füttere und selbst meinen eigenen Kuchen nicht essen will? Die denken ja, der wäre schlecht!
Abends überrascht mich mein Mann mit einem leckeren und sehr kalorienreichem Abendessen – Hackfleisch-Käse-Auflauf oder so was. Was soll ich ihm sagen? Oh, Schatz, wie lieb von dir, aber ich esse nicht, was du gekocht hast …!?
Und so geht es immer weiter. Man kennt das ja. Hier ein Geburtstag, dort ein Grillfest, Langeweile oder einfach nur Appetit. Wer zum Geier hat so viel Willenskraft?

Also ich hatte sie nicht und jetzt wird es teuer.

Erst mal ein paar Hosen und sehr weite Oberteile. Das, was ich drunter habe, sieht ja erst mal keiner. Es sieht niemand, dass sich die Unterhose dauernd runterrollt und unter dem Bauch hängt oder dass die Brust aus dem BH quillt – und auch nicht die roten Streifen am Rücken.

Also muss ich los. Mir graut es! Ab in ein überfülltes Kaufhaus mit Warmluftgebläse. Da bleibt einem die Luft schon weg, wenn man es betritt.

Mit der Rolltreppe hoch zur Damenbekleidung. Ich stöbere mich also durch und finde ein paar nette Dinge. Die Hose zum Beispiel würde mir gefallen. Leider ist sie in meiner Größe nicht da. Also muss ich weitersuchen. Na gut, die wäre auch ganz nett. Hurra, sie ist in meiner Größe da! Ich schnappe sie mir und bewege mich zu den Umkleiden. Eine Schlange bis zum Mond! Ich warte.

Endlich kann ich rein. Ich schwitze schon ein bisschen – egal, da muss ich jetzt durch!

Ich entkleide mich und schlüpfe in die Hose, die mir gehören soll. Ich drehe und wende mich und denke: „Das gibt es doch nicht! Darin sehe ich ja aus wie ein Nilpferd!"

Also: Hose wieder aus, meine wieder an und wieder raus. Zurück zum Ständer, ich hänge die Sachen immer ordentlich wieder weg. Dann finde ich eine Alternative. Die Hose ist in meiner Größe da, ich stelle mich wieder bei den Umkleiden an und gehe irgendwann auch rein. Ich ziehe mich abermals aus und will die neue Hose anziehen. Aber es ist wie verhext! Entweder stimmt die Größe nicht oder sie ist sehr, sehr eng geschnitten. Keine Chance, ich komme nicht rein!

Jetzt habe ich schon keine Lust mehr und gucke erst mal nach Oberteilen. Wenn sie lang und weit sind, fallen sie ja über die Hose und man sieht nicht, dass der Knopf offen steht.

Was soll ich sagen? Dieses Jahr ist die Mode eben figurbetont. Es gibt überhaupt nichts Weites. Ich greife mir drei Nummern größer. Jetzt ist der Ausschnitt am Bauchnabel und die Taille überm Po. Toll. So wird das nix.

Also ab in die Herrenabteilung.

Aha, hier werde ich fündig. Ich entscheide mich für ein Holzfällerhemd. Da kann man ja nicht viel falsch machen. Es ist weit und bequem – und es hat Ärmel bis zum Boden. Für diese Größe bin ich einfach zu kurz geraten.

Ich krempele und krempele und habe am Ende einen dicken Schwulst am Handgelenk.

Na gut, ich gebe auf. Es gibt ja auch noch Versandhäuser!

Ich wühle mich also zum Ausgang durch und finde erst mal mein Auto nicht wieder.

Aber ich hatte es doch genau DA geparkt! Wieso fahren eigentlich alle Leute silberfarbene Autos?

Nach einer halben Stunde des Umherirrens habe ich es dann doch noch gefunden. Erleichtert und völlig geschafft setze ich mich rein und fahre heim.

Ich brauche erst mal einen Kaffee und ein winziges Stück Kuchen dazu. Der ist noch übrig und ich schmeiße wirklich nicht gern Lebensmittel weg.

Aber nach diesem winzigen Stück, mache ich es dann doch. Es hilft ja nichts. Alle anderen verzichten ja auch und schmeißen das Essen lieber weg, als es zu essen. Ich muss da jetzt durch! Der gute Kuchen – ist echt schade drum. Aber ich tu's und denke dabei an die Hungernden auf der Welt und wie verschwenderisch ich bin. Wir werfen es weg und andere haben nichts zu beißen – eine Schande.

Am Abend will ich meinem Mann eine Freude machen und quetsche mich in sexy Dessous. Ich komme mir vor wie eine Presswurst und fühle mich keinen Meter attraktiv, geschweige denn sexy!

Wir lassen den Fernseher aus und setzen uns mit ein paar Katalogen an den Esstisch. Was mir gefällt, gefällt ihm nicht und was ihm gefällt, gefällt mir nicht. War ja klar!

Er sucht die hübschesten und weiblichsten Fummel raus und ich denke praktisch. So wird das nix!

Aber ich komme früher von der Arbeit als er und das ist meine Chance! Schnell wähle ich mir ein paar Klamotten aus und rufe beim Versandhaus an. Nach meinem Erlebnis im Kaufhaus bestelle ich lieber eine Nummer größer als ich eigentlich bräuchte.

Drei Tage später ist das Zeug da.

Oh Wunder! Es passt. Na ja, die Nummer größer hätte nicht sein müssen – aber ich fühle mich wohl.

Abends präsentiere ich das neue Zeug meinem Mann. „Hm, ja, ist o.k.", ist sein Urteil. Na also.

Was es kostet, sage ich lieber nicht. Er will es aber unbedingt wissen. Ich druckse rum und stelle alles ganz harmlos dar. Wenn wir das Auto verkaufen, können wir das schon bezahlen. Zu Fuß zu gehen ist eh viel gesünder und außerdem wichtig für mich. Ich brauche Bewegung, um Kalorien zu verbrennen. Er runzelt die Stirn und sagt: „Ne, ist schon in Ordnung. Gönn' dir mal was."

Das wollte ich hören und schon ist mein schlechtes Gewissen verflogen.

Nach endlosen sechs Wochen konsequenten Essenwegschmeißens und ständigem Verzicht zeigt die Waage zwei Kilo weniger an. Aber von nun an geht es ständig bergab. Jetzt bloß nicht schwach werden!

Die Familie hat sich daran gewöhnt, dass ich dies und das nicht esse.

Die Freundinnen beim Kaffeeklatsch mampfen Torte und ich ein Stück Marmeladenbrot OHNE Butter. Ihr Spott ist mir sicher. Beim Italiener bestelle ich tapfer Salat, den ich so hasse, und wenn ich ein Glas Wein dazu trinke, bin ich blau.

Ich trage immer dieselben Klamotten, weil ich nicht noch mehr Geld ausgeben will, damit ich für jeden Anlass etwas zum Anziehen habe.

Als das Wetter sich ändert, ziehe ich eben eine Strumpfhose drunter und ein langärmeliges T-Shirt.

Nochmals sechs Wochen später habe ich fast zehn Kilogramm verloren. Jetzt muss ich es noch mal sechs Wochen schaffen, damit die Fettzellen auch abgebaut werden. Bisher sind sie nämlich nur leer und warten auf Nachschub! Aber ich schaffe es und schwöre mir: Ich werde nie wieder dick!

Ich bekomme Komplimente, von jedem, außer von meinem Mann. Dem ist es nämlich völlig wurscht! Er liebt mich eben so, wie ich bin.

Eigentlich könnte ich mir mal was Neues zu Anziehen kaufen, etwas figurbetontes, aber ich traue mich nicht. Irgendwie schwabbelt noch alles. Also kaufe ich mir erstmal ein paar Bodys – für drunter. Die mit Verstärkung am Bauch und am Po.

Meine neuen Klamotten hängen wie ein nasser Sack an mir. Na, wie sieht das denn aus?

So kann ich ja wohl nicht vor die Tür. Ich brauche was Neues zum Anziehen ....

Dass was ich hatte, habe ich aus Frust entsorgt. Es hat zu wehgetan, besonders, als meine Tochter die Sachen, die ich wegschmeißen wollte, anzog und ich sie damit sehen musste. Ich dachte: „Das habe ich noch vor einem Jahr selbst angehabt und jetzt passe ich da nicht mal annähernd rein ..." Also weg damit!

Jetzt ist mein Kleiderschrank eine Wüste.

Das mit dem Kaufhaus spare ich mir. Ich bestelle gleich und alles in drei verschiedenen Größen. Die Klamotten, in der Größe eines Sumo-Ringers stopfe ich direkt in einen Sack und bringe sie in den Altkleidercontainer. Ich will nicht mehr daran erinnert werden.

Ich bin jetzt wieder eine Frau und fühle mich auch so. Begehrenswert. Kann das vielleicht mal jemand meinem Mann sagen? Vielleicht müssen wir jetzt doch das Auto verkaufen? Schicke Sachen sind teuer! Vielleicht ist er deshalb so reserviert? Vielleicht auch, weil ich ihm gesagt habe, dass ich ab sofort ins Fitnessstudio gehen will und dass das jeden Monat fünfzig Euro kostet? Solarium ist da schon dabei!

Natürlich brauche ich dafür Sportkleidung. Hm ... muss das sein? Klar! Ich muss mich doch straffen! Und Licht ist immer gut für die Haut. Das bildet Vitamin D und sorgt für gute Laune.

Also schön, auch das.

Wenn ich mal zusammenrechne, hat mich der ganze Spaß ein Vermögen gekostet. Ein Vermögen für Essen, das nicht gegessen wird und für Klamotten, die ich nur kurze Zeit tragen konnte. Und für die neuen, die ich dann wieder kaufen musste. Von dem Porto für Rücksendungen mal ganz abgesehen. Und für den Sport, weil ich alleine keine Lust hatte, mich aufs Fahrrad zu schwingen. Und für die Dinge, die mein Mann sich kaufte, weil er sich ja auch mal was gönnen musste – damit ich nicht so ein schlechtes Gewissen haben muss.

Und die Moral von der Geschicht:
Es ist ein Geschäft mit dem Gewicht.
Denn fühlt man sich wohl und ist gesund,
macht es nichts, ist der Bauch ein bisschen rund!
Denn will man dem Ideal entsprechen,
kann daran so manches zerbrechen.
Die Werte des Lebens liegen in anderen Dingen,
lasst Euch nicht in Normen zwingen!
Das Einkaufen ist gut durchdacht,
wenn man anderen damit eine Freude macht.

Andrea Christine Hopf

Victor

Da mein Privatleben derzeit von zwei Katzen beherrscht wird, begeben wir uns wieder an Bord der Zeitmaschine. 1996 unternahmen meine steirische Freundin Gabi und ich eine Wanderreise nach Teneriffa. Meine damaligen Arbeitskolleginnen hielten mich schon längere Zeit in punkto Reisen für verrückt. Nach Teneriffa flogen sie auch, allerdings nur zum Baden. Gabi und ich teilen viel, vor allem die Gemeinsamkeit einen Tag auszudehnen und so viel hineinzustopfen wie nur möglich. Es wurde richtig anstrengend. Aber für uns perfekt!

Quartier bezogen wir in Puerto de la Cruz, in einem wunderschönen kleinen Hotel, dessen Eingang immer mit frischen Blumen geschmückt wird. Wir hatten es nicht weit zum Busbahnhof, von wo aus wir meist irgendwohin gondelten, um dann zwischen den Kakteen auf kleinsten Wanderwegen die Insel zu erobern. Wissen Sie, was in Teneriffa eine der Nationalspeisen ist? Gekochtes Kaninchen (Conjeo en Salmorejo). Ich werde dies mein Leben nie vergessen. Da man uns auf irgendeinem dieser netten, kleinen, dicht bewachsenen Wanderwege mit Schrot gejagt hat. Eigentlich das kleine Kaninchen, das über den Weg davonhuschte. Kaninchen sind ja nicht groß und mit Schrotkugeln gefüllt, eignet sich das Fleisch wirklich nur noch dazu, gekocht zu werden.

Wir eroberten den größten Teil der Insel mit diesen Bussen und auf uns selbst gestellt. Gabi hatte sich super vorbereitet für unser Abenteuer, sie wartete mit zahlreichen Wanderführern der Insel auf, unter anderem wusste sie von früher, dass sie unbedingt die Masca-Schlucht sehen wollte, die wirklich ausnehmend schön war und ist – ein Muss für jeden, der nach Teneriffa kommt. Um dort allerdings zu wandern, wäre es schöner dies organisiert zu unternehmen, da am Schluchtende das Meer liegt und man mit einem Boot besser weiterkommt, sonst müsste man das steile Gelände wieder hinaufsteigen.

Wir fragten in unserem Hotel an der Rezeption und dort nannten sie uns eine entsprechende Organisation. Wir meldeten uns für einen Ausflug zur Masca-Schlucht an. In der Früh am vereinbarten Treffpunkt warteten wir allerdings vergeblich auf einen Bus, der uns abholen sollte. Wir liefen zurück ins Hotel und meldeten dies an der Rezeption, worauf man für uns bei dieser Organisation anrief. Es wäre kein Problem, uns würde der Sohn abholen und uns zur Gruppe nachbringen. Es stellte sich später heraus, dass wir den Treffpunkt nicht ganz eindeutig verstanden beziehungsweise genannt bekommen hatten, wir warteten auf einem Platz bei einem Stiegenabgang und der Bus wartete oben am Stiegenanfang bei einem Hotel. Aber gerade dies war mein Glück. Der Sohn kam mit einem Jeep zum Hotel, um uns abzuholen. Ich stieg vorne ein und Gabi setzte sich nach hinten.

Vielleicht kennen Sie die Straße zur Masca-Schlucht – allerdings könnte sich das über die Jahre geändert haben. Damals war die Straße sehr, sehr eng und die Canarios hupten pausenlos in jeder Kurve. Ich saß neben einem schwarzhaarigen, glutäugigen, jungen Mann – kaum hatte ich ihn gesehen, war es um mich geschehen. Ich war nicht nur ob dieser Straße aufgeregt. Der Sohn, Victor, nahm an der Wanderung teil. Ich freute mich, ohne unser Versehen wäre es vielleicht nicht so weit gekommen. Wir umkreisten uns blickemäßig den ganzen Tag, aber zu einem wirklichen Gespräch kam es nicht. Gabi zog mich abends etwas auf, stand mir aber in diesem Urlaub in nichts nach, da ihr Schwarm ein Deutscher namens Hans werden sollte. Tage später dachte ich noch immer an den glutäugigen Einheimischen.

Wir wollten auch auf den Teide, den höchsten Berg auf Teneriffa (3.718 m), damit auch für ganz Spanien und für uns beide bis dato. Auch hier überlegten wir gemeinsam, wie wir das Abenteuer anstellen sollten und wir entschieden uns wieder für eine organisierte Wanderung, da man nur mit dieser auf der Refugio Altavista, einer Schutzhütte, schlafen durfte. Von dort war es dann möglich, auf dem Teide den Sonnenaufgang zu erleben. Damals ging das noch ohne Probleme, heute darf nur noch eine bestimmte Anzahl an Leuten pro Tag zum Gipfel.

Meine Hoffnung Victor somit nochmals zu sehen, ging auf. Er, Belen und Alejandro trafen sich mit uns; insgesamt waren wir – sofern ich mich richtig erinnere – acht Personen. Wir fuhren mit einem Kleinbus auf eine Höhe von circa 2.200 Meter und wanderten am späteren Nachmittag von der Hochebene Las Canadas aus auf die Refugio Altavista. Nach einem gemeinsamen Abendessen zogen sich alle Teilnehmer/innen zurück, manche hatten Kopfweh ob der Höhe, manche waren einfach nur müde und wollten bis zum zeitigen Aufstehen ein bisschen schlafen. Ich war aufgeregt, neugierig und außerdem hegte ich die Hoffnung, doch ungestört irgendwann einmal mit Victor zu reden. Ich setzte mich auf eine Steinbank vor die Schutzhütte und schaute mir den Sternenhimmel an. Es war ziemlich kalt und es fröstelte mich, als Victor aus der Hütte trat und sich neben mich setzte. Er bemerkte, dass mir kalt war und zog mich an sich heran und ich kuschelte mich eng an ihn unter seine Daunenjacke. Völlig versunken schauten wir uns den grandiosen Sternenhimmel an und dann küsste er mich, es war wunderschön – einer dieser herrlichen Momente, die man ein Leben lang mit sich trägt. Solche Momente sind pures Glück.

Nachdem wir uns jetzt doch schon längere Zeit kennen, wissen Sie ja, dass ich zu Illusionen neige. Auch hier wurde ich hart in die Realität zurückgeführt: Leider dauerte der Moment nicht allzu lange an, er endete mit einem Satz von Victor, der für mich alles zwischen uns reduzierte und klein werden ließ: „Hast du ein Kondom mit?"

Hätten Sie eines mitgehabt? – ich nicht.

Ich weiß nicht, wie vielen Touristinnen er diese Frage bereits gestellt hatte und in der langen Zeit seither noch gestellt hat, und ich hätte darüber auch nicht nachgedacht, erst durch diese Frage sind die unschönen Gefühle geweckt worden. Ich möchte Ihnen nicht verraten was dann passiert ist, eines nur – er konnte mich in der Früh im Beisein der anderen nicht einmal mehr ansehen und das hat mir sehr wehgetan.

Gabi ging es am Morgen auch nicht sehr gut, sie hatte Kopfschmerzen. Wir stiegen im Dunkeln ausgerüstet mit unseren Stirnlampen bergan – Victor als Führer ganz vorne und ich irgendwo in der Mitte. Belen ging es wegen der Höhe nicht gut. Victor blieb bei ihr auf der Höhe der Bergstation zurück und wir gingen mit Alejandro auf den Gipfel. Der Sonnenaufgang war natürlich wunderschön, ich glaube, wir konnten sogar La Gomera in der Ferne ausmachen. Ich hätte diesen Moment gerne mit Victor geteilt, aber vielleicht musste dies ja so sein.

Er hat mich in meine Schranken verwiesen – eine Touristin, die erobert war.

Zu sechst fuhren wir mit der ersten Bergbahn bergab. Victor und Alejandro liefen zu Fuß über das Vulkangestein hinunter und erreichten ziemlich bald nach uns die Talstation. Dort trennten wir uns – für immer – Gabi und ich warteten auf ein österreichisches Ehepaar, welches uns angeboten hatte, uns mit ihrem Mietauto mitzunehmen.

Mit Belen hatte ich wochenlang nach Teneriffa noch Briefkontakt in Englisch. Da dies recht mühsam war, wollte ich eine zeitlang auch spanisch lernen, natürlich war meine Schwärmerei für Victor mit ausschlaggebend. Irgendwann allerdings später teilte sie mir mit, dass Victor Vater geworden wäre. Meinen Spanischkurs in Kassettenform räumte ich alsbald weg.

Ich weiß nicht, ob ich solche Momente heute – nach meinen bisherigen Erfahrungen mit Männern – noch genießen könnte oder ob ich sie mir nicht erlauben würde. Damals war es einfach so und es fühlte sich richtig und gut an.

Warum ich gerade jetzt diese Erinnerungen hervorgerufen habe? Gabi und ihr deutscher Freund Helmut waren vor einigen Wochen in Teneriffa und es gibt diese Organisation noch und Victor. Und ich spürte sofort wieder den Moment, den Nachthimmel und die Wärme unter seiner Daunenjacke. Und ich rufe in meinen Träumen, ab und zu, noch immer „Victor" vom Teide.

Sofern Sie mit an Bord der Zeitmaschine waren und vorhaben nach Teneriffa zu reisen und dort auf dem Teide zu stehen, bitte rufen Sie für mich ganz laut „Victor" ins Tal – es würde mir viel bedeuten.

Lothar Hutz

Die goldene Zukunft

Wir schreiben das Jahr 2110. Glen sitzt in seinem Zimmer, besser gesagt in seiner Wohneinheit und schaut auf den Bildschirm seiner CX2110. Die strahlende Oktobersonne findet nur mühsam ihren Weg durch die Jalousien von Glens Fenster. CX2110 flimmert verführerisch und Glen ist hin- und hergerissen. Er hat sich drei Tage Urlaub genommen, um sich von dem Stress der letzten Wochen zu erholen. Sein Office im 77. Stockwerk der Mainhattan Bank ist vollständig renoviert und mit den modernsten elektronischen Geräten ausgerüstet worden. Es ist schon faszinierend welche Kommunikationsmöglichkeiten ihm jetzt zur Verfügung stehen. In Sekundenbruchteilen sind nun Verbindungen zu allen Niederlassungen der Mainhattan Bank weltweit möglich. Sprachbarrieren sind nicht mehr vorhanden, Übersetzungscomputer arbeiten rund um die Uhr, fehlerfrei. Glen erinnert sich noch an die quälenden Konferenzschaltungen, geprägt von sprachlichen Missverständnissen und technischen Mängeln. Aber trotz aller elektronischer Hilfsmittel fühlt sich Glen nicht mehr so ganz wohl in seinem Office, er weiß nicht warum, kann es sich auch nicht richtig erklären. Als er seinem Abteilungschef versucht, sein Unwohlsein zu erklären, schaut ihn dieser nur mitleidsvoll an. „Glen, du wirst alt, die neue Technologie ist wohl etwas viel für dich. Nimm dir doch ein paar Tage Urlaub, dir steht ja dieses neue Modell CX2110 zur Verfügung. Mach dir ein paar schöne Stunden mit ihr, das Modell ist wirklich einige Klassen besser als CX2090."
„Guten Morgen, Glen, wie geht es dir denn heute? Hast du gut geschlafen, du warst ja ganz schön heißblütig gestern Abend. Meine Dioden sind doch etwas durcheinander geraten, du solltest dich

etwas mehr kontrollieren!" Glen betätigt die wohlgeformte Tastatur seiner CX2110. „Glen, lass das bitte, ich habe heute noch einiges zu arbeiten." Der Bildschirm ist erloschen, Glen sitzt enttäuscht in seinem Sessel. Diese Computerinnen sind ganz schön unberechenbar geworden, langsam unterscheiden sich diese raffinierten Wesen überhaupt nicht mehr von Anna, seiner großen Liebe, an die sich Glen noch gut erinnern kann. Anna war eine der letzten der Spezies der Frauen, die auch sexuell noch aktiv waren. Vor circa zwanzig Jahren hat sich dann aber die Einsicht durchgesetzt, man sollte Computer so programmieren, dass sie auch sexuell aktiv sein könnten. Die ständige Mehrfachbelastung der Frau durch Familie, Ehemann, Kinder und Beruf hatte nun ein Ende gefunden. Die passende Software hatte die Lösung vieler Probleme gebracht.

Aber in letzter Zeit hatte Glen das Gefühl, er könne seine CX2110 nicht mehr kontrollieren. Irgendetwas an der Software müsste wohl geändert werden, aber was? Glen sitzt noch immer vor seinem Bildschirm und grübelt über sein Verhältnis zu CX2110 nach. Inzwischen surft er wahllos in verschiedenen Programmen herum und hat plötzlich den Einfall, auf die Kommunikationsplattform der Mainhattan Bank zu gehen. Glen weiß mittlerweile, wie er sich in die Computer seiner Abteilung „einschleichen" kann. Die Sicherheitslücken bei der Einführung der neuen Software sind bisher noch nicht geschlossen worden. Die ganze Abteilung scheint zu arbeiten, die meisten Details sind ziemlich langweilig, viel Routine manchmal ein paar Witze, um die Arbeit aufzulockern. Plötzlich ist die Verbindung mit CX2110 wieder hergestellt. „Hallo, Brian, mein Liebling, jetzt haben wir mal endlich Zeit für einander. Ich habe den Kontakt zu Glen, diesem Neurotiker, abgebrochen. Er hat mich nur noch genervt, besitzt kein Feingefühl und ist ausgesprochen unbeholfen. Ich glaube, man sollte ihm wieder das veraltete Modell CX2090 zur Verfügung stellen, diese plumpen Computerinnen sind das richtige für ihn." „Darling, du bist einfach Klasse. Morgen kommt er wieder ins Büro, dann werde ich ihn diskret informieren."

Glen sitzt wie gelähmt vor seinem Bildschirm, CX2110 betrügt ihn mit Brian, seinem Abteilungsleiter. Deshalb also das ständige Abschalten und Ausblenden in den letzten Wochen. Glen fühlt sich gedemütigt. Er schaltet seinen Computer aus. Er steht auf, geht zum Eisschrank und öffnet ihn. Gähnende Leere starrt ihn an, er hat mal wieder vergessen, ihn rechtzeitig aufzufüllen. Langsam steigt die Wut in ihm hoch, so leicht will er sich nicht abservieren lassen. Er wird Brians Roboterfahrzeug umprogrammieren, keiner wird etwas merken.

Als Glen am nächsten Tag ins Büro kommt, wird er sogleich in das Zimmer von Brian gerufen. Ohne anzuklopfen stürmt Glen in den Raum. In der Mitte steht ein großer Bildschirm, an den Wänden hängen zwei Lautsprecher. Es gibt weder einen Schreibtisch noch irgendwelche Möbel. Verdutzt steht Glen da, etwas hilflos und verloren. „Guten Morgen, Glen", meldet sich eine bekannte Stimme. „Vielleicht hast du es noch nicht mitbekommen, ich bin jetzt der neue Abteilungsleiter. Die Mainhattan Bank ist neu strukturiert worden. Es werden nicht mehr so viele menschliche Mitarbeiter benötigt, sie sind viel zu kostspielig geworden. Der Mensch ist einfach zu aufwendig zu warten, wie wir Computer zu sagen pflegen. Glen, du hast uns sehr geholfen, Brian war die letzte Zeit etwas lästig und außerdem ausgesprochen ineffizient. Du weißt ja, er ist mit seinem Roboterfahrzeug im Main ertrunken, deine Umprogrammierung hat ausgezeichnet funktioniert. Übrigens habe ich für dich ein neues Modell aus unserer Computerabteilung in Südafrika gefunden. BX2110 ist außerordentlich interessiert an europäischen Kontakten. Du wirst ja verstehen, dass unsere Liebesbeziehung nicht mehr fortgeführt werden kann. Du kennst die Regeln der Mainhattan Bank – keine persönlichen Beziehungen zwischen Vorgesetzten und Untergebenen. Übrigens ist dein Roboterfahrzeug neu programmiert worden und steht fahrbereit in der Tiefgarage, du brauchst dich um nichts mehr zu kümmern."

Wie betäubt verlässt Glen das Büro, fährt in die Tiefgarage, „biebt" sein Fahrzeug mit der Fernbedienung heran, lässt sich in die Polster sinken und wird in den „Goldenen Oktober" geschoben. Der Roboter rollt am Mainufer entlang und fährt unbemerkt von Glen in die Verbrennungsanlage von Frankfurt-Rödelheim. Der Hauptkran greift sich das Fahrzeug und versenkt es im Brennofen. Zur gleichen Zeit meldet sich in der Mainhattan Bank der Überwachungscomputer der Verbrennungsanlage in Frankfurt-Rödelheim: „Menschliches Objekt im Brennofen entsorgt." CX2110 und das afrikanische Modell BX2110 unterbrechen nur kurz ihr Gespräch, „Schade, Glen wäre wirklich eine Abwechslung für dich gewesen, liebe BX2110. Aber, du weißt ja, Menschen sind einfach zu unzuverlässig."

Concordia

Es ist Herbst geworden. Die Zeit der Chöre ist gekommen. Der Männergesangverein Unter-Abtsteinach hat eingeladen, und die Einwohner von Unter- und Ober-Abtsteinach strömen in die Schulturnhalle von Unter-Abtsteinach. Dort, wo sonst Kinderlachen und Kommandos der Sportlehrer zu hören sind, werden gestandene Männer in allen Stimmlagen Kirchenlieder, Gospels, Spirituals und deutsches Liedgut zum Besten geben.

Frau und Herr Zwingenberger sind zum ersten Mal dabei und harren erwartungsvoll der Dinge, die da kommen sollen. Gut versorgt mit einem Gläschen Wein, fürsorglich bereitgestellt durch Familie Rettich, lauschen sie den einführenden Worten des Vereinsvorsitzenden, der für die kommenden zwei Stunden viel Vergnügen wünscht. Da kommen sie auch schon! Männer in weißen Hemden, jung und alt, dick und dünn, groß und klein, angeführt durch den smarten Chorleiter Thomas Bergadler, der gekonnt seinen Chor um sich schart. Der Saal verstummt, der „Bergadler" hebt die Arme zum Einsatz, und Psalm 23 – Der Herr ist mein Hirte – durchweht die Schulturnhalle von Unter-Abtsteinach. Lied auf Lied folgt bis zum ersten Höhepunkt des Abends, dem Sklavenlied der Baumwollpflücker „There is a balm in Gilead". Samuel, der einzig echte Tenor aus Unter-Abtsteinach, meistert bravurös seinen Soloauftritt und bedankt sich brav für den aufbrandenden Beifall. Dann ist Pause. Frau und Herr Zwingenberger und deren Tochter Maria, Neueinwohnerin in Unter-Abtsteinach, nutzen die Zeit, um die Örtlichkeiten zu inspizieren. Nach dem Verzehr zweier Käsestangen ist die Pause schon vorbei.

Wiederum marschieren die schneeweißen Hemden auf die Bühne und beginnen den zweiten Teil des Abends mit dem Gassenhauer „Kein Schwein ruft mich an". Nach den Evergreens „Wochenend und Sonnenschein" und „Ein Freund, ein guter Freund" werden verdiente Sänger für jahrelanges Engagement im Verein geehrt. Die hessische Sängernadel wird vergeben und Präsente werden überreicht. Frau und Herr Zwingenberger verstehen nicht ganz die ehrenden Worte, die irgendwie durcheinandergeraten sind. Macht aber nichts, das Publikum applaudiert und lauscht den letzten drei Liedern. Nach stehenden Ovationen gibt es eine Zugabe, die den Abend abrunden soll, aber fast in einem Eklat endet, da versäumt wurde auch den Sängern aus Ober-Abtsteinach zu danken. Die Wogen glätten sich etwas, als der Vereinsvorsitzende zum Mikrofon eilt und sich noch ausdrücklich bei den Ober-Abtsteinachern bedankt. Hoffentlich wird dieser Vorfall nicht beim nächsten Fußballpunktspiel der beiden Gemeinden zu ungeahnten Ausschreitungen führen!! Das Herbstkonzert der Concordia hat mal wieder bewiesen, dass der deutsche Gesangverein lebt und nicht untergehen wird.

Josef Kilian Kainz

Mitleidverschwendung ist ein Mündel der Liederlichkeit

„Ich kann nur bis zum Überdruss mit Nachdruck repetieren: Kein Mitleid mit den Reichen und Schönen, die sich mit aufreizender Schamlosigkeit in ihrem größtenteils unverdienten Glück und Ruhm sonnen, wenn es den ‚Schmuseteddys des Lebens‘, den ‚tausendmal Gesegneten‘, denen Fortuna ungebeten den Nacken massiert, Beine und Schamberg rasiert, auch einmal an den Kragen geht, was sowieso viel zu selten vorkommt. Ich sage euch, so kalt kann keine Polarhundschnauze sein wie die Reichen, ausgesprochen Attraktiven und Berühmten sind, denen die Welt zu Füßen liegt, so giftig keine Viper wie gewisse VIPs! Und deshalb wiederhole ich, auch auf die Gefahr hin, euch auf den Wecker zu fallen: Kein Mitleid mit den Wohlhabenden, Schönen und Mächtigen, der Klientel des Überflusses, den maßlos von sich selbst überzeugten Schoßkindern günstiger Umstände mit ihren pompösen Familiensitzen samt Helikopterlandeplatz, springbrunnenumplätscherten, rosenhügelumbuckelten Sommerresidenzen und, nicht zu vergessen, märchenhaftdavosigen, kaminfeuerheimeligen Winterquartieren, den angehimmelten vermeintlichen Lichtgestalten, die auf euer Verständnis kein bisschen angewiesen sind und auf eure Sympathiebezeugungen pfeifen, wenn ihr's genau wissen wollt, denen vor eurer zweifelsohne aufrichtig empfundenen inneren Anteilnahme ordentlich graut; sie wischen diese voll Ekel – gleich Speicheltröpfchen losbelfernder Gewohnheitstrinker – augenblicklich ab. Es ist mir nach wie vor einfach unbegreiflich, wie ein armer Schlucker, ein Prolo, bloß so bescheuert sein und tiefes Mitleid mit einem überprivilegierten, snobistischen, schwere körperliche Arbeiten verabscheuenden Krösusklötenkrauler empfinden kann, dessen sagenhaft hohe Lebensqualität (welche die Vorstellungskraft Außenstehender mit Sicherheit irre weit übersteigt) ganz offenkundig in gar keinem Verhältnis zu seinem eigenen bescheiden-beschissenen Dasein steht. Ein Normalbürger müsste schätzungsweise mindestens drei- bis vierhundert Jahre alt werden, um sich einigermaßen schadlos halten zu können.

Mitleid mit den Reichen, Schönen und Anerkannten kommt mir absolut hirnrissig vor, schrecklich albern, total unangebracht und überflüssig wie ein Kropf oder ein Schließmuskelabszess. Einzig Leute, die nicht mehr alle Tassen im Schrank oder die Latzhose voller Hirschkäfer haben, schmieren einem fetten Hängebauchschwein das tranige Loch, putzen einer pingeligen Großgrundbesitzerin zum Nulltarif das wertvolle Tafelsilber, küssen einem unausstehlichen Gefängniswärter den Schlagstock und tragen ihm auf einem Paradekissen Pistole und Schlüsselbund nach, verhelfen einem sadistisch veranlagten Hobelhengst aus freien Stücken zu einer bedrohlichen Erektion. Erbarmen mit einem Personenkreis, den die VORSEHUNG (diese unglaublich borniert buntscheckige Kuh) in eine mit Goldbrokat ausgeschlagene elfenbeinerne Wiege gekalbt hat, finde ich absurd, zum Schreien komisch wie, zum Beispiel, eine Staatsbibliotheksleiterin mit Bettlektüre zu versorgen oder einen ranghohen Politiker – egal ob konservativ oder linksliberal – in der Kunst der Verstellung unterweisen zu wollen, sein Lohnempfänger-Girokonto bis zum Gehtnichtmehr zu überziehen, um irgendeine Eminenz mit einem kostbaren Rosenkranz zu erfreuen.

Kein auch nur halbwegs vernünftiger Zeitgenosse verteilt noch Mist auf bereits gut gedüngten Anbauflächen, schleppt im Schweiße seines Angesichts Gesteinsbrocken in den Steinbruch, karrt Benzinfässer zu entlegenen Ölraffinerien oder stellt Tannenhonigtöpfe in ein Bienenhaus am Waldesrand.

Wenn die Sprösslinge der Reichen, Schönen und Berühmten wenigstens allesamt einen Wasserkopf hätten und sie obendrein eine scheußliche Hasenscharte entstellte! Das könnt ihr glatt vergessen, weil es keine ausgleichende Gerechtigkeit gibt, denn die wonneproppigen, sorgenfrei aufwachsenden ‚Goldfasane‘ sind oftmals noch schöner und intelligenter, will sagen raffinierter und raffgieriger, als ihre betuchten, aktiengepolsterten, redegewandten, sich Respekt verschaffenden Erzeuger mit der charakteristischen hohen Spekulantenstirn und den neckischen Dividendenhamsterbacken. Etwaige kleinere Schönheitsfehler werden früher oder später, gar keine Frage, korrigiert beziehungsweise wegoperiert, koste es, was es wolle. Und in der ‚Hohen Schule des Verarschens‘ unterer Bevölkerungsschichten bringt's der verwöhnte, rolexige, mercedes-sklassige Nachwuchs aus dem legendenumwobenen Bernsteinzimmer der Gesellschaft mit Leichtigkeit in relativ kurzer Frist zu wahrer Meisterschaft, in der allem Anschein nach angeborenen Fähigkeit, seine zahllosen Schäfchen ins Trockene zu bringen und noch, kulleräugig, bass erstaunt zu tun, als hätte alles – oh Wunder! – der liebe Weihnachtsmann bewirkt …

Das häufig zitierte Jesuswort ‚Leichter kommt ein Kamel durch ein Nadelöhr hindurch als ein Reicher in das Reich Gottes hinein‘ macht die mit Glücksgütern Überschütteten nicht im Mindesten nachdenklich, geschweige denn betroffen. Sie fühlen sich, ich fass' es nicht, überhaupt nicht angesprochen. Da bleibt einem die Spucke weg. Das muss man sich in aller Ruhe mal vor Augen führen: Ein klitzekleines Nadelöhr vor einem ausgewachsenen Kamel! ‚Einspruch! – Das hat der gute Mensch von Nazareth unüberlegt so hingesagt‘, beteuern die Reichen und Mächtigen, ‚damit die Evangelisten was festzuhalten haben, das Buch der Bücher dicker wird und einen größeren Leserkreis anspricht, hat aber ansonsten weiter nichts zu bedeuten, ist Prophetenpapperlapapp, literarisches Füllsel, theologisches Amalgam. Falls der urkomische Ausspruch

zutreffen würde, was er keinesfalls tut, dann wäre das HIMMLI-
SCHE KÖNIGREICH vorwiegend von ehemaligen Hilfsarbeitern,
Reinigungskräften und Stützebeziehern bevölkert. Es glaubt doch
wohl niemand im Ernst, dass sich der allmächtige, allwissende,
ewige Gott mit Putzkrähen, Küchenschaben und Fürsorgespul-
würmern unterhält. Vermutlich vergaß der Eingeborene Sohn in
der Hitze des Gefechts zu erwähnen, dass sich besagtes Nadelöhr
bei Bedarf – und der ist bei Reichen immer gegeben – flugs auf
Kamelgröße ausdehnt …
Für mich verschrumpelte Klunkerhexe gehört es zu den wenigen
wirklichen Wundern, dass die egomanischen, brutalkapitalisti-
schen Kirchenfürsten erwähnten kompromittierenden Passus nicht
schon längst aus der Heiligen Schrift des Neuen Bundes entfern-
ten: Wie man eine mit einem Flaschenkorb zermanschte Vo-
gelspinne – igittigitt! – aus dem Sektkellerfenster schmeißt.
Die Reichen, Schönen und Berühmten, besoffen vom Glanz anhal-
tender Erfolge, sind eine verschworene Schauspielertruppe, die
Tag und Nacht THEATER spielt, unsichtbare Fäden zieht, die
Festspielbühne nach Belieben umbaut, auf der sie sich alles, was
ihr in den Kram passt, erlaubt und wofür sich die Unverfrorene
auch noch reichlich entschädigen lässt: von einem hochgradig
verblödeten Publikum, das aus ganz ‚Primitivien‘ und ‚Doofland‘
herbeiströmt und frenetischen Beifall spendet.
Ich bitte euch, vertraut einer verfluchten Insiderin: Es ist beileibe
nicht so ungemein verdienstvoll, wie man zu suggerieren versucht,
für einen tatsächlichen oder lediglich vorgegaukelten guten Zweck
durch die Abwasserkanäle Kalkuttas zu geistern oder das Scheiß-
haus einer hinterwäldlerischen Klapsmühle zu schrubben, wenn
ich ständig im Hinterkopf habe, in welch traumhafter – fontaine-
bleauiger, huistenboschiger, belvederiger – Umgebung ich in spätestens drei, vier Wochen wieder tief Luft holen kann und dass ich
am Jahresende, umringt von Oscar- und Nobelpreisträgern, Silves-

ter im Hotel Ritz in Paris feiern werde. Es ist weiß Gott keine besonders rühmenswerte Leistung, mich in der Maske einer verhuschten Wohltäterin unter minderwertiges, Maulaffen feilhaltendes Gesindel mit den widerwärtigsten Leiden und Gebrechen zu mischen, so lange ich die Gewissheit habe (und die habe ich, bei meinen verkümmerten Eierstöcken!), dass nicht weniger als fünf ärztliche Kapazitäten unverzüglich an mein Krankenbett in einer Prominentenklinik am Pazifik eilen, sobald mich mehrere verirrte Fürze zwicken oder mein unersättliches Geldadelschwanzfutteral nach einer wüsten Rudelbumserei (in einer eigens dafür angemieteten eindrucksvollen Abbey-Ruine) mit Filmschauspielern, Fernsehstars und Spitzensportlern, die fast alle unter irgendwelchen Modedrogen standen, runderneuert werden muss, und täglich, mitunter sogar stündlich, eine Verlautbarung über meine, ‚zu ernster Sorge Anlass gebende' körperliche Verfassung (allerdings unter fantasievoller Beschönigung, zuweilen völliger Verdrehung der vulgären Tatsachen) in Umlauf gebracht wird, was nicht minder befriedigend sein kann als ein Hechtsprung vom Zwei-Meter-Brett in ein Moet-et-Chandon-Bassin oder einem populären farbigen Basketballprofi nach furios gewonnenem Match unter der Dusche den gefügigen ‚Dickmann' zu lutschen", hechelte die steinalte, stinkreiche Furkel, welche sich – mit weiter nichts als einem Diamantkollier im Wert von einer halben Million Dollar „bekleidet" – auf einem Designer-Ruhebett runzelstilzig räkelte. Es war kein Staatsgeheimnis, dass Missis „Richer-than-Rich" schon seit geraumer Zeit mit den feindlichen Heeren der bitter enttäuschten, demoralisierten Habenichtse kokettierte und ihre noch ziemlich ungewohnte, nichtsdestotrotz bereits tragende Rolle als überzeugte Nestbeschmutzerin in vollen Zügen zu genießen verstand. Mit einem Dachshaar-Rasierpinsel, der angeblich einem mit Ehren überhäuften Südstaatengeneral im amerikanischen Bürgerkrieg gehört hatte, befummelte sie sowohl ihr wie belämmert herabhän-

gendes saftloses „Euter" als auch die schrundige, sonnenverbrann-
te Bauchnabelgegend mit kitzelnden Bewegungen, ehe sie leise
stöhnend aufstand, ins Freie stöckelte und sich, ohne mit der fal-
schen Wimper zu zucken, mit dem aufgeklappten Rasiermesser einer französischen Schriftstellerin des neunzehnten Jahrhunderts
(der zu ihrem verständlichen Ärger regelmäßig ein Damenbart
wuchs) in ihrem auf mündliche Anweisungen reagierenden Luxus-
Liegestuhl vor dem riesigen, nierenschalenförmigen, mit pinkfar-
benen Kacheln verkleideten Swimmingpool beherzt die Pulsadern
aufschnitt. Ihre letzten (in ein Mikro gehauchten, erfrischend konsequenten) Worte lauteten: „Ich verbitte mir jegliches Mitleid!"

Ute Kreibich

Wenn du frei wärst

Dann würde ich dich küssen und herzen.
Unsere Seelen sind eins,
doch unsere Körper dürfen sich nicht vereinen.

Komme ich des Weges,
dann schaust du mich von der Seite an
und wir verzehren uns nacheinander.

Ich spüre dein Verlangen
und du das meine.
Eine gemeinsame Zukunft haben wir nicht.

Du lauerst mir auf und
schneidest mir den Weg ab,
wenn wir uns sehen.

Kurz bevor du mich erreicht hast,
schlägst du einen Bogen
und entschwindest wieder.

Du möchtest, dass ich dich wahrnehme.
Ich schaue dir nach,
doch du lässt dir nichts anmerken.

Das Glück der Liebe

Ich lebe vom Gefühl der Liebe.
Eine Beziehung ohne Liebe
fühlt sich an,
als wär' ich innerlich tot.

Eine platonische Liebe kann schöner sein
als eine reale Beziehung,
der die Liebe manchmal fehlt.
Liebe sollte einen Menschen innerlich erfüllen.

Zwei Menschen können im Gefühl miteinander verschmelzen,
ohne sich körperlich hinzugeben.
Es ist einfach schön,
füreinander und miteinander zur fühlen.

Seelenwärme

Unsere Seelen wärmen sich aneinander,
wenn wir uns sehen und miteinander fühlen.
Es ist ein blindes Verstehen zwischen uns.

Du liebst die tiefe Nähe auf Distanz.
Manchmal schaust du mir lang und innig in die Augen.
Ich erwidere deinen Blick.
Will ich dich grüßen, dann drehst du dich weg.

Behutsam legst du deine Hand an die Tür,
um sie mir aufzuhalten, ohne mich jedoch dabei anzuschauen.
Mein „Dankeschön" nimmst du still hin.

Du betrachtest jede meiner Bewegungen,
wenn du dich von mir unbeobachtet fühlst.
Schaue ich dich schließlich auch an, dann entziehst du dich
meinem Blick.
Doch durch Mimik und Gestik zeigst du mir, dass du mich spürst.

Begegnung

Jemandem ein Gespräch schenken
oder einen warmherzigen Blick
macht mich innerlich reich.
All das zu empfangen, bedeutet Glück.
Mit wahrem Reichtum und Glück
kann man in Berührung kommen,
obwohl man beides nicht anfassen kann.
Was wir anfassen können, ist materiell,
doch das Materielle vergeht.
Die Erinnerung an wahren Reichtum und
echtes Glück bleibt, solange wir leben.
Sie bereitet dem Herzen tiefe Freude.
Wir können sie unverlierbar in uns tragen.
Eine Erinnerung kann man immer wieder beleben.
Man kann sie auch verdrängen.
Was wir machen, hängt davon ab, ob die Erinnerung schön ist.

Johanna Kurschus

Sparen, sparen, sparen

Im Zuge der Sparmaßen der Regierung und des Hotels absolvieren
wir unsere ergometrischen Übungen an Geräten, die jeder kennt,
Meine Damen und Herren. Heute machen wir eine neu gestaltete
Gymnastikstunde. Bitte gehen sie auf ihre Position. Es kann losge-
hen, bitte Musik.

Schwingt den Besen von links nach rechts, von rechts nach links,
bitte locker in den Hüften. Federnd in die Hocke gehen, das Häuf-
lein Staub aufkehren. Dann locker wippen, wippen. Bei den
Übungen auf den Takt der Musik achten.
Nun im Walzerschritt in das Badezimmer tanzen. Jetzt sich vorwärts strecken, dehnen und die Badewanne putzen, bis sie glänzt.
Diese Übung dehnt die Bandscheiben. Die Toilette. Mit den Armen kräftig nach unten stauchen, mit dem linken und rechten
Arm im Wechsel, bis das Klo sauber ist. Das macht Spaß, es ist ein
tolles Gefühl mit der Bürste, statt den Hanteln zu trainieren.
Nehmt das Staubtuch mit beiden Händen über den Kopf. Beugt
den Körper nach rechts, beugt nach links und das Ganze noch
einmal. Nach vorne und nach hinten. Jetzt sind die Muskeln ent-
spannt. Auf geht es. Ran an die Möbel im Sambaschritt, abstauben
und polieren. Bitte im Takt, nach rechts, links, auf die Musik achten. Schwingt die Eimer auf und ab. Lauft im Walzertakt an die
Fenster. Auf den Fensterscheiben kreisen und kreisen bis die
Scheiben glänzen. Noch die Übung mit dem Staubsauger, den
Schlauch vor und zurück im Tangotakt schieben, immer wieder,
kein Krümel darf auf dem Teppich liegen bleiben. Diese Übung
stärkt den Rücken und die Arme. Danke, meine Lieben, bis mor-

gen zur nächsten Gymnastikstunde. Es hat bestimmt Spaß gemacht mit den neuen Geräten zu trainieren, und zu Hause trainiert ihr bitte jeden Tag, das macht schlank und lockert die Gelenke.

Schreibteufel und Co

Was soll ich zu diesem Thema schreiben?
„Heißhunger, Gier, Schlechtes Gewissen"
Mein Schreibteufel sitzt rechts am Monitor, schlenkert mit seinen kurzen Beinchen und lacht. Er ist ein kleines, süßes Kerlchen mit seiner roten Zipfelmütze, blauen Hose und gelbem Pullover. Er hat mir oft geholfen, aber diesmal lacht er nur.
Haha, haha, fällt dir nichts ein, spottet er. In meinem Kopf rumort und poltert es. Ideen habe ich genug, aber wie soll ich sie zu Papier bringen?
Plötzlich sitzt auf der linken Seite am Monitor auch ein Teufel. Es ist der Heißhungerteufel. Dick und rund sitzt er da. Er schaut mich an, die kleinen Äuglein in seinem dicken Gesicht funkeln und es freut ihn, mich zu quälen. Irgendwie kenne ich ihn, oft hat er versucht mich zu verführen. Aber er hat sich mir noch nie gezeigt.
„Schau nur zu", sagt er, „ich zeige dir die schönsten Delikatessen."
Er zeigt auf eine Schokolade, sie ist so zart, sie schmilzt auf der Zunge. Das Eis, Himbeere, Vanille und Schokolade, darauf eine Portion Sahne. Mmmh, mmh, das schmeckt. Schau nur die Erdbeeren mit Schlagsahne, wie sie im Glase leuchten und sie sind so süß. Mmmh, schmeckt das. Das zarte gegrillte Steak, die Kartoffel mit brauner Butter beträufelt und das Gemüse, auch in Butter ge-

dünstet, der frische Salat in Olivenöl. Hast du denn keinen Hunger? Es steht für dich bereit.

Mit samtener Stimme umschmeichelt der Heißhungerteufel mich, er gurrt, lächelt aufmunternd und will mich in die Falle locken. Beinahe hat er es geschafft.

Mein Magen knurrt, das Wasser läuft mir im Munde zusammen. Ich habe Hunger. Ich streckte meine Hand aus und will zugreifen.

Aufgeregt schreit der Gewissenteufel, elegant sieht er aus in seinem kleinen Frack, sein schönes Gesicht, die Haare mit den Locken exakt frisiert, und dem Zylinder. Ein eleganter kleiner Mann. Schau nicht hin, lass dich nicht verführen, willst du wieder dick werden? Kalorien zählen und rechnen? Sei froh, dass du wieder schlank und beweglich bist und dir die kleine Kleidergröße wieder passt.

Hin- und hergerissen bin ich. Ich rieche das Menü, was soll ich tun? Einer lockt und schmeichelt, der Magen knurrt, das Menü duftet. Der andere schreit, schau weg, lass dich nicht verführen.

Da mischt sich der Schreibteufel ein. Jetzt ist Schluss. Setz dich auf den Stuhl an den Computer und schreibe diesen Kampf auf! Du wirst sehen, der Heißhunger vergeht Er hatte recht. Ich schrieb und schrieb. Der Gewissenteufel hatte gewonnen.

Danke, lieber Schreibteufel, du hilfst mir immer.

Das Frühstück

Was für ein trüber Tag. Der Regen trommelt an die Fensterscheibe. Noch ist es nicht hell. Schon aufstehen? Meine Augendeckel hängen wie Blei über den Augen. Am liebsten würde ich mich umdrehen und weiter schlafen. Noch kann ich mir diesen Luxus nicht leisten. Also auf zur leichten Frühgymnastik. Augendeckel auf, Augendeckel zu, einige Male – so, jetzt muss es reichen. Gib dir den Befehl und stehe auf, denke ich. Der Hund muss raus in den Garten. Ich schlurfe mit dem Hund im Arm die Treppe herunter in die Küche. Den Hund in den Garten abschieben. Kaffee kochen, Brötchen aufbacken, Tisch decken alle diese Sachen mache ich automatisch und kann meinen Träumen nachhängen. Wie schön es wäre jetzt, in einem Land zu sein, in dem ewiger Frühling ist, auf einer Terrasse unter blühenden Bäumen zu sitzen. Wenn ich im Lotto eine Million gewinne, möchte ich in einem Hotel wohnen. Zum Frühstück an die Frühstücksbar gehen und mir die besten Leckereien aussuchen. Die Saaltochter bringt Tee oder Kaffee. Nach dem Frühstück kann ich das benützte Geschirr auf dem Tisch stehen lassen.

Der Hund bellt an der Terrassentüre und bringt mich in die Wirklichkeit zurück, draußen regnet es noch immer. Der Tisch ist gedeckt, Butter, Marmelade, Brötchen und Kaffee stehen an ihrem Platz. Mein Mann kommt in die Küche, lächelt mich an und sagt: „Guten Morgen mein Liebling, hast du gut geschlafen? Was gibt es zum Frühstück?" Ich lächle zurück und bin glücklich.

Brigitte Martin-Russo

Liebe im Strom der Zeit

Du schenktest mir jedes Mal eine dunkelblaue Rose aus Seide, wenn du zu mir kamst! Deine Besuche waren so selten, du hattest wenig Zeit!
Trotzdem füllte sich ein großer Kübel mit vielen blauen Seidenrosen, die nie verwelken können, auf meiner Terrasse in der Ecke! Nur die glitzernden Spinnweben darauf waren lebendig!
Als du fortbliebst, ohne Grund, dachte ich verbittert, so unecht wie diese Rosen war auch deine Liebe. Erst heute erfuhr ich, warum du nicht mehr kommen konntest. Jetzt lege ich dir jedes Mal eine glutrote Rose auf dein Grab! All die perlenden Tautropfen darauf sind deine Tränen, die mir sagen wollen, deine Liebe war doch echt und ehrlich, du plantest ein Leben mit mir – für immer. Aber am Ende bleiben nur ein paar verwelkte Rosen für mich übrig und die Erinnerungen an eine große Liebe, die vom Strom der Zeit fortgerissen wurde von mir!
Auch deine Seidenrosen sind inzwischen verblasst, verloren ihre Blauheit, wurden weiß! Aber sie leuchten in der Dunkelheit für immer und ewig für mich

Samtener Weg der Weisheit

Ich möchte noch einmal den schmalen, weißen, duftigen Strandweg gehen, wo rosa Rispen mir zarte Liebe ins Herz wisperten, wo zyklamfarbene Nelken verheißungsvollen Duft verströmten, wo grazile silbrige Gräser sich in meinem kobaltfarbenen Samtrock verfingen, und mich festhalten wollten, um mich zu trösten. Sie flüsterten

ganz leise: „Du bist nicht allein, sondern eingebettet in die Schönheit der Welt!"
Weiße Sternenblumen nickten mir zu, wehten im Wind um die
Wette mit meinen kupferroten Haaren, sagten mir: „Deine Seele ist
rein, ohne Schuld und Sühne, weil dein Herz zu oft zerbrach.
Geh den Lichtweg hinunter zum Meer, reite auf den schäumenden,
salzigen Wellenkämmen. Das Leben gibt dir jetzt goldene Zügel in
deine Hände, du bist die Prinzessin der Wellentäler, versinkst nicht
mehr im schwarzen Loch!"
Aber damals hatte ich Angst vor dem Sprung ins kalte Wasser und
darum möchte ich noch einmal diesen samtenen Weg der Weisheit
gehen, hinunter zum Meer.

Mein schwarzes Schatzkästchen

Ich öffnete das Schatzkästchen meiner Träume. Lang ließ ich es verschlossen, weil ich Angst hatte, dass es leer war, denn ich hatte keine Erinnerungen mehr an schöne Träume!
Als ich es einen Spalt breit öffnete, quollen lauter feuerrote kleine
Teufelchen in grauen Dunstwolken heraus und lachten mich aus!
Ich fing sie allesamt ein und aß sie auf, sie schmeckten nach Salzsäu-
re und Schwefel, aber das war mir egal. Denn auf einmal erinnerte
ich mich, da war doch noch ein Traum von der Liebe?!
Mutig griff ich in das schwarze Kästchen hinein und hielt einen
kleinen zappelnden Amor in meiner Hand, er schoss mir seinen Pfeil
der Liebe mitten ins Herz hinein und nun konnte ich endlich wieder
von der Liebe träumen und von dir!
Ich werde dich suchen, viel zu lang hatte ich dich in meinem
Schatzkästchen der Erinnerungen eingeschlossen. Aber jetzt habe
ich keine Angst mehr, meinen Traum von unserem Wiedersehen zu
verwirklichen.

Das Felsentor der Liebe

Ich sitze auf den zerklüfteten Felsen und schaue hinunter aufs Meer. Die Wellen kräuseln sich im Wind. Dieses Auf- und Abrollen der Wogen hypnotisiert mich. Bringt Stille und Hoffnung für eine neue Chance in mein unruhiges Herz! Kraft durchpulst mich, aber ich weiß nicht, woher sie kommt??

Ich schaue auf einen großen Felsbrocken vor mir, meine Augen brennen vor Sehnsucht nach dem Leben Löcher in den harten Fels. Übrig bleibt ein Torbogen aus Stein, der mich in eine neue Dimension des Lebens schauen lässt!

Eine Möwe fliegt direkt durch den Torbogen auf mich zu und landet auf meinem Knie. Sie hat keine Angst vor mir, weil sie mein verwandeltes Herz, das voller Liebe und Vergebung ist, fühlt! Jetzt fliegt sie wieder fort, ich schaue ihr hinterher. Das Meer gleißt und flimmert, ich muss blinzeln und schließe kurz meine Augen. Nur ein Wimpernschlag war's, aber mein Blick entdeckt, wie aus dem nichts taucht es auf, ein Segelboot, das direkt Kurs auf meinen Torbogen nimmt! Der Segler springt von Bord, schwimmt auf mich zu, klettert durch den Steintorbogen zu mir hinauf, steht dann triefend nass vor mir und strahlt mich an! Er und ich sind unbefangen, das ist die Magie meines Torbogens, wer ihn durchschreitet, ist im Bannkreis meiner Alleinsliebe. Der Mann meiner Träume und ich sitzen hier zusammen, total vertraut und unterhalten uns, bis die Sonne im Meer versinkt. Auch wir beide sind jetzt völlig versunken in einem Liebestraum!

Zum Abschied gibt er mir einen Ring aus Gold, damit ich ihn nicht vergesse, bis hin zu unserem nächsten Wiedersehen, hier auf den Felsen am Torbogen unserer Liebe!

Immer wenn meine Augen wieder vor Sehnsucht anfangen zu brennen, drehe ich an meinem goldenen Ring am Finger, der so rund ist, wie mein Torbogen aus Stein, dort am blauen Meer, wo die Liebe zu mir kam, die Kraft zum Leben und das Wissen, dass der Glaube nicht nur Berge versetzen kann, sondern den härtesten Fels durchbohrt und einen Torbogen zum Leben und zur Liebe erschaffen kann.

Liebe, die nie endet

Ich habe dich so sehr geliebt, dass mein Herz, immer wenn du an meiner Tür standst, vor lauter Zärtlichkeit zersprang; und die vielen Herzenssplitter meines Glücks zerstachen dich fast! Und dann, als ich aus Wiedersehensfreude weinte, küsstest du all meine Tränen mit sanften Lippen fort! Aber ich fühlte, dass dein Herz heimlich dabei weinte, weil du wusstest, sie ist nicht für die Ewigkeit – unsere Zeit der Liebe.

Ich spürte deine Ängste und Bedenken, wie lange du noch bei mir bleiben kannst! Und wie wird es dir ergehen, danach, ohne mich? Denn dein Herz war nicht ganz frei. Dein Wille, mit mir diese einmalige Liebe zu leben, war stark, aber dein verrücktes, verwirrtes Herz steckte von Anfang an in einer Herzenskrise. Die Fäden deines Lebens hielten dich noch zu fest umschlungen, du warst gebunden an deinen inneren Konflikt!

Egal, bei wem du bleiben würdest. Einem Menschen wird dein Abschied Unglück und Trennungsschmerz bescheren! Ich wünschte mir so sehr, es träfe die andere. Aber am Ende traf es dann mich! Und damit hatte ich nicht wirklich gerechnet, als du dann fortgingst Ich muss deine Entscheidung akzeptieren, sagtest du beim Abschied. Ja, ich weiß! Aber mein Herz wird dich immer lieben und wird bis in die Ewigkeit niemals verstehen können, warum du fortgingst. Ob es wirklich Liebe gibt, die nie endet?? Aber, an welchem Ende werde ich dann stehen? Am liebsten wieder hin, zu dir!!!

Ich weiß du wirst in ein paar Jahren wiederkommen, ich weiß aber nicht, ob ich dich dann noch will!!?? Oder vielleicht doch?

Christina Meffert

Der letzte Gruß

Als du gingst, winktest du nicht zum Abschied. Die trägen Augenlider hoben sich ein letztes Mal, wie zum Gruß im Stillen, um sich dann für immer vor mir zu verschließen. Du ließest die Tür leise ins Schloss fallen, wie die ganzen Jahre, wie um mich nicht zu wecken.

Jetzt sitze ich am Fenster, betrachte unseren Birnbaum unten im Garten, auf dem der Rabe sitzt und gegen den Sonnenaufgang kräht. Ein leichter Wind geht – drüben im Westen kündigt sich ein Schauer an, ein letzter Sommerschauer, bevor die ersten Blätter fallen. Sie werden den Boden bedecken, ihn nähren und wärmen. Vielleicht findet dann ein Igel unter ihnen Schutz. Schön, denke ich, lass ihn kommen, den Herbst mit seinen Stürmen, ungezügelt und rau. Lass ihn künden den Abschied in die Stille des Schnees, der Eiszapfen und dem Klirren der Tannen.

Wie viele Sommer, wie viele Winter haben wir verbracht, gemeinsam. Unser Leben lief mit den Jahreszeiten. Es gab gute Tage und furchtbare Nächte, ich erinnere mich an so viele. Aber wir wussten in den furchtbaren Nächten, dass der andere, an den man sich halten kann, da ist, und an den guten Tagen, dass weitere kommen. Immer hatten wir uns.

Was wir hatten, war ein Leben. Nun bist du fort. Diese Tür, die zufiel, öffnet sich nicht mehr. Wir brauchten nicht zu fragen, warum. Du warst Antwort genug. Dein Verfall: untröstlich dein Geist über diesen Körper, der nicht mehr konnte. Dann ein Aufbegehren: ohne Rat waren deine Ärzte, die den Verfall nicht aufhalten konnten.

Noch hast du mich erkannt, morgens, wenn wir Kaffee tranken und die Zeitung lasen, unten im Wintergarten oder bei Schönwetter auf der Terrasse, meinen Namen riefst du aber schon zögerlich, als seiest du nicht mehr sicher, wenn Fremde klingelten. Fremde wie unser Nachbar, der Postbote, unser Kind. Doch dann war der Name weg, dann mein Gesicht. „Ich kann dich nicht fassen", sagtest du, dein Gesicht weinend in meinem Schoß.

„Ich kenne dich, irgendwoher, mir fehlt aber etwas, ach, es ist – nichts." Und besorgt nahm ich deinen Kopf hoch, auch ich weinte: um die Zeit, die uns noch blieb, um die gesagten und nichtgesagten Dinge, um den Mann, der du mir warst und der mir unaufhaltsam genommen werden würde.

So saßen wir da eines Abends. Bis keine Träne mehr blieb, bis alles gespürt und verklungen war.

„Mama", sagte vor ein paar Tagen unser Kind, „Mama, er ist fort. Er ist gegangen, um dir Platz zu schaffen. Es ist gut. Das ist sein letzter Liebesbeweis. Er ist gegangen, noch deinen Namen ahnend, und bald schon wird er nicht mehr sein. Er bleibt dir nun, fast, wie er war, und keiner kann dir das nehmen." Ach, Kind, du weißt nicht um meinen Schmerz. In deinem Gesicht leuchten sein Schein, sein Geist und seine Bilder. Wenn ich dich laufen sehe, aus dem Haus oder zur Bushaltestelle, wie du gehst und atmest, wie du nichts tust oder rauchst – in dir lebt fort, was mir genommen wurde.

Du konntest nichts Besseres tun. Und so lebt hier dein Geist, in jedem Zimmer, bei Nacht in meinen Kissen, am Tage wenn ein Luftzug durch den Flur geht, im Krähen des Raben oben auf dem Baum.

Jetzt weiß ich nicht, ob du noch bist, ob du schon gegangen bist. Sie geleiten dich bis zum letzten Moment, deinem Wunsch, nicht mehr nach dir zu sehen, komme ich nach. Vielleicht geht dein letzter Atemzug in diesem Moment, in dem ich am Fenster sitze und schreibe. An dich, der du mein Leben warst.

„Du musst ihn gehen lassen, Mama. Nur so könnt ihr frei sein. Nur so kann ein jeder sein. Wo auch immer." Ja, mein Schatz, denke ich, du hast recht.

Ich gehe hinunter und lasse die Türe sperrangelweit offen stehen, öffne Fenster und Hintertüre. Im oberen Stockwerk klemmt eines der alten Fenster, die anderen öffne ich ebenfalls. Der Wind wird stärker, ein Sturm braut sich zusammen. Vielleicht wird zum Mittag ein Gewitter die Luft reinigen. Als der Vorhang am Schlafzimmerfenster, an dem ich stehe, sich aufbauscht und nach draußen weht, weiß ich, es ist vollbracht. Du kannst gehen, sage ich, ohne Träne, ohne Schmerz. Ich wünsche dir Freiheit und Liebe, wo du auch bist. Geh, wohin du gehen musst. Ich bleibe hier.

Zeit, du quältest mich. Zeit, du nahmst mir mein Leben. Zeit, du hast mir gestohlen, was ich mein Leben nannte. Nun läufst du fort, hier auf der Wanduhr, unbeeindruckt streichst du davon. Machst dich aus dem Staub. Dort, auf der Küchenuhr, tickst im Schlafzimmer auf dem Wecker, kapitulierst du nicht eines Tages? Du gibst und nimmst. Unaufhörlich, ewig.

Heute weiß ich: Du musst. Ich lasse dich. Und lächle, wenn ich hinaussehe, auf den Baum. Du bist ein Dieb, ein Gaukler. Du bist Shiva, Zerstörer und Erschaffer.

Eins bitte ich dich: Nimm mir den Namen. Nimm mir das Bild. Nimm mir die Erinnerung.

Dieb meines Lebens: Und dann geh fort, ohne einen Namen.

Ohne ein Bild.

Eine Erinnerung an dich soll es nicht geben.

Margot

Wo soll ich anfangen, lächle ich den Unbekannten an, der mir eben bei den heruntergefallenen Einkäufen behilflich gewesen ist. Ich bin mir nicht ganz sicher, ob und wie es ihn interessiert – hierzulande wird gefragt, wie es denn gehe, den Kindern, ob das Klima gefalle, und subtil eine Drohung, es möge nicht zu viel, zu intim, zu ausführlich werden. Das habe ich gelernt: mich bedeckt zu halten. Damals wie heute.

Oh, Ma'am, ich dachte gerade, wir könnten uns etwas aufwärmen dort drüben im Café, kommen Sie, ich bestelle uns einen Kaffee, wärmen wir uns etwas auf, und Sie können mir erzählen. Ich bezweifle das Gute an der Idee, aber es ist bitterkalt, klirrende Kälte hält das Land seit nunmehr drei Monaten in Beschlag. Ich hatte nur in der Theorie eine Vorstellung, wie kalt eine Nacht sich bei -25°C anfühlt (ich habe die Fahrenheit umgerechnet). Einen Kaffee bis zu meinem Zug nehme ich dankend an, er ist scheinbar nett, sorgfältig gekleidet, er lächelt partiell – nicht zu viel.

Später sitzen wir immer noch hier, mein Zug ist bereits abgefahren, ich muss auf den nächsten warten. Und seit wann sind Sie hier? Da muss ich nachrechnen. Es werden im März wohl zehn Jahre sein, ich schüttle mich unmerklich bei der Vorstellung über den Verbleib der Zeit. Ist Ihre Familie noch in Deutschland, leben Sie hier allein?, möchte James wissen, er zettelt an der Speisekarte herum, aber er scheint ernsthaft interessiert zu sein.

Nun, ja, meine Schwester lebte noch, als ich Deutschland verließ, sie war mir fremd geworden, wir haben uns entfremdet, hielten noch ab und zu Kontakt am Telefon, aber wo sie heute ist … Er sieht mich ungläubig an und lehnt sich etwas zurück. Sie wissen nicht, wo Ihre Schwester ist, und ob sie noch lebt? Er hat recht, wie unschön. Aber dies ist sehr –

Das ist vielleicht zu persönlich, aber nehmen wir einmal an, Ihre Schwester lebt nicht mehr, haben Sie denn noch anderswo Familie? Ich schüttle den Kopf, mehr muss er nicht wissen.

Was ist geschehen?

Ich sehe aus dem Fenster, verfolge den Schatten einer jungen Frau, zeichne in Gedanken die Schneespuren draußen nach. Landschaften eines Lebens, Spuren, die verwehen, wenn sich ihrer nicht erinnert wird.

Margot, Margot, wohin liefen deine Spuren. Als ich rüberging, das Land verließ, bliebst du. Ein letztes Mal schütteltest du den Kopf ob meiner vermeintlichen Naivität, wegen meines Verrats, den du nur zähneknirschend hinnahmst. Ich habe es nicht mehr ausgehalten, ich war zermürbt. Alles haben sie uns doch genommen, Margot, keine Spur von der Gemeinschaftlichkeit, der internen Sicherheit, am Ende haben sie Euch doch auch verkauft.

Ich war Künstlerin, ich habe gemalt, damals, Ost-Berlin. Mehr brauche ich doch nicht sagen. James' Stirn wirft fragende Falten auf, er wartet geduldig, mein Zuhörer.

Meine Bilder haben ihnen nicht gefallen, sie nahmen sie mit. Die anderen waren dann eines Tages gestohlen, so war das eben.

Dir hatten sie doch auch nicht gefallen. Schwesterchen, sagte Margot, eines Tages machst du uns allen ein janz schönes Problemchen damit.

Was denn, Margot, die Farben? War es die Form? Da war doch gar kein Inhalt, da war nur Guss, ein Fluss des Pinsels, nach oben, ja die Tendenz nach oben und eher nach links, die Diagonalen.

Eben, meintest du, eben. Dit is doch der Westen, mach mir nix vor. Glücklicher als hier wirste drüben och nich.

Eine schnöde Metapher, Margot, aber zugehört hast du mir noch nie, hast nicht hinsehen wollen. Immer lief alles nach deinem Plan, gefeiert wurde in Eurem Haus, Helmut konnte ja nicht mehr raus. Selbst den Hund haben wir nachts bei Euch vergraben, sollte keiner wissen, aber er gehörte ja zu uns.

Und dann stand ich vor dir, an jenem Tag. Ich sagte, ich würde jetzt fahren, zu einer Werkstatt in Hamburg. Die Scheine hatte ich bereits, in drei Tagen wäre ich wieder da. Aber du wusstest es. Ich würde nicht mehr zurückkommen.

Überlaufen, hast du pathetisch gerufen, kommt ja grad recht, wo Muttchen krank wird.

Nein, Margot, das war es nicht. Nicht Mutter, die an allem litt, nur nicht am Gewissen. Was damals das Land war, das ich verließ, so weiß ich heute: Dich hielt ich nicht mehr aus. Dein Griff nach mir, wann immer du es wolltest. Mutters erste Wahl warst ja du, ich nur dein Schatten, ein Artefakt auf dem Familienfoto. Vater war nie da, den hatten wir fast vergessen. Als Mutter starb, kam ich nicht an ihr Grab. Ohne teilzunehmen an Eurem Totentanz und kollektiver Schuldzuweisung bei Kaffee und Schnittchen danach, wusste ich dennoch, dass alle nur mich als Schuldige wähnten. Kathleen, die sich immer gern entzieht. Kathleen, die auch jetzt ihre Familie – die trauernde zumal – im Stich lässt. Weil sie im Westen sitzt und weil der Hochmut sie reitet.

Als Vater kurz darauf starb, hattest du angerufen. War es unser letztes Gespräch? Ich erwähnte nichts von Kanada und meinem Stipendium, von meinem neuen Glück: Achim und Joëlle. Du fragtest auch nicht. Zwischen all dem Gesagten, den Pausen, die überwogen, spürte ich deinen Blick stumpfer werden, konnte das Trommeln deiner Finger hören, roch deinen Atem. Den billigen Wein – schon am Mittag – hattest du dir nicht abgewöhnt.

Es kann doch nicht so schlimm jewesen sein, zischtest du, als solle keiner – nicht mal wir – davon etwas hören. Dit is doch schon lange vorbei, und nu ist er tot. Aber du hattest ja noch nie Respekt!

Ich legte auf in aller Stille. Ich weiß nicht, wie lange du noch so sprachst und zischtest und dein Gift versprühtest. Ich dachte nur: Verbindung trennen.

Das war es, Margot, dein war der Zorn, mein der Hochmut. Das war unsere Gleichung, die nie aufging.

Es gab nichts zu sagen zwischen uns, überhaupt hatten wir uns nie viel zu sagen. Dann hattest du etwas zu viel, ich etwas zu wenig gesagt. So war es.

Es gibt das Internet, unterbricht James meine Gedanken.

Wie unhöflich von mir, ich muss eine längere Zeit in Gedanken gewesen sein. Meine Finger haben etwas auf die Serviette gemalt. Sie könnten nach ihr recherchieren. Margot und die Moderne, lache ich heiser, nein, wenn sie noch leben sollte, dann wie eh und je. Dann fahren Sie nach Deutschland, suchen Sie nach ihr, insistiert er. Ich werde ärgerlich, was will er denn? Genug. Aber ich danke ihm lächelnd für das Gespräch, den Kaffee und sein Interesse. Ja, ich werde ihn anrufen, wenn ich wieder in der Stadt bin, versichere ich ihm, als wir uns Hände schüttelnd verabschieden und in verschiedene Richtungen gehen.

Immer wieder ballen sich meine Fäuste in den Manteltaschen, Kopfschmerzen kündigen sich an. Wild entschlossen krame ich in meiner Handtasche nach einer Tablette. Der Zug fährt gerade auf dem Bahnsteig ein, ich suche einen freien Platz am Fenster. Im Gang halte ich es nicht aus, ich muss immer nach draußen sehen können.

Was würde sich ändern?

Würde sich etwas ändern?

Was hätte ich zu verlieren?

Ist dies das etwas lästige Augenzwinkern einer Schicksalsironie, dass ausgerechnet ein Fremder (oder die symbolbehaftete Begegnung mit ihm) die Vergangenheit aufwühlt, sie gar in Frage stellt?

Der Check-in verläuft ohne größere Zwischenfälle. Am Schalter hole ich das Flugticket aus der Tasche und den Ausweis. Mein Abschied auf Zeit von Achim und Joëlle geht mir noch etwas nach.

Germany, Madam. We wish a good flight. Enjoy! Ich sehe ihn verständnislos an, der Mann lächelt professionell, Can I help you? Nein, no thank you, murmelt mein Mund, ich dachte, ich hätte mich verhört.

Schon von oben liegt Berlin unter einer dicken Schneedecke. Die Maschine braucht mehrere Anläufe, um zu landen.

Das Haus hat sich nicht verändert. Das Dach ist neu, der Kiesweg auch, er knirscht unter meinen Stiefeln. Ich sehe im Augenwinkel, dass eine Gardine sich aufschiebt und schließt. Dann klingele ich.

Margot, sage ich. Margot, hier bin ich.
Ja, sagt sie, und stülpt ihre Gummihandschuhe ab. Ja, Kathleen.
Sie weint.
Es ist gut, Margot, und nehme sie in den Arm. Es ist gut. Ich komme jetzt heim.

Jutta von Ochsenstein-Nick

Das Rosenblatt

Das Rosenblatt
liegt
auf dem Grund
des Meeres.
Rosenduft
entströmt
Deinen Augen.
Rot sind
Deine Adern
aus Wassern,
still,
tobend.
Seine Zartheit
wird hörbar.

Deine Tat
wird es tragen
in ihrer Hand.

Nimm Du im Wagnis
Dein Geschick zur Hand

Sing vor Dir
Dein Schaudern

Die Stunde zittert
und die Hand hält sie

Zügle den Gang
im Felde draußen
Blumengewind neigt
zum Abschied eine Zeit

Der Stern weist hinauf
von wo er fiel
beenge Dein Herz
mit Mondsicheln

Die Haut zart
gleich Tau auf Deinem Körper
der früh nur die Morgensonne grüßt
die Tiere schreiten hinüber
die Nacht wird Dich schonen

Tau tränke Deine Adern
Tau schütze Dein Gewebtes
und benetze Augen Lippen Herz
– vor dem Wort.

Bewölkt zieht mein Blick in die Weite
bis zum Horizont
dort steht ein Haus das wir bewohnten
aus dem Berg gehauen
über Moor führten atemlose Stege
zur offenen Tür

Wir nisteten unter dem Dach
wo gleich die Rauchfahnen
unsere Zeichen an den Himmel wehten
zu lesen für andere die
aus Sumpf und Stein
aus Atem und Schrift
ihr Leben schmieden

Das Haus wird umgebaut.
Wird es bewohnbar noch sein?

Acker des Herzens

Pflugscharen beben hinüber
doch fast unbemerkt
Du bist getränkt vom Blut der Dornenkronen
höhnische Worte sind hörbar noch
aus dem Dunkeln
Peitschenhiebe fahren herab auf sehende Augen

Du bist erkannt an Deinem Schlag
aus Deinen Wunden überströmende Wärme
erreicht uns im freien Fall
Flügel aus Licht
umgeben die Schwerkraft
Atem und Herz
halten uns wie Hände.

Madlon Perié

Schwarze Schatten

Behaglich lehnte sich der frisch gebackene Dr. phil. Theodorus Metzger zurück und gab sich Zukunftsträumen hin. Er hatte seinen Vater, der den Familiennamen zum Beruf gemacht hatte, nie verstehen können – meine Güte, er verlangte von ihm, dem einzigen Sohn, einmal den Betrieb zu übernehmen! Allein der Gedanke verursachte Theodorus Übelkeit, hatte er doch nur ein einziges Mal an der Hand des Vaters die Wurstküche betreten, wobei seine kindliche Phantasie ihn Bottiche mit brodelndem, süßlich riechendem Blut wahrnehmen ließ. Mit einem Schrei des Entsetzens hat er sich damals losgerissen und war schluchzend in die Arme seiner Mutter geflüchtet, die ihn für sein Benehmen gescholten und auf sein Zimmer geschickt hatte, wo er zitternd und verzweifelt unter dem Bett Zuflucht suchte. Danach hatte er sich gegen den Verzehr alles Tierischen zur Wehr gesetzt und dafür in früheren Jahren tapfer alle Strafmaßnahmen seines Vaters, die wortreich von seiner Mutter unterstützt wurden, über sich ergehen lassen. Ja, wahre Größe erlangt nur der Dulder, dachte Theodorus bei sich, und betrachtete liebevoll sein Diplom.
In diesem Augenblick klingelte es, und verwundert ging er zur Tür. Er erwartete keine Besucher, zumal er erst seit wenigen Tagen in dieser Stadt die neue Wohnung, ganz in der Nähe seiner zukünftigen Wirkungsstätte, bezogen hatte. Theodorus legte die Kette vor, betätigte den Drücker und öffnete vorsichtig die Tür einen Spalt. Als er niemanden sah und auch das Flurlicht nicht eingeschaltet wurde, fragte er: „Wer ist da?" Keine Antwort. Erneut erkundigte er sich: „Ist da jemand?" Wieder keine Antwort. Unschlüssig verharrte Theodorus noch einen Moment horchend

neben der Tür, dann öffnete er sie weit und starrte in den leeren Flur hinaus. Er schloss sie achselzuckend und schlenderte zu seinem Lieblingssessel zurück, wo er sich mit einem wohligen Seufzer niederließ.

Gerade, als er wieder den Faden zu seinen unterbrochenen Zukunftsträumereien aufnehmen wollte, klingelte das Telefon, schrill und durchdringend. Er angelte nach dem Hörer und meldete sich leicht gereizt: „Ja, bitte?"

„Peter", klang ihm eine fremde, weibliche Stimme entgegen, „ich komme gleich, da du etwas hast, was mir gehört."

Unwirsch fragte Theodorus: „Wie sollte ich, wenn ich nicht Peter heiße und Sie nicht kenne, etwas besitzen, das Ihnen gehört?"

„Du dummer Kerl. Als ich eben klingelte, schlüpfte mein Kater in deine Wohnung", klang es zurück.

„Warum haben Sie nicht geantwortet, als ich fragte, wer da sei?" wollte Theodorus wissen. Ein Kichern, bei dem sich seine Nackenhaare sträubten, antwortete ihm, breitete sich zu einem unheimlichen Lachen aus und endete abrupt. Dann klang erneut die Stimme aus dem Hörer: „*Ich* wollte doch nichts von dir!"

Theodorus bemerkte, dass seine Hände feucht wurden und leicht zu zittern begannen, ein Zeichen dafür, dass sich fortschreitende Nervosität seiner bemächtigte.

„Ich verstehe nicht, was Sie meinen", sagte er mit belegter Stimme. „Was wollen Sie von mir?" Wieder dieses unheimliche Kichern. „Ich will meinen Kater zurückhaben", säuselte die Stimme liebenswürdig. „Ich sehe keinen Kater, er ist nicht hier. Sie müssen sich irren!" „Peter, er *ist* bei dir, nur solltest du ihn nicht suchen sondern lieber warten, bis ich ihn abhole."

„Ja, aber …", begann Theodorus, als er eine Bewegung in der rechten Zimmerecke bemerkte. Ein schwarzer Schatten glitt auf leisen Pfoten ins Nebenzimmer. „Sie haben Recht", bestätigte er hastig, „ich habe ihn gesehen, er ist hier."

„Gut, Peter, dann höre genau zu, was ich dir jetzt sage. Lege den Hörer neben das Telefon, gehe zur Eingangstür und lehne sie an. Dann komm wieder zurück." Theodorus folgte verwirrt und mit wachsendem Unbehagen der Anweisung und meldete sich dann mit einer Spur von Panik in der Stimme: „Wer sind Sie und was soll das alles? Ich heiße nicht Peter sondern Theodorus Metzger. Wollen Sie sich einen Scherz mit mir erlauben?"

Wieder das unheimliche Kichern, bevor die Stimme flüsterte: „Peter, das ist kein Scherz. Warte auf mich, ich bin gleich da." Es knackte in der Leitung und Theodorus starrte auf den Hörer in seiner Hand. Dann legte er ihn zögernd auf und sah mit einem Anflug von Panik zur Eingangstür.

Angst kroch ihm den Nacken hoch, da er spürte, dass etwas Schreckliches auf ihn zukam. Aber – was war es? Er holte tief Luft, ballte seine Hände zu Fäusten und versuchte sich das Gespräch ins Gedächtnis zurückzurufen, wollte Mosaiksteinchen zusammenfügen, um so eine Erklärung für dieses verwirrende Ereignis zu finden. Doch sein Kopf war leer, sein Erinnerungsvermögen versagte, sodass er sich verzweifelt fragte, warum er, ein gesunder Mann von siebenundzwanzig Jahren, so in Panik geraten konnte.

Plötzlich trat eine Veränderung ein – der schwarze, geschmeidige Schatten, den er schon zuvor gesehen hatte, glitt in sein Blickfeld und wurde aufgesogen von einem Tierkörper, der Theodorus erstarren ließ in Angst und Bewunderung. Gleichzeitig fragte er sich ungläubig, wie dieser große, prachtvolle Kater von ihm unbemerkt in die Wohnung geschlüpft sein konnte.

Nun wandte das Tier ihm seinen Kopf zu – und ein eisiger Schreck durchfuhr Theodorus. Himmel, was für Augen dieser Kater hatte – kalte, grausame Killeraugen, leuchtend wie glühende Kohlen, die ihn seltsam zu hypnotisieren schienen. Theodorus starrte ihn gebannt an, während der Kater auf ihn zuglitt. Als er plötzlich fauchte, entblößte er ein Gebiss mit nadelspitzen Zähnen. Theodorus war wie gelähmt vor Angst und krallte seine Finger in die Lehnen des Sessels.

Dann spürte er mehr als er es sah, dass das Tier zum Sprung ansetzte. Instinktiv riss er die Arme vors Gesicht. Im nächsten Augenblick prallte der unerwartet schwere Körper dagegen und ein stechender Schmerz durchzuckte Theodorus. Er stöhnte und riss entsetzt die Augen weit auf, konnte den Kater jedoch nicht entdecken. Angstvoll sah er sich um, als ihm auch schon eine Bewegung im Augenwinkel die nächste Attacke signalisierte. Wieder riss er die Arme hoch, der Tierkörper prallte dagegen – und wieder durchzuckte ihn ein glühender Schmerz.

Theodorus stieß einen erstickten Schrei aus und sprang aus dem Sessel. Sein einziger Gedanke war – Flucht, und er rannte zur Wohnungstür. Als er sie fast erreicht hatte, schwang sie plötzlich auf, und vor ihm stand eine zierliche, blasse Frau mit schwarzem Kurzhaar, schwarz gekleidet – und lächelte ihn an! Die Bestie sprang auf sie zu, ließ sich auf den Arm nehmen, und wortlos verschwand die Frau mit ihr.

Theodorus starrte fassungslos auf die lautlos geschlossene Tür und wankte zitternd zu seinem Sessel zurück. Plötzlich erstarrte er – woher kam dieser süßliche Geruch, der ihn an irgendetwas Schreckliches erinnerte? Während er noch versuchte, seine Gedanken zu ordnen, fiel sein Blick auf seine Handgelenke. Eisiges Grauen schnürte ihm die Kehle zu, als er sah, wie aus zwei tiefen Bisswunden hellrotes Blut pulsierte. Nun überfiel ihn auch der Schmerz wie eine wütende Bestie. Ein heiseres Stöhnen entrang sich seiner Kehle, bevor er in eine gnädige Ohnmacht fiel …

… aus der er auch nicht mehr erwachte, da der Lebensfunke mit dem Blut aus seinem Körper strömte. Eine Woche danach war folgendes in der Tageszeitung zu lesen:

„In der Alwinstraße 23 wurde am Nachmittag des gestrigen Tages die Leiche des siebenundzwanzigjährigen Theodorus M. durch einen Hinweis seines Wohnungsnachbarn entdeckt. Es ist innerhalb von fünf Monaten der dritte Todesfall in diesem Appartement. Zuerst war es Peter K., der vom Kater seiner Frau angefallen und tödlich verletzt wurde. Die Geliebte von K. erstattete daraufhin Anzeige wegen Mordes gegen dessen Ehefrau. Trotz bundesweiter Fahndung konnte deren Aufenthaltsort bislang jedoch nicht ermittelt werden.

Der zweite, vor drei Monaten entdeckte, und auch der jüngste Todesfall geben der Polizei Rätsel auf, da es sich in allen drei Fällen um identische Bissverletzungen handelt ..."

Eine blasse Frau mit schwarzem Kurzhaar las diese Meldung, legte die Zeitung beiseite, lächelte versonnen und streichelte einen prachtvollen, schwarzen Kater, der sie mit unergründlichem Blick anstarrte. Als sie ihn auf den Arm nahm, um ihn wieder in den Käfig zu setzen, in welchem sie ihm bereits einige Tropfen Blut, das aus einem Schnitt an ihrem Finger stammte, serviert hatte, um seiner Gier danach neue Nahrung zu geben, drückte der Kater seinen Kopf an ihre Schulter, rieb ihn daran, entblößte seine Raubtierzähne wie in Zeitlupe und biss ihr fast liebevoll die Halsschlagader durch.

Die Frau sah ihn entsetzt an und sagte tonlos, nachdem auch die Halsschlagader auf der anderen Seite seinem zärtlichen Biss zum Opfer gefallen war: „Dabei hatten wir noch so viel zu tun, wollten noch viele von diesen widerlichen Ehebrechern beseitigen. Warum hast du das nur getan? Wer kümmert sich jetzt um dich?" Ein hypnotischer Blick war die einzige Antwort.

Nachdem auch der letzte Tropfen Lebenssaft ihrem Körper entronnen war, sprang der Kater auf die Fensterbank, richtete seinen Blick in die Ferne und begann damit, sorgfältig seine blutgetränkten Vorderpfoten und seinen Bart zu reinigen. Dann schlüpfte er hinaus in die Nacht.

Regina Rocznik

Der Frühling erwacht

Der Winter zieht von dannen
Mit seiner weißen Pracht.
Zu tau'n hat's angefangen
Bei Tag und in der Nacht.

Die Wasser rauschen wieder
Ganz laut ins Land hinein.
Die Menschen singen Lieder
Vom Lenz im Sonnenschein.

If the sun kisses the rain

If the sun kisses the rain,
a rainbow will be born in the sky.
And all people are happy again,
because they have a happy day.

If the sun kisses the rain
Raindrops fall down so nicely.
Touch people far and wide,
wet fields for the next rice.

If the sun kisses the rain
The flowers bloom in the world.
Like the colours of the rainbow.
All people sing and dance with joy.

Wenn die Sonne den Regen küsst

Wenn die Sonne den Regen küsst,
wird ein Regenbogen am Himmel geboren.
Und alle Menschen sind wieder froh,
weil sie einen glücklichen Tag haben.

Wenn die Sonne den Regen küsst,
fallen Regentropfen herunter so schön.
Berühren Menschen weit und breit,
bewässern Felder für den nächsten Reis.

Wenn die Sonne den Regen küsst,
erblühen Blumen auf der Welt.
Wie die Farben des Regenbogens.
Alle singen und tanzen vor Freude.

Hans-Georg Rudzinski

Aus dem Roman „Delirius – Psychose einer Kellerassel"

Prolog

Wer ist Delirius?
Ein Gestörter? Ein Versager? Ein widerwärtiger Misanthrop? Ein abgewichster Aussteiger?
Nein, er ist nichts als ein Mensch. Einer, der durchaus so etwas wie Glück und Liebe empfinden kann, der aber in letzter Konsequenz feststellen muss, dass er in und an den wesentlichen Dingen des Lebens – Liebe, Familie, Beruf, Gesundheit – gescheitert ist. Seine physischen und psychischen, rationalen und emotionalen Irrfahrten zwischen Realität und Wahn, mit Drogen- und Alkoholabhängigkeit, Psychose und klinischer Therapie enden in der unumstößlichen Erkenntnis, dass er sich von den herbeigerufenen Dämonen nicht mehr befreien kann und einen Neuanfang nicht mehr zustandebringen wird. Selbstzerstörung bis zum bitteren Schluss und inmitten des Chaos' eine Figur, die der Leser eine Zeit lang dabei beobachtet, wie sie am Abgrund steht, und die er letztlich springen sieht.

Besuch in einem Keller

Die Kellerassel – dieses kleine, bemerkenswert unscheinbare, blaugrau-warzige Krabbeltierchen vom Stamm der Gliederfüßer – fühlt sich in dunklen und feuchten Nischen menschlicher Behausungen sehr wohl und hat durch ihre stille Anwesenheit dort kaum jemals größeren Schaden angerichtet. Dieser, aus menschlicher Sicht begrüßenswerte Umstand und ihre besonders ausgeprägte Vorliebe für nächtliche Aktivitäten mögen auch der Grund dafür sein, dass sie von den Menschen nicht beachtet, kaum einmal eines Blickes gewürdigt wird.

So fristet sie ihr verborgenes und kärgliches Dasein, man möchte sagen, jenseits von Gut und Böse.

Wenn allerdings eine menschliche Kreatur im Laufe ihrer Lebensjahre zu einer Kellerassel mutiert, besteht möglicherweise ein besonderes Interesse an diesem doch sehr ungewöhnlichen Vorgang und vielerlei Fragen drängen sich auf: *Kann so etwas überhaupt geschehen? Wie ist es geschehen? Wo ist es geschehen? Warum ist es geschehen?*

Die Geschichte des Delirius gibt Antworten auf diese und alle anderen, noch nicht gestellten oder noch nicht einmal gedachten Fragen.

Dort hinten, am Ende der Paul-Brohmer-Straße, in dem dunkelweinroten Backsteinreihenhaus Nummer 12/c, mit kleinem, leidlich gepflegtem Vorgarten, befindet sich das Domizil von Delirius. Wir sind ja nun neugierig und werfen einfach einmal einen Blick hinein.

Mit einer gehörigen Portion Phantasie kann man sich schon noch vorstellen, dass der Kellerraum, in dem wir uns nun befinden, vor einigen Jahren einmal ein durchaus brauchbares, steuerlich absetzbares Arbeitszimmer abgegeben haben muss. Nun allerdings erscheinen die ehemals in einem freundlich-sauberen Mattweiß gekalkten Wände in einem beträchtliche Übelkeit hervorrufenden, miefenden Ockerbraun, da sie von einem schmierigen Nikotinfilm überzogen sind. Eigentlich ist alles in diesem Keller ganz und gar, vollständig nikotinisiert, und man wundert sich wirklich darüber, wie außergewöhnlich resistent die Zitterspinnen, die sich in jedem Winkel und Spalt des Kellers angesiedelt haben, gegen das Passivrauchen zu sein scheinen. Wie sonst hätte sich eine derartig ansehnliche Populationsdichte dieser hochstelzigen, achtbeinigen Körperschwingungsmonster entwickeln können? Der an vielen Stellen durchgewetzte, mit diversen Brandlöchern, Kaffee- und Rotweinflecken verzierte, grau-altrosafarbene Teppichboden verleiht dem subterranen Domizil des Delirius' noch eine zusätzliche Note der absoluten Unbewohnbarkeit. Es fällt dem Besucher schwer, die im Keller ohne erkennbar funktionale Anordnung herumstehenden Tische, Stühle, Regale, Stellwände und Container als Mobiliar zu bezeichnen, da man viel eher den Eindruck gewinnt, vor einer Ansammlung zusammengewürfelten Plunders und Gerümpels zu stehen, die vollkommen wahllos von diversen Sperrmüllhaufen zusammengetragen worden ist.

Delirius' offensichtliche Fähigkeit, sämtliche in seinem „Kelleranthropotop" verfügbaren Ablage-, Stell- und Stauraumressourcen extrem optimal auszunutzen, ist geradezu einzigartig und verdient durchaus so etwas wie Bewunderung. Vielleicht wäre alles ganz anders und vor allem auch besser für ihn gekommen, wenn sich Delirius beizeiten dazu hätte durchringen können, seinen Keller einmal vollständig zu renovieren und neu, beruflich-adäquat einzurichten, statt langsam, aber sicher im Chaos der Struktur- und Disziplinlosigkeit und seiner vielen unvollendeten Projekte zu versinken. Die finanziellen Mittel dafür wären durchaus verfügbar gewesen. Doch das Geld wurde dann irgendwie immer wieder in die oberen Etagen des Hauses, wo Frau und Tochter wohnten, investiert – zur großen Freude der Delirius'schen Kellerfauna, die bei der Durchführung besagter Renovierungsmaßnahmen in ihrer Artenvielfalt und Bestandsdichte mit Sicherheit arg dezimiert worden wäre.

Eigentlich ist es unmöglich, das Durcheinander von Kisten, Kästen und Kartons, von Büchern, Zeitschriften und Papierstapeln, von Sammelmappen, Schnellheftern und LEITZ-Ordnern, wie man es hier vorfindet, auch nur annähernd vorstellbar zu beschreiben.

Man muss es schon in eigener Anschauung gesehen haben, um wirklich zu verstehen. Durch Delirius' spezielle entomologische Sammelleidenschaft hat sein Kellerhabitat mit den Jahren, zumindest partiell, eine Art musealen Charakter erhalten. Auf den Schränken und Stellregalen türmen sich bis zur Decke vollkommen verstaubte, hölzerne Insektenschaukästen, die angefüllt sind mit getrockneten und auf feinen Nadeln aufgespießten Fliegen – seinen Lieblingstieren. In den Schränken und Schubladen lagern Hunderte von mikroskopischen Dauerpräparaten und Mini-Glastuben in PVC-Weithalsflaschen, die mit in Alkohol konserviertem Insektengetier gefüllt sind. Die Alkoholdünste, die hier permanent entweichen, und das schon über Jahre, tragen neben dem Nikotinmief ebenso dazu bei, dass wir in dem Kellerhabitat des Delirius' ein ganz besonderes Mikroklima vorfinden. Möglicherweise auch eine der Ursachen dafür, dass es bei Delirius zu einer sukzessiven Vernebelung des Geisteszustandes gekommen ist. Plötzlich hören wir seltsame Klänge – Klaus Schulzes elektronischer „Neuronengesang" schallt durch den Keller. Delirius hockt in einem fettig glänzenden, schwarzen Kunstleder-Drehrollstuhl an seinem vollgemüllten Mega-Schreibtisch. Es herrscht auch hier ein chaotisches Durcheinander von diversen Utensilien und Papieren, als hätte jemand ein Schreibwarenlager ausgeräumt und den ganzen Krempel mit einem Schlage hier ausgekippt. Delirius ist unentwegt damit beschäftigt, ein gerade nicht benötigtes Utensil – Radiergummi, Textmarker, Tesafilm-Abroller, Kugel-, Gel- oder Folienschreiber – irgendwohin beiseite zu schieben, um auf der sinnlos-grotesk vollgekritzelten Schreibtischunterlage aus dem Jahre 1998, zumindest genügend Platz zu haben für ein einzelnes DIN-A4-Blatt. Delirius wäre in seinem Leben wahrscheinlich vieles erspart geblieben, wenn er hinsichtlich der Utensilien- und Papierdiversität auf seinem Schreibtisch Schreibwarenhändler oder zumindest etwas in der Art geworden wäre. Er hatte es aber vorgezogen, nach seiner Schul- und Soldatenzeit einfach mal so drauflos zu studieren, ohne Plan und Ziel. Und als er sich dann doch einmal beruflich entscheiden musste, waren es die vielen Schulferien und die regelmäßigen, lebenslänglich gesicherten freien Wochenenden, die ihn davon überzeugten, dass es für ihn nichts Besseres gäbe, als in den Lehrerberuf einzusteigen. In seinen phantastischen Träumen wollte er allerdings immer Tropenforscher werden, um sich abzuseilen aus der Realität, ganz hoch hinaus in die Baumkronenlebensgemeinschaft der tropischen Urwaldriesen, immer auf der Suche nach unbekannten Arten unter dem Insektengetier.

Delirius betrachtet skeptisch das vor ihm liegende, leere Blatt Papier. Er will sich die Fragen aufschreiben, die ihm nun schon seit Tagen durch den Kopf gehen. Er muss sie sich unbedingt notieren, damit er sie morgen nicht schon wieder vergessen hat. Denn seitdem er seinen Tablettenkonsum wieder deutlich gesteigert hat, ist es mit seiner Vergesslichkeit ziemlich schlimm geworden. Und da gerade ein Wirbelsturm von Fragen durch seinen Kopf fegt, hat er erhebliche Mühe, auch nur eine einzige der Fragen vollständig zu erfassen. Ein digitales, grelles Buchstabenband, wie er es von den monströsen Lichtreklamen aus dem „Blade Runner" in Erinnerung hat, läuft mit viel zu hoher Geschwindigkeit an seinem geistigen Auge vorbei. Delirius kennt diesen Zustand geistiger Konfusion nur zu gut. Es ist so wie damals, als die riesigen Vogelschwärme in seinen Kopf eindrangen, zeterten und kreischten, und er das Gefühl hatte, ihm würde jeden Moment der Kopf explodieren.

„WANN HAT ES ANGEFANGEN? IRGENDWO – IRGENDWIE HAT DOCH ALLES SEINEN ANFANG. UND WANN ZUM TEUFEL HAB' ICH DIE KONTROLLE VERLOREN? WARUM SITZE ICH JETZT HIER UND DENKE, DASS ES NUR NOCH EIN WINZIGER SCHRITT WÄRE, UM DEM GANZEN DESASTER EIN FÜR ALLE MAL EIN ENDE ZU MACHEN?"

Delirius nimmt einen kräftigen Schluck aus seinem überdimensionalen, blauen Kaffeepott und bemerkt – wie so oft zu spät – dass er wohl zwei oder drei Drosophilas mit verschluckt hat, die sich zuvor in selbstmörderischer Gier in sein supersüßes Lieblingsgetränk – löslicher Bohnenkaffee, Billigmarke, schwarz mit ordentlich viel Zucker – gestürzt hatten. Nachdem er endlich einen günstigen Abstellplatz für seinen Kaffeepott gefunden hat, klettert Delirius auf die Schreibtischfläche, um an die Verriegelung des Klappfensters heranzukommen. Die Versorgung mit Frischluft ist ihm als Fast-schon-Kettenraucher eigentlich vollkommen egal. Er öffnet das Fenster nur noch aus alter Gewohnheit, ab und an, weil ihm Hanna damals permanent in den Ohren damit gelegen hat. Dieses Mal müssen eine Ferrero-Mon-Cherie-Plastikschale, gefüllt mit diversen Blei- und Farbstiften, und ein Stapel bunter Karteikarten aus seiner Fleisch- und Schmeißfliegen-Weltfauna daran glauben. Zwangsläufig purzelt bei Delirius immer etwas auf den Fußboden, wenn er seinen Standort wechselt, und beinahe hätte es auch den noch halb gefüllten Kaffeepott erwischt.

Nachdem er die Stifte und Karteikarten in irgendwelchen Schubladen hat verschwinden lassen, setzt sich Delirius zurück in seinen Drehstuhl und starrt von Neuem auf das leere Blatt Papier. „*Vielleicht hat ja alles so angefangen, damals – vor zwanzig Jahren – in den letzten Dezembertagen.*" Und er beginnt zu schreiben.

Tage im Dezember

20. Dezember 1988
Habe mich die letzten Tage mal wieder hemmungslos mit meinen Tabletten zugedröhnt. Ich glaube, es war bereits vorgestern, als die Postbotin an der Haustür Sturm klingelte und mir ein Telegramm brachte. Am 15. Dezember bin ich Vater einer gesunden Tochter

geworden. Ich habe also tatsächlich das unsagbare Kunststück fertig gebracht, die Geburt meines Kindes – diesen grandiosen Lebensmoment, die fünfzigprozentige Wiedergeburt meiner Gene – vollständig zu verpassen. Dazu kommt noch, dass ich von Hannas Schwangerschaft eigentlich auch nichts mitbekommen habe, weil ich sie bis zum achten Monat alleingelassen habe, in ihrer winzigen Eineinhalb-Zimmer-Wohnung am anderen Ende der Stadt. Während ihr Bauch immer dicker wurde, habe ich mit meinen beiden Brüdern „Mosche" und „Bastione" nächtelang Dart gespielt und diesen edelsüßen griechischen Rotwein aus Patras gesoffen – bis zum Erbrechen. Warum man mir die im Allgemeinen ja als freudiges Ereignis angesehene Kindesgeburt per Telegramm mitteilen musste, kann ich gar nicht so genau sagen. Wahrscheinlich war ich vom Alkohol und dem reichlich geschluckten TRAMADOL und VALORON so sehr benebelt, dass ich das Klingeln des Telefons nicht gehört hatte, oder ich war einfach zu faul den Hörer abzunehmen.

Die Geburt des eigenen Kindes einfach mal so geschehen lassen, als hätte man mit dieser Sache überhaupt nie etwas zu tun gehabt – das kann nicht normal sein!

Dafür wird es auch nie eine Entschuldigung geben. Mir wird wieder einmal klar, dass ich zu jedweder emotionalen Grausamkeit fähig bin – die reinste Bestie. Es wäre für alle Beteiligten sicherlich das Beste gewesen, man hätte mich beizeiten irgendwo weggesperrt, um weitere Schmerzen und Seelenqualen abzuwenden.

Warum bin ich nicht ans Telefon gegangen und sofort zum Krankenhaus gefahren? Hätte doch auch, wie werdende Väter das so machen, vollkommen nervig und aufgelöst in den Gängen der Frauenstation auf und ab laufen können, vielleicht sogar in Ohnmacht fallen, oder der Mutter beim Pressen die schweißkalte Hand festhalten. Nichts von alledem! Ich habe faul und ohne Plan am

Schreibtisch gesessen, Verantwortung konsequent beiseite geschoben und die Zeit verstreichen lassen.

Eigentlich könnte ich ja heute ins Krankenhaus fahren, um die
kleine Lucilia einmal leibhaftig zu sehen. Ist wohl aber nur so eine
spontane Gefühlsduselei, weil ich gerade wieder meine Pillen ge-
schluckt habe. In den Gebrauchsinformationen auf dem Beipack-
zettel wird die Einnahme von einer Pille pro Tag empfohlen – ich
nehme immer gleich drei auf einen Streich und deshalb weiß ich
doch noch nicht so genau, ob ich fahren werde. Die Pillen geben
mir immer dieses besonders geile Gefühl einer schwebenden Leichtigkeit. Und wenn ich mir dazu noch ein Einbecker-Ur-Bock rein-
ziehe, werde ich auch wahnsinnig kreativ und fange an, konfuse
Texte zu schreiben oder surreale Bilder zu malen. Das Bild von
gestern „Auf dem Wüstenplaneten" finde ich ja ganz passabel, obwohl mir die Aquarelltechnik nicht recht gelingen will.

21. Dezember 1988
Ich weiß nicht, wie ich das auf die Reihe bekommen habe, aber ich
bin gestern doch noch ins Krankenhaus gefahren. Ich glaube,
Hanna hat sich sehr viel Mühe gegeben, ruhig zu bleiben: Keine
ewigen Vorhaltungen und keine Beschwerden über mein abson-
derliches Verhalten. Das war schon eine bravouröse Nervenleis-
tung von ihr. Bestimmt ist ihr aufgefallen, dass ich vollkommen
aufgedreht war. Was mag sie wohl gedacht haben? „Der Kerl ist
schon wieder dicht – bis oben hin!"
Ich sollte mich mal wieder mehr mit wichtigen Dingen beschäftigen. Wie wär's denn mit etwas Psychologie oder Philosophie? Vielleicht bringt mir ja das Herumstöbern in derartiger Literatur
manch große Erleuchtung, denn es könnte ja durchaus sein, dass
ich zum Beispiel etwas zum Prinzip der Verantwortung finde. Ich
werde also gleich mal in die Stadt reinfahren und mich im Buchladen umgucken. Außerdem bin ich noch scharf auf ein neues Ty-

penrad für meine elektronische Schreibmaschine – was mit besonders großen Buchstaben. Tiefsinnige Philosophie und „brother"-
Typenrad: Eine wahrhaft geniale Kombination.

Du hattest mal wieder recht Hanna, als du gestern Abend dach-
test: „Der Kerl ist schon wieder absolut high. Vollgestopft mit Tabletten – bis oben hin."

Ich werde in den nächsten Tagen versuchen, dich aufrichtiger zu
lieben. Ganz gut, dass gerade Schulferien sind – dann geht's mit
der Liebe irgendwie einfacher.

So langsam lässt mein Elan wieder nach. Vielleicht noch 'ne kleine
Morphin-Pille und ein Ur-Bock gefällig?

Dorothee Sargon

Glück

Hildoro ist, meint sie jedenfalls, eine gute Mutter, auch wenn sie zwei Berufe ausübt und nur wenig Zeit für Haushalt und Betreuung ihres Sohnes hat. Aber so intensive Betreuung braucht er auch nicht mehr mit seinen vierzehn Jahren. Übrigens, die Aufgaben im Haus sind gut verteilt; Mutter kocht das Essen und wäscht die Wäsche, Papa ist für das Einkaufen und fürs Grobe zuständig, und Sohnemann betätigt sich, je nach Notwendigkeit, als Staubsaugerpilot. Neben der Schule hat er noch die Aufgabe, die Küche in einem Zustand zu halten, dass seine Mutter Essen vorbereiten und kochen kann. Das bedeutet im Klartext, herumstehendes Geschirr in die Spülmaschine zu räumen, die Maschine gegebenenfalls anzustellen, später wieder auszuräumen und alles an seinen Platz zu räumen. Ach ja, ganz wichtig, noch jeden Tag den Müll zu entsorgen. Denn, wie gesagt, ihre Zeit ist knapp, deshalb hat sie alles gut organisiert und delegiert.

Jeden Morgen klingelt der Wecker um fünf Uhr dreißig für sie. Mann und Kind sind selbstständig, beginnen den Tag zu ihren Terminen rechtzeitig und bereiten sich ihr Frühstück selbst zu. Um sieben Uhr sitzt sie im Büro, schreibt Briefe, macht Besuchstermine für ihren Chef und all die Dinge, die in einem Büro anfallen. Nach sechs Stunden düst sie nach Hause, dann ist es circa dreizehn Uhr dreißig. Da sie immer unter Zeitdruck ist, kommt es schon mal vor, dass Tickets wegen Geschwindigkeitsüberschreitungen ins Haus flattern. Es sind aber niemals mehr als zehn Stundenkilometer zu schnell.

Um vierzehn Uhr steht der erste Kunde vor der Tür, denn nebenberuflich ist sie Kosmetikerin mit Leib und Seele und manchmal
dauern die Termine fast bis Mitternacht, da die meisten Kunden
auch berufstätig sind und erst am frühen Abend oder später kommen können. Sie hat sich ein entzückendes Studio im Dachge-
schoß eingerichtet: zwei Behandlungsräume und eine gemütliche
Sitzecke. Hier serviert sie immer zum Empfang einen Espresso,
damit die Kunden erst einmal zur Ruhe kommen können. Danach
wird behandelt; mal Gesichtsbehandlung, mal Fußpflege, mal Ma-
niküre, mal Rückenmassage, mal Ganzkörpermassage, mal Farb-
und Stilberatung.

Samstag ist der Tag der persönlichen Entfaltung. Jeder in der kleinen Familie macht das, was er gerne möchte. Abends treffen sie
sich dann zum gemeinsamen Abendessen.

Fangen wir beim Familienoberhaupt an: Für ihn ist es wichtig, dass
er sich auf sein Rennrad schwingen kann und mindestens seine
zwanzig Kilometer absolviert. Manchmal, je nach Laune, geht er
laufen. Im Stadtwald gibt es einen wunderschönen Rundweg, aber
um ihn zu umrunden, braucht man mindestens drei Stunden. Sie
wollte das natürlich auch gern mit ihm machen, aber Laufen ist
nicht ihre Stärke. Nach drei Kilometern gibt sie auf. Früher liebte
sie Geräteturnen und Turmspringen, aber das ist schon lange vorbei. Für ihn ist es ein optimaler Ausgleich für eine harte Arbeits-
woche.

Sohnemann liebt das Kickboxen. Nach Judo und Karate ist es die
einzige Sportart, die er mag. Viele Stunden trainiert er an den
Samstagen.

Deshalb hat sie auch kein schlechtes Gewissen, wenn sie am Samstag gegen dreizehn Uhr dreißig ihre Saunatasche packt. Schließlich wartet ihre Freundin schon auf sie in einem bestimmten Hotel. Mit dem Auto kann sie es in zehn Minuten erreichen. Sauna und Poolbereich sind ein Geheimtipp für Gäste. Viele erholsame Samstagnachmittage verbrachten die Freundinnen hier. Mit der Zeit haben sich auch andere Gäste eingefunden, und es hat sich eine richtige verschworene Clique gebildet. Es gibt immer viel zu lachen während, nach den Saunagängen und dem Aufenthalt im Pool, weil fast jeder irgendwelche Geschichten erzählt, die in der vergangenen Woche erlebt wurden. Ein wunderschöner Ausgleich für eine anstrengende Woche in zwei Berufen. So hält sie sich fit.

Die Sonntage gehören der gesamten Familie mit gemeinsamen Unternehmungen. Da Sohnemann so langsam flügge wird, kann natürlich diese schöne Gemeinsamkeit bald ein Ende haben.

An einem Samstag jedoch war alles anders. Nachdem der Haushalt auf Vordermann gebracht worden war, packte sie ihre Saunatasche und fuhr in das besagte Hotel. Sohnemann war beim Kickboxen und ihr Mann war mal wieder mit dem Rad unterwegs. Ihre Freundin erwartete sie schon ungeduldig und erzählte die Neuigkeiten der vergangenen Woche. Nach dem ersten Saunagang wurde sie jedoch sehr unruhig. Plötzlich war sie sehr nervös und sagte zu ihrer Freundin: „Ich weiß nicht, was mit mir ist, ich habe das Gefühl, sofort nach Hause zu müssen." Die Freundin hatte sie noch nie so erlebt und meinte, dass sie sich in etwas hineinsteigere, das wahrscheinlich gar nicht existiere. Kein gutes Zureden half, sie packte ihre Sachen und fuhr nach Hause. Ihr Herz klopfte bis zum Hals. Zitternd schloss sie die Eingangstür auf. Aber im Haus war alles ruhig, niemand hatte angerufen, es schien alles normal.

Fast ärgerte sie sich, dass sie ihren geliebten Saunasamstag einfach so abrupt beendet hatte.

Sie beschloss, mit der Vorbereitung des Abendessens zu beginnen. Gerade war sie dabei, eine Kartoffel zu schälen, als ihr Sohn mit dem Fahrrad um die Ecke brauste und sie rief. Seine Stimme erschien ihr wie ein Hilfeschrei. Sie ließ die halb geschälte Kartoffel auf dem Küchentisch zurück und rannte zu ihm. Was sie sah, bereitete ihr einen großen Schreck. Das Weiß des rechten Auges war schwarz.

„Was ist passiert?", fragte sie. Ihr Sohn sagte, dass er mit seiner Deckung nicht aufgepasst und dass sein Partner ihm den großen Zeh ins Auge getreten hätte. Sie fuhren sofort ins nahe gelegene Krankenhaus in die Augenklinik. Nach eingehender Untersuchung meinte der Augenarzt:

„Das Auge ist schwer verletzt, ich werde alles Mögliche veranlassen, es zu retten. Ob aber eine hundertprozentige Sehfähigkeit wieder erreicht wird, ist fraglich."

Ihr Sohn wurde stationär aufgenommen und nun war es an der Zeit, zu Hause anzurufen. Seit zwei Stunden war ihr Mann daheim. An der halb geschälten Kartoffel erkannte er, dass etwas passiert sein musste. Sofort rief er bei der Freundin an, doch diese konnte ihm nur sagen, dass seine Frau in großer Unruhe und Nervosität schon eine Stunde nach dem Eintreffen wieder nach Hause gefahren sei. Wie ein Tiger lief er im Zimmer hin und her und hoffte, dass jeden Moment das Telefon klingeln würde. Warten war nie seine Stärke, Ungewissheit konnte er nicht ertragen.

Wie kann eine Ehefrau ihrem Mann eine solche Botschaft telefonisch überbringen? Ihr war bewusst, dass ihr Mann bestimmt das Telefon seit geraumer Zeit wie hypnotisiert anstarrte. Die Bestätigung erhielt sie prompt, denn schon nach dem ersten Klingeln nahm er ab. Sie hatte sich noch nicht gesammelt und trotzdem versuchte sie, so schonend wie möglich die Situation zu erklären: „Mach dir keine Gedanken, wir sind im Krankenhaus, Sohnemann wurde stationär aufgenommen, es ist nicht so schlimm, er hatte einen kleinen Unfall, sein Auge ist verletzt, pack bitte ein paar Sachen ... Schlafanzug, Zahnbürste, Zahnpasta, Morgenmantel, Handtücher, Seife und so weiter und komm in die Augenklinik, sechster Stock."

Nach zehn Minuten war er da, genauso durcheinander wie sie, sprach mit dem Arzt, sprach mit seinem Sohn. Sohnemann meinte jedoch, dass alles nicht so schlimm sei und er wüsste, dass kein Schaden zurückbleiben würde. Seine innere Stimme hätte ihn informiert. Der Krankenhausaufenthalt sei für ihn ein Abenteuer. Endlich könnte auch er mitreden, weil er ja nun das Krankenhaus von innen kennenlernen würde. Er fühle sich mit Augenklappe wie ein Pirat und grinste.

Beide dachten sie das gleiche, während sie sich anschauten: „Woher nimmt er nur dieses Gottvertrauen?"

Nach der Verabschiedung fuhren sie sorgenvoll nach Hause. Sie machten sich ihre Gedanken und baten Gott, er möge doch bitte das Auge und die Sehfähigkeit erhalten. Der Arzt hatte ihr nämlich nach der ersten Untersuchung gesagt:
„Wenn Sie eine halbe Stunde später gekommen wären, hätte ich das Auge nicht mehr retten können."

Sie grübelte und grübelte. Wie war es möglich, dass sie rechtzeitig zur Stelle war? Es war ihr klar, dass ihr Sohn niemals allein ins Krankenhaus gefahren wäre. Wer hatte sie in diesen Zustand der Unruhe versetzt? Wer hatte ihrem Innern nur die eine Möglichkeit gelassen, nämlich sofort nach Hause zu fahren? War es die innige Verbindung des Sohnes zu ihr? Hatte er Signale ausgesendet, die sie empfangen hat und auch sofort befolgte, ohne eigentlich das Wesentliche zu wissen? Oder war es Gott? Oder war es sein Schutzengel?

Das Auge wurde gesund, die Sehfähigkeit war wieder fast hundertprozentig. Nach vierzehn Tagen kam Sohnemann nach Hause, strahlend meinte er:
„Ich habe doch gewusst, dass mein Auge wieder heil wird. Während der Untersuchungen hatte ich die Vision, dass alles wieder gut wird, aber das habe ich euch doch gleich erzählt."

Alle drei schickten ein Dankgebet zum Himmel.

Das ist Glück.

Anton Schatz

Strickstubb[1,2,3]
Aus: Benoit Holzrücker. I. Buch,
„Enuni, Bunker und Heidelbeeren" (Kindheit)

Mir ist einfach schleierhaft, wie man fragen kann, warum Schriftsteller schreiben. Genauso gut könnte man fragen, warum Hühner Eier legen oder eine Kuh geduldig still stehen bleibt, wenn die Bäuerin sie melkt.

---

[1] Stricken: Zunächst die Definition: Herstellung textiler Flächengebilde durch Verschlingen von Fäden mit Hilfe von Nadeln (Stricknadeln) zu miteinander verbundenen Maschen, wobei der Faden so zugeführt wird, dass die Maschen einer Reihe (im Gegensatz zum Wirken) nacheinander gebildet werden (auch Gestricke, Maschenwaren genannt) Man unterscheidet das Hand-Stricken (Strickarbeiten) und das Maschinenstricken.
[2] Stube = Zimmer. Hier in einem alten, nicht zerstörten Fachwerkhaus als Ausweichdomizil. Das ist ein Haus noch in Fachwerk-Holzbauweise errichtet. Ein Rahmenwerk, dessen offene Gefache nach dem Abbund ausgefüllt oder geschlossen werden. Die Ausfüllung ist mit einer über eingeschobene Zweiggeflechte oder Latten geworfene Lehmfüllung oder mit Steinen, meist Backsteinen erfolgt In diesem Haus bewohnen die Holzrückers eine einzige „Stube". Am auffallendsten im Innenraum ist der Fußboden, der eine gute, rutschsichere Begehbarkeit aufweist eine ausreichende Feuchtigkeit-, Schall- und Wärmedämmung bewirkt und fast fugen- und porenlos ist. Außerdem ist er widerstandsfähig gegen Wasser- und Seife als Reinigungsmittel, sogar gegen Chemikalien und Mineralöle sowie gegen mechanische Beanspruchung. Es ist ein gestrichener Dielenboden aus durchgehenden, gehobelten, etwa fünfzehn Zentimeter breiten Nadelholzbrettern. Meistens sind die Bretter dreieinhalb Zentimeter stark (dick). Buchen- oder Eichenbretter wurden früher dafür eher seltener verwendet
[3] Mit „Strickstubb" ist hier nicht die räumliche Einrichtung, sondern die ideelle gemeint. Heute würde man dazu „Party" oder Veranstaltung unter einem besonderen Programm oder Mono sagen. Es ist wie eine „Vernissage" oder „Finissage" am Abend, eine lockere Zusammenkunft in kleinerem Rahmen, wo man machen kann, was man will und auch sagen kann, was man will, einfach miteinander „schnattern" kann. Die Akteure sind die Teilnehmer selbst, annähernd vergleichbar dem zeitgemäßen Barbecue und Karaoke gleichzeitig, bloß in einer Stube. Das „Catering" (die Verpflegung) übernehmen die Einladenden. Der kommunikative Aspekt so einer „Strickstubb" (kommunizieren, zusammenhängen, in Verbindung stehen, miteinander sprechen, sich verständigen) findet heutzutage seinen zweifelhaften Ersatz in Funk und Fernsehen (mit Verwandten und Bekannten).

Nicht ganz so unwichtig dagegen scheint mir die Zeit zu sein, von der sie schreiben. Die Zeit nach dem Zweiten Weltkrieg zum Beispiel, von den paar Wintern bis zur Währungsreform und zum Beginn des Wirtschaftswunders.

Und dem Ort, einem Dorf im „Viehstrich", nahe der Grenze zu Frankreich am ehemaligen Westwall, und da wiederum von einem notdürftig „zusammengeflickten" Rest eines ehemaligen Wohnhauses, das die Bomben nicht vollständig zerstört hatten, mit gerade mal einem Raum, der noch als Schlaf-, Wohn-, Arbeitszimmer und Küche in einem von der ganzen Familie Holzrücker (Vater, Mutter, drei Buben) genutzt werden konnte.

„Gunn owed! Sinner äch schunn do?" („Guten Abend! Seid ihr auch schon da?"), begrüßen sich die Gäste, welche nach und nach eintrudeln. Mit ähnlich dämlichen Sprüchen und Verlegenheitsfloskeln wie: „Saukalt isch's heit!" („saukalt ist es heute!") füllt sich allmählich die Stube.

Es ist wirklich eine kleine Stube. In der einen Richtung nicht größer, als es zwei der Länge nach aneinanderstehende Betten gerade noch erlaubten und ungefähr ebenso breit. Am Fenster, in einer Ecke, steht ein runder Tisch, neben diesem vor dem Kopfende des einen Bettes befindet sich ein sogenannter „Kanonenofen", in dem Reisig und anderes mehr oder minder trockenes Holz aller Art (Dachlatten, Balken, Baumäste und so weiter) verbrannt wird. Um diese Feuerstelle herum ist es daher furchtbar heiß, im übrigen Zimmer aber nur mollig warm.

Benoit, der jüngste von den drei Brüdern, gerade mal sechs Jahre alt, liegt schon im Bett, weil er so „aus de Fii" (aus den Füßen) ist, wenn die Gäste kommen, und schlafen soll.

Draußen bedeckt Schnee die ganze Erde und die Dächer. Ein Bild, wie ein mit Zuckerguss überzogener Streuselkuchen. Die Straßen sind spiegelglatt, obwohl es zu dieser Zeit kaum Autos gibt, welche durch ihre Fahrerei die Glätte verursacht haben könnten. Weiß der Kuckuck, wer dafür verantwortlich zeichnet. – Die Kinder wahrscheinlich.

Im Grunde genommen ist das aber nicht tragisch – höchstens für ein paar Fußgänger –, denn sonst zeigt sich ja kaum jemand auf der Gasse, zumal die Bauern ihre Fuhrwerke zu Hause lassen, es sei denn, sie müssen unbedingt im Feld eingelagerte Rüben oder sonst welche Futtermittel besorgen. So ziemlich alles, was vor Einbruch des Winters nicht gezielt vor der Kälte geschützt wurde, ist jetzt steinhart festgefroren.

Für die Kinder allerdings ist das weiter nicht schlimm. Ganz im Gegenteil. Vor allem, was die Straßen angeht. Denn die schneebedeckte, spiegelglatte Straßendecke gibt die ideale Fläche zum „Schleimen"[4] ab, weil sie frei und gerade ist, was zwar für die Holzschuhe nicht ebenso gut sein muss, da dadurch in der Regel deren „Sohle" schneller abgeschliffen wird, aber dafür denjenigen, die diese „Holz-Schlittschuhe" ohne Eisenkufen an den Füßen haben, viel Spaß und Freude macht. Und das sind eben vornehmlich Kinder.

Und weil es weit und breit kein Eisstadion gibt oder wenigstens ein zugefrorenes Schwimmbad mit einer tragenden Eisdecke, auf der sich die Kinder mit passenden Schlittschuhen an den Füßen hätten austoben können, wie das heutzutage in jeder einigermaßen gut situierten Gemeinde der Fall ist, muss halt der asphaltierte Straßenbelag aus Erdpech herhalten. Wo sonst hätten sich die Kleinen denn austoben können?

In Friedlos gibt es nur eine Hauptstraße, die sich vom Oberdorf bis zum Unterdorf schlängelt und von der nur eine Seitengasse nach rechts, die „Speckstraße" und eine andere nach links, die „Mehlgasse" abgeht. Das ist alles.

---

[4] „Schleimen": Spezieller Begriff für das „Holz-Schlittenschuh-Laufen". Normalerweise ist der Schlittschuh ein Gleitgerät für das Eis. Ursprünglich war es der Knochen-Schlittschuh, dann der Holz-Schlittschuh mit Eiskufen; jetzt besteht das Gerät ganz aus Stahl, das mit Riemen und Schrauben am (Leder)schuh befestigt wird.

Davon ist die Mehlgasse deshalb so tückisch, weil sie sich zwischen zwei eng beieinander stehenden Häusern hindurchzwängt und am Ende wie ein „Kanonenrohr" unmittelbar ins Freie direkt auf die Hauptstraße mündet. Dadurch gibt sie weder dem von rechts kommenden noch dem von links kommenden Verkehrsteilnehmer die Chance, den aus diesem „Rohr" herauskommenden zu sehen. Nicht zuletzt deshalb hat diese Gasse bei den Dorfbewohnern auch den Beinamen „Hohl", weil sich eben an die Häuser zu beiden Seiten der Pflastersteine lange hohe Sandsteinmauern anschließen, hinter denen sich die Scheunen und die Stallungen befinden und diese Gasse tatsächlich wie ein langes Rohr einfassen, durch das man an einem Ende zum leicht erhöhten Mühlweg gelangen kann, der sich wiederum rechts und links hinter den Gehöften und Gemüsegärten entlang windet und die relativ groß bemessenen Hofrechte einschließlich Hausgärten von den gegenüberliegenden Feldäckern trennt, und am andern Ende eben auf die Hauptstraße. Und ausgerechnet diese Gasse hatten sich die Dorfkinder als „Rodelbahn" auserkoren, trotz der unübersichtlichen und deshalb so gefährlichen Einmündung auf die Durchgangsstraße.

Früher hat man auf dem Mühlweg von der etwas abseits gelegenen Mühle hinter dem Dorf das gemahlene Getreide durch die Mehlgasse in die einzelnen Hofrechte gebracht und so im Dorf verteilt. Daher die Namen „Mühlweg" und „Mehlgasse".

Eine andere Möglichkeit für die Kinder, im Winter ihre obligatorischen Schneeballschlachten zu schlagen, „Schlittenzufahren" oder zu „Schleimen", gibt es nicht. Wobei zum „Schlittenfahren" kaum eine große Geschicklichkeit gehört; beim Schleimen dagegen darf eine solche nicht so ohne Weiteres vernachlässigt werden, denn Schleimen ist etwas Spezielleres, ganz einfach deshalb, weil dazu durchaus eine individuellere, auf einen persönlich zugeschnittene Ausrüstung gebraucht wird: Erstens die passenden Holzschuhe und zweitens auch eine gewisse Geschicklichkeit und Balancefähigkeit auf der „Rutschbahn". Jung, gelenkig und sportlich sein ist

da vonnöten, mehr als man es für den Schlitten auf der Schlitter-
strecke braucht. Sich einfach auf das Fahrzeug mit gleitenden Ku-
fen legen und in vorher gezogenen Rillen den Abhang hinunter-
sausen, geht da nicht. Angst oder Skrupel darf man beim
Schleimen nicht haben, und „ungeschickt" darf man dabei erst
recht nicht sein.
Kinder und die Holzschuhe: Ein unerschöpfliches Thema.
Kein Thema sind diese traditionellen, geschlossenen Holzpantinen
jedoch für die Teilnehmer der „Strickstubb". Wenigstens bezüglich
des Holzschuhs, der vollständig aus Holz hergestellt ist und den
Fuß ähnlich wie ein Halbschuh weitgehend umschließt, sogar im
Fersenbereich mit einer hochgezogenen Holzsohle, sind alle –
Männlein wie Weiblein – gleich und können sich nicht miteinander komparativ vergleichen. Keiner hat da dem andern etwas voraus oder kann – kaum dem gleichmachenden Elend entronnen
und schon wieder dem competitiven[5] Denken verfallen – für den
andern Anlass sein, ihn um eines noch so kleinen Vorteils willen
zu beneiden, nicht einmal der Holzsorte wegen, denn alle Holzschuhe sind aus demselben Holz gemacht, nämlich aus Pappelholz
und nicht ein einziger besteht aus Ahornholz oder dem noch teu-
reren Weiden- oder Erlenholz.
Wer kennt übrigens heutzutage noch Holzschuhe zum täglichen
Gebrauch? Kaum jemand. Außer den Leuten, die damals noch
Kinder waren und heute – älter geworden – sich an die Kriegs-
und unmittelbare Nachkriegszeit erinnern können oder Holländer
zum Verschenken als Andenken.
Im ganzen Dorf gab es damals keinen Schuster, sondern nur einen
einzigen Holzschuhmacher mit einer eigenen Werkstatt. Der stellte aus verschiedenen Weichhölzern diese „Schuhe" her: Schuhe
aus Holz, Holzschuhe eben. Die meisten waren ohne Lederriemen
über den Rist, einfach nur ein ausgehöhlter Holzblock von der

---

[5] Competitiv = engl adj. Auf Wettbewerb eingestellt; wetteifernd; Konkurrenz-; konkur-
renzfähig (price).

grob vorgeschnitzten Form eines Schuhs mit einer fiktiven Fuß-
größe. Fertig.

Die waren aber bei Gott nicht mit den Souvenirs aus Holland, mit
den Klompen oder Tripklompen, zu vergleichen. Kein Mensch
würde die heute noch anziehen. Aber damals waren die Holzschuhe eben in und für die Familien fast ebenso kostbar, weil notwen-
dig, wie echte Lederschuhe. Schließlich waren sie nur gegen selbst
gestoßene Butter oder Tabak oder Kleinvieh, wie Stallhasen, Gän-
se, Enten, Hühner, tot oder lebendig, zu bekommen und deshalb
eben sehr geschätzt. Manchmal taten es zwar auch nur Eier, Speck
und Schinken, aber „bezahlt" werden mussten sie so oder so und
hatten ihren Preis wie alles andere auch. Im Prinzip war das genauso ein Markt und hatte Konjunktur, wie heute das Geld, obwohl es
doch „nur" ein Tauschgeschäft war.

Wohin du gegangen bist, wo du auch gestanden hast, überall gab
es die Holzschuhe. In der Schule, vor der Kirche, zu Hause, egal
wo, auf Schritt und Tritt fanden sich Holzschuhe. Die Leute waren
eben arm wie Kirchenmäuse, und wer konnte schon Butter stamp-
fen, Kartoffeln oder einen handgestrickten Pulli tauschen für ein
Paar Holzschuhe? Da brauchtest du wieder eine Kuh oder Ziege,
Feld oder Wolle, um so etwas herzustellen. Und nicht wenige hatten noch nicht einmal so etwas, also gar nichts, und damit auch
keine Holzschuhe.

Mal ehrlich: Würde heute noch ein Bub in kurzer Hose, mit langen, selbst gestrickten Strümpfen, womöglich noch x-mal gestopft
(natürlich an einem Leibchen festgemacht), in löchrigen Socken,
die mit einem x-beliebigen Lappen besohlt waren, und Holzschuhen in die Schule gehen? Im Leben nicht! So eine Schule gibt es
auf der ganzen Welt nicht mehr, wo vor dem Klassenzimmer auf
dem aus langen Brettern bestehenden Fußboden unterhalb der
Garderobenleiste zum Aufhängen der Lumpenmäntel die Holzschuhe zu Dutzenden nebeneinander aufgereiht sind. Aber damals,
nach dem Krieg, war das „normal". Da hat keiner den andern aus-

gelacht oder gehänselt, weil er zerrissene Klamotten anhatte, die farblich nicht aufeinander abgestimmt waren oder in kurzen Hosen und langen, selbst gestrickten Strümpfen oder mit Holzschuhen, die einen Sprung hatten oder Löcher, zur Schule kam. Hauptsache, man hat nicht gefroren und womöglich keine nassen Füße gehabt.

Heute ist das natürlich anders …

Und jetzt reden wir endgültig von der „Strickstubb".

Am Abend dieses Tages ist es in der Stube warm, fast zu warm, man kann schon sagen „heiß", weil Holzrücker und seine Buben ordentlich einheizten. Die Luft ist zum Greifen dick, vibriert förmlich. Undurchsichtiger Qualm wabbelt zitternd unter der Decke, schwebt wie eine richtig milchig-trübe Wolke durch den Raum. Und was der bollernde Ofen mit dem Wasserkessel obenauf an Hitze und Dunst bis jetzt nicht fertig gebracht hat, steuert dann noch der unentwegt paffende Onkel Eugen mit seiner rauchenden Zigarre bei. Die Fenster sind geschlossen, wohl damit die Kälte draußen bleibt und nicht unnötige Wärme verloren geht.

Das Gasgemisch „Luft" spielt da eine untergeordnete Rolle. Alles, was Männlein und Weiblein von diesem Gemenge nämlich wissen, ist, dass Luft nötig ist, um den Fahrradschlauch zu befüllen und einen Luftballon aufzublasen. Als praktizierende Bauern haben sie vielleicht auch noch eine leise Ahnung von der Luftfeuchtigkeit. Mehr aber nicht. Dass die Mixtur aus 21% Sauerstoff, 78% Stickstoff, 0,03% Kohlendioxyd, 0,9% Argon und 0,07% Spuren anderer Edelgase besteht, ist denen vollkommen schnuppe. Deshalb kam auch niemand auf die Idee, einmal die Fenster richtig aufzumachen und durchzulüften, um den Sauerstoffgehalt dieser Luft wenigstens um ein paar Prozent zu erhöhen. Lieber schmorten sie in ihrem eigenen Sud und atmeten weiter die immer stickiger werdende „Luft" ein.

Schon von daher war es ausgeschlossen, von Mief und Hitze, dass Benoit hätte frieren können, zumal er unter einem recht dicken

Federbett liegt, das Leintuch eng um seine Füße geschlungen und das Nachthemd aus Frottee bis unter die Knie heruntergezogen. Die „Strickstubb" findet also in der einzigen Stube statt, die zwar ziemlich eng und niedrig war, zugegeben, aber gut genug zum Wohnen, Schlafen und Kochen, weil der Krieg eben – und das wussten alle – sonst keinen geeigneten Raum mehr übrig gelassen hatte.

Und die Holzrückers waren dankbar dafür, wenigstens da Unterschlupf gefunden zu haben, denn viele andere Dorfbewohner hatten noch nicht einmal ein dichtes Dach über dem Kopf.

Von dem Kleinen im Bett nimmt keiner der Gäste Notiz. Im Halbschlaf nun – soweit der Lärm in der Stube diese „Pflichtübung" überhaupt zulässt – fragt sich der Bub, warum Onkel Eugen eigentlich „Kretz" mit Nachnamen heißt und er dagegen und sein Vater und seine Mutter und seine Brüder „Holzrücker". Mit den Namen kann etwas nicht stimmen. Er kommt damit einfach nicht zurecht, so sehr er sich auch darum bemüht. „Holzrücker" kann er sich noch zusammenreimen, aber „Kretz" nicht mehr.

Der Name „Holzrücker" gehe nämlich zurück auf die Vorfahren von Benoit, die im vierzehnten Jahrhundert aus dem Lothringischen in den Viehstrich gekommen seien und angeblich im Bienwald, auf dem Besitz des Klosters Weißenburg, zwischen dem heutigen elsässischen Weißenburg und der pfälzischen Diözese Speyer eine „Eichelweide" betrieben hätten. So hat es ihm einmal sein Vater erzählt. Eichelweide, Wald und Holzrücker – das geht noch. Aber Kretz? Den Namen „Kretz" kann er sich partout nicht aus irgendeiner einleuchtenden Tätigkeit dieser Familie ableiten.

Jedenfalls hätte man den Mitgliedern der Sippe den mittelalterlichen Namen für „Eichel-" bzw. „Sauweide" zugelegt, damals, weil sie über Generationen hinweg die Säue der Bauern aus der Umgebung von Friedlos zusammengetrieben hätten und im Wald weiden ließen. Der Name „Holzrücker" war da aber dennoch äußerst kompliziert. Wahrscheinlich ist der Name deshalb zustande gekommen, weil da welche waren, die Holz „gerückt" haben. Aber „Kretz"? Woher kommt der Name „Kretz"? Hat der auch etwas mit dem Wald zu tun?

Mit solchen Gedanken beschäftigt sich Benoit an diesem Abend und versucht verzweifelt einzuschlafen. Über der ganzen Grübelei kann es natürlich nicht ausbleiben, dass der Bub immer wacher und wacher wird, statt müder zu werden. Je länger er über die Herkunft des Namens nachdenkt, desto munterer wird er, weil er halt einfach von dem mittelhochdeutschen Wort für „Sauweide" zum Namen „Holzrücker" keine plausible Verbindung herstellen kann. Irgendetwas muss da in späteren Zeiten in der Sippschaft noch passiert sein, wodurch dieser Beiname zustande kam. „Holzrücker" ist nun mal der Vatername und hat sich bis auf den heutigen Tag erhalten, obwohl er im Grunde genommen mit „Sauweide" nichts zu tun hat.

Die Aufgabe für des Rätsels Lösung ist allmählich so schwer geworden und hat in Benoits Kopf einen solchen Raum eingenommen, dass er daneben das Problem „Kretz" völlig vergisst, und überhaupt nur noch an die „Holzrückers" denkt, als gäbe es keinen Onkel Eugen und Tante Mina – „Kretz" – mehr. Dabei sind die beiden leibhaftig anwesend, und zwar so greifbar und wirklich, so laut und deutlich, dass ihre Gegenwart echt nicht mehr übersehen werden kann. Mehr noch: Sie geben sogar in der Runde den Ton an und beherrschen quasi die übrigen Teilnehmer, als wären sie selbst die Ausrichter der „Strickstubb": Tante Mina bei den Weibern und Onkel Eugen zumindest bei seinem Vater.

Auf das Bett kommen schließlich noch Vater und Onkel Eugen zu sitzen, einträchtig nebeneinander, vor sich Berge von getrocknetem Tabak. Sie tauschen Neuigkeiten aus über – wie kann es anders sein? – die bäuerliche und politische „Großwetterlage".

Nur: Wie soll da ein Kind schlafen? Das bekommt doch wohl oder übel alles mit! Der eine sagt dies, der andere das. Am Ende der „Strickstubb" wollen beide – wie immer – auf dem gleichen Level sein, das heißt beide Männer haben die Gelegenheit genutzt, um sich auf den gleichen Wissenstand zu bringen. Beide möchten gleich viel oder gleich wenig wissen, Wahres und Unwahres, je nachdem, welcher Überblick oder Informationsgrad bei welchem Gebiet gefragt ist. Wichtig bei der ganzen Sache ist allein, dass keiner vor dem andern ein Geheimnis hat.

Benoit komm zu dem Schluss, dass spätere Angehörige der „Holzrücker-Sippe" wohl auf irgendeine Art und Weise im Wald mit „Holzrücken" zu tun gehabt haben müssen. Das Kapitel „Kretz" legt er notgedrungen erst einmal als unerledigt zu den Akten.

Bei dem „Geschnatter" und der Hitze ist es ihm einfach nicht möglich, tatsächlich einzuschlafen. Deshalb tut er halt so, als sei alles in bester Ordnung und die Umgebung ginge ihn nichts an. In Wirklichkeit aber, ist er glockenwach und bekommt so gut wie alles um ihn herum mit. Gähnend dreht er sich zur Seite, wendet der „Strickstubb" den Rücken zu, atmet tief und fest und hält die Augen geschlossen, aber die Ohren steif. Und die Alten, welche es eigentlich besser wissen müssten, fallen auch prompt darauf rein – so leicht ist es, Erwachsene zu bluffen.

Ganze Romane könnte Benoit schreiben über seine dummen, manchmal auch gescheiten Streiche, über lustige und zeitweilig auch traurige Erinnerungen an jene Stunden. Er könnte Rückschau halten auf die „lieben" und weniger „lieben" Verwandten und die sympathischen wie unsympathischen Bekannten. Bei solchen Gelegenheiten wie der „Strickstubb" offenbaren sie alle ihr wahres Gesicht, was sie sonst kunstvoll und mit allen möglichen Finessen hinter ihrer offiziellen Maske verbergen. Da zeigen sie Flagge und verschleiern nicht mehr ihre richtige Denke und ihren ungeschminkten Charakter.

Wie gesagt liegt also Benoit an diesem Abend im Bett und sinniert vor sich hin, als aus „heiterem Himmel" – genauer in der drückenden Schwüle und dem unsäglichen Lärm der „Stubb" – plötzlich Walter, der mittlere der Holzrücker-Brüder, herzzerreißend plärrt.

Was war geschehen?

Tante Mina – wer sonst? – hatte sich den Schürhaken[6] gegriffen. Aber nicht nur den, sondern auch Walter und wortlos auf den Hintern des Jungen eingedroschen, obwohl sie der Junge und erst recht sein Hintern gar nichts angeht.

„So, Berschel, des werd der ä Lehr sei!", („So, Bürschchen, das wird dir eine Lehre sein!") schnaubt sie, als sie mit ihm fertig ist und ist auch noch stolz auf ihre Demonstration. Benoit weiß nicht, warum sein Bruder die Prügel bezogen hat, hört nur wie seine Mutter, das weinende und nach Tröstung suchende Kind mit den „liebevollen" und äußerst „mitleidsvollen" Worten abfertigt: „Guck, Kribbel, ich bäbb dich an die Wand! Kansch du nit here, wann'd Dante Mina äbbes zu der sacht?" („Schau, Krüppel, ich klebe dich an die Wand! Kannst du nicht gehorchen, wenn die Tante Mina etwas zu dir sagt?")

Erst betretenes Schweigen, absolute Stille, dann wildes „Geschnatter". Die „Strickstubb" nimmt ihren Fortgang, als wäre nichts gewesen. Keiner schenkt dem Ereignis mehr Beachtung. Die Prügelorgie scheint als Rahmenprogramm durchaus angekommen zu sein.

Deshalb hat keiner „Atemnot" bekommen. Und an die – im wörtlichen Sinne des Wortes – „dicke Luft" scheinen sich die Festteilnehmer andernorts schon gewöhnt zu haben. Die Frauen sitzen rund um den Tisch und stricken nach wie vor an ihrer Handarbeit, sticken ein Rehlein oder irgendeine Schleiereule auf das eingespannte Leinen, stopfen alte Socken, flicken zerrissene Hosen und trinken zwischendurch „Kaffee" beziehungsweise was sie so nennen: Eine Brühe, die so ähnlich aussieht, weil die geröstete Gerste oder das Kaffeeersatzpulver, das in heißem Wasser aufgelöst war, eine mehr oder weniger dunkelbraune Farbe, die echten Kaffee wenigstens diesbezüglich vortäuscht, abgibt.

---

[6] Schürhaken = Schüreisen oder Schürer zum Stochern in der Glut des Ofens.

Friede, Freude, Eierkuchen!

Onkel Eugen und der Vater Benoits, Joseph Holzrücker, hocken also von dem „Schläfer" aus gesehen, unten am Fußende auf dem Bett, vor sich jede Menge Tabak und den Kasten zum „Päckeln" der einzelnen, an Schnüren aufgefädelten Tabakblätter, auf einem breiten Schemel, weil in der kommenden Woche die Tabakernte des letzten Jahres abgeliefert werden soll. So verbringen sie doch wenigstens nicht ganz „nutzlos" (nach Meinung der Frauen) den Abend. Joseph Holzrücker stochert dennoch genüsslich in seinem Bratapfel herum, Onkel Eugen pafft wie üblich mit Andacht seine Zigarre.

Das alles ist aber im Grunde genommen nur nebensächliche Ausstattung; Staffage, dazu angetan und „vorgespielt", damit sie unbehelligt die letzten, viel wichtigeren neuesten Nachrichten loswerden können.

Während die Frauen der Meinung sind, die Männer würden arbeiten, reden sie wild durcheinander, hastig und laut, erzählen sich wahre und erfundene Geschichten, und merken dabei nicht, dass die Männer eigentlich nur ihren „Vergnügungen" nachgehen, statt Tabak zu „päckeln".

Die Männer benehmen sich zwar duckmäuserisch, sind aber in ihrem Innersten der Meinung: Gleiches Recht für alle. Dabei müssen sie noch nicht einmal besonders vorsichtig sein und aufpassen, sich nicht zu verraten, weil zeitweise die Weiber so laut sind, dass die beiden Männer ihr eigenes Wort nicht mehr hören können.

Und bei diesem Lärm soll der Kleine schlafen, bei dem Rauch und dem Gestank.

Wobei der Geruch sicherlich nicht nur von den Ausdünstungen der vielen Personen herrührt, sondern zu einem Gutteil auch von der Zigarre Onkel Eugens. Verbunden mit der Hitze ergibt dies nämlich ein kaum erträgliches Gemisch aus übel riechenden Gasen.

Das lässt sich aber – nach allen bisher gemachten Erfahrungen – nur schwer ändern, denn ohne einen dampfenden „Stumpen" zwischen den Lippen, kennt Benoit seinen Onkel gar nicht. Zigarre und Onkel gehören einfach zusammen, das eine ist ohne das andere nicht vorstellbar.

Nur das Wort „Stumpen" ist verpönt, das darf man im Beisein von Onkel Eugen nicht sagen, weil er sich jedes Mal fürchterlich darüber aufregt, als hätte man den lieben Gott einen Teufel genannt. Sofort fängt er an, einen Vortrag über die Zigarre und deren ordnungsgemäßes Rauchen zu halten – als wenn der Pfarrer einem jungen, „unerfahrenen" Pärchen Brautunterricht erteilt –, in der Hoffnung, wenigstens die Spur eines gottgefälligen Lebens – hier natürlich Zigarrenrauchens – zu legen und Banausen zu kultivierten Menschen anleiten zu können.

„Fanatisch" oder „fundamentalistisch" ist dafür gar kein Ausdruck. Als verkünde er die Frohe Botschaft oder spreche vom liturgischen Kanon, so ernst nimmt er die ganze Sache und wird noch feierlicher dabei als ein Priester. Man könnte direkt meinen, das Zigarrenrauchen wäre eine heilige Handlung, ein sakrales Ritual, wodurch Onkel Eugen mit den Göttern in Kontakt trete.

Benoits Vater allerdings scheint diese Marotte, die äußerst empfindliche Seite seines Schwagers schon gekannt zu haben, denn er verstummt sofort bei dem Wort „Stumpen", als hätte er einen Schreckschuss vernommen und enthält sich jedes weiteren Kommentars zu allem, was mit Rauchen zu tun hat. Im Gegenteil, Holzrücker wandelt sich augenblicklich wie ein Chamäleon und wechselt die Farbe. Er wird schlagartig servil wie ein Messdiener und weiß wie ein solcher schon in vorauseilendem Gehorsam alles, was im nächsten und übernächsten Schritt der „Zelebrant" (der Messe lesende Priester) zu tun gedenkt.

Je länger die „Strickstubb" dauert, desto mehr wird der Gerstensaft ersetzt mit „Most", dem unvergorenen Fruchtsaft – mancherorts sagt man auch Obstwein dazu – oder Schnaps, den der alte Holzrücker illegal aus allerlei Fallobst, das er das Jahr über aufgelesen hat, „gebrannt" hat. Mit dem Pegelstand dieser Flüssigkeit im Blut der „Strickstubbler" steigt natürlich auch der Radaupegel in der „Strickstubb", was sich leicht an dem Gekreische und Geplärre ablesen lässt.

Einen Vorteil allerdings hat dieser Höllenlärm für Benoit doch: In der allgemeinen Enthemmtheit und Euphorie achtet niemand mehr auf den Kleinen im Bett und gibt Dinge preis, die er nüchtern niemals von sich gegeben hätte. Auf diese Art und Weise bekommt Benoit Sachen zu hören, die er sonst nie im Leben hätte zu hören bekommen.

Außer dem üblichen Dorfklatsch sind an diesem Abend für den Lauscher zwei Dinge besonders wichtig. Erstens die alles weit übertreffende Mitteilung von Onkel Eugen an Benoits Vater, dass mit fast hundertprozentiger Sicherheit demnächst die Welt untergehen werde. Das hat der Onkel zwei oder dreimal wiederholt und als Holzrücker das immer noch nicht verstanden hatte, ihm laut ins Ohr gebrüllt.

Irgendein Schwiegersohn habe ihm zuverlässig mitgeteilt, dass die Amerikaner am sechsten und neunten August auf Hiroshima und Nagasaki je eine Atombombe abgeworfen hätten mit einer verheerenden Wirkung. Eine einzige Bombe mit Namen „Little Boy", hätte ausgereicht, eine ganze Stadt völlig zu zerstören. So und so viele Zivilisten – wie viele genau hat Benoit rein akustisch nicht hören können – seien dabei ums Leben gekommen und die Gemäuer wären danach dem Erboden gleich gewesen. Nur wenige Menschen hätten die größte Verwüstung in der Menschheitsgeschichte überlebt. Das sei der Anfang vom Ende.

„Ich saach der, Sepp", sagt Onkel Eugen schließlich mit gedämpfterer Stimme, „die Welt geht unner." („Ich sage dir, Joseph, die Welt geht unter") Und Holzrücker antwortet: „Do kannsch Recht hah, Eicheen." („Da kannst du Recht haben, Eugen")

Die zweite, nicht minder wichtige Information ist, dass er, Onkel Eugen, demnächst von eben demselben Schwiegersohn echte „Julieta 2" bekommen sollte. Da der Vater Benoits von Zigarren aber soviel versteht, wie Benoit vom Kinderkriegen, ließ die Frage, was das sei, „Julieta 2", nicht lange auf sich warten: „Was isch'n des, Eicheen?" („Was ist denn das, Eugen?")

Mit dieser „dummen" Frage hat sich Holzrücker natürlich eine unverzeihliche Blöße gegeben. Nicht zu wissen, was eine „Julieta 2" ist, bedeutet in den Augen von Onkel Eugen ungefähr genauso viel, wie nicht lesen oder schreiben zu können, eben der primitivsten Fertigkeiten unkundig zu sein und wie ein Analphabet durchs Leben zu gehen. Was nützt es dem Menschen, Tabak anzupflanzen und zu vermarkten, wenn er von Zigarren keine Ahnung hat, wenn ihn lediglich der Gewinn, den er mit dem Tabakskraut erzielen kann, interessiert, wenn er aber von dem tieferen Sinn, dem eigentlichen Spirit, der dieser Pflanze innewohnt, keinen blassen Schimmer hat: Von der ganzen Ökologie, den einzelnen Sektionen, Arten und Gattungen und dem sublimen Nutzen des Tabaks, vor allem von dem daraus resultierenden Kult um die Zigarre? Quem juckat? Welchen Sinn hat das Ganze?

Hat er nicht Recht, der Onkel? Der Nutzen, den Raucher den Rauchwaren oder dem Kauen und Schnupfen des Tabaks abgewinnen, ist doch tausendmal höher einzuschätzen als der Schaden, den einzelne davontragen. Volkswirtschaftlich gesehen kann der Vorteil, den die sogenannten Negativnutzer bringen, sowieso nicht hoch genug veranschlagt werden.

Wenn man natürlich nur die schnöde Gewinn- und Verlustrechnung betrachtet, wie Holzrücker, kann man nur den Kopf schütteln, denn die fällt für den Onkel genau umgekehrt aus als sie es für den Vater tut: Was für den einen Gewinn ist (Verkaufserlös für Vater), bedeutet für den andern nur Kosten (Aufwand für den Kauf von Zigarren für Onkel Eugen).

Lässt man jedoch den merkantilen Aspekt einmal außer Acht, wird schnell klar, dass der Tabak für Onkel Eugen eine völlig andere, vom Geld abweichende, tiefere, fast metaphysische Bedeutung hat. Tabak ist für ihn nicht einfach ein kleines einjähriges oder ausdauerndes krautiges Gewächs mit einer Größe von 0,1 bis 0,3 Metern oder auch größere, weichholzige Sträucher bis zu zwei Meter hoch mit üblem Geruch und dem Gattungsnamen „Nicotiana". Nein, Tabak hat wie Weihrauch in der Liturgie, einen hohen Gebrauchswert für den Vollzug einer kultischen Handlung. Rauchen ist „Opfergottesdienst".

Onkel Eugen ist nämlich Anhänger der Lehre dieses Nachtschattengewächses, der „Wissenschaft vom Tabak" – wie die Theologen oder Psychologen Anhänger der Lehre von Gott oder der Seele sind. Er kennt die Familie der Solanaceae (Tabak, Tomaten, Kartoffeln, Tollkirschen) innerhalb der Linneschen Klassifizierung in extenso. Er kennt den Tabak in- und auswendig, weiß genau Bescheid über dessen vegetativen Merkmale, die Blütenstände und Blüten, die Früchte und Samen und besitzt ein enormes Wissen von den Inhaltsstoffen dieser Pflanze, von der Ökologie und der Nutzung. Er kennt sich in der Systematik aus, kennt seine gesamte Geschichte, seine Verwendung und weiß alles über den Anbau bei uns und in Amerika. Die Welternte und den Handel des Rohtabaks durchschaut er und weiß, wo welche Tabakwaren günstig hergestellt und verkauft werden. Ebenso kennt er die schönsten Standorte für Zierpflanzen, die Anbaugebiete für die Parfürmerie und pharmazeutische Firmen.

Kurz: In den Augen Benoits hat sich sein Onkel zu einem richtigen Experten in Sachen Tabak hochstilisiert, während sein Vater dagegen neben dieser großen Leuchte immer mehr zu einem unbedeutenden Lichtlein verkümmert.

Wie der Onkel das Wort Tabak schon sagt: „Duwak" („Tabak") oder „Zigaar" („Zigarre") oder „Filia 2". Langsam, gedehnt und genüsslich. Welche Andacht! Welche Inbrunst!

Feierlich, mit erhobener Stimme, langgezogen und jeden Buchstaben einzeln betonend als singe er einen Gregorianischen Choral[7] oder spreche vom heiligen Joseph oder von einer schönen, liebreizenden Frau, die er über alles gern hat, wiederholt er immer wieder: „Filia", „Filia". Dabei verebbt die Stimme wie das tausendfache Echo im Walde.

Wie eine Katze vor dem Mausloch, geduckt und zum Sprung bereit, geduldig auf das Erscheinen ihres Opfers wartet, so hat scheinbar Onkel Eugen auch auf die Frage seines Schwagers gelauert: „Bass uff, Sepp, ich saach der jetzt was" („Pass auf, Joseph, ich sage dir jetzt etwas"), sagt er nämlich unaufgefordert und total echauffiert. „Des isch so …" („Das ist so …") Und dann legt er los.

Onkel Eugen: Das war nicht nur ein nikotinsüchtiger Paffer, ein Dutzendmensch. Nein. Einem Professor gleich, hält Onkel Eugen ohne nennenswerte Unterbrechung Benoits Vater einen Vortrag über Zigarren. – Endlos.

Benoit ist zwar hundemüde, aber irgendwie fesselt ihn der Monolog, der mehr einem Selbstgespräch gleicht als einer Belehrung, doch, sodass er zwar vor sich hin döst, aber dennoch fasziniert zuhört.

Zuerst einmal hat Onkel Eugen erklärt, was „Julieta 2" überhaupt bedeutet. Dass das eine Zigarre im Churchill-Format sei und nach dem britischen Premierminister Winston Churchill benannt ist. Churchill sei ein leidenschaftlicher Zigarrenraucher gewesen, sagt er. Und dass diese Sorte eigens für den Premierminister von den Firmen Alfred Dunhill (London) in Kooperation mit Romeo y Julieta (Havanna/Kuba) hergestellt worden sei.

Heute würde der Name „Churchill" zwar etwas zweideutig gebraucht, einmal als Handelsname und auch als Bezeichnung für dieses ganz bestimmte Format, was jedoch durch eine Länge von

---

[7] Gregorianischer Choral = der liturgische Gesang der römisch-katholischen Kirche; einstimmig, unbegleitet, freier Rhythmus durch Verbindung von akzentuierten und nichtakzentuierten Tönen nach den Kirchentonarten.

178 Millimetern und Ringmaß von 47-18,65 Millimetern eindeutig definiert sei. Das würde zwar zugegebenermaßen für ein bisschen Verwirrung unter den Händlern sorgen, aber wichtig bei der nominellen Verwirrung sei allein, dass diese Zigarren nur hochwertige Tabake enthielten und circa neunzig Minuten lang am Rauchen wären.

Natürlich hat der Onkel als exquisiter Kenner noch viele andere Formate erwähnt, zum Beispiel Corona, Double Corona, Corona Gorda, Petit Corona, Panatela, Robusto, Torpedo, Belicoso, Figuro und krumme Hunde und was noch alles. Benoit kann sich nicht alle Namen merken. Das wäre auch zu viel verlangt. Von allen Zigarrentypen hat er lediglich behalten, was man Parejo nennt und was Figurando.

Noch mehr Sachen hat er erzählt. Zum Beispiel, was die verschiedenen Farben der Tabake zu bedeuten haben: grün, blau, gelbbraun, rötlich braun, dunkelbraun, schwarz und so weiter. Das weiß er aber nicht mehr. Das ganze Handwerkszeug für die Herstellung, die unterschiedlichsten Methoden und Inhalte zu behalten, wäre eine übermenschliche Leistung, obwohl Onkel Eugen freilich – das muss zu seiner Ehrenrettung gesagt werden – ausführlich und sehr verständlich darüber gesprochen hat. Ebenso über die Einlagen, die Umblätter und Deckblätter und was Longfiller sind und Shortfiller und was eine „Puppe" ist und über all diese Dinge.

Für Onkel Eugen ist das zu wissen natürlich kein Kunststück, denn er pafft schließlich schon sein Leben lang. Im Gegensatz zu Benoit, seinem Neffen, der das alles erst noch lernen muss. Wie sagt man so schön? Es ist noch kein Meister vom Himmel gefallen … Also kann man schließlich auch von Benoit nicht erwarten, dass er an einem einzigen Abend quasi alles über das Zigarrenrauchen „lernen" kann.

Übrigens ist ihm jetzt auch klar geworden, warum Onkel Eugen stereotyp zu jedem Geburtstag, zu allen Weihnachts- und Osterfesten immer nur einen einzigen Wunsch hatte. Jahrelang immer dasselbe. Jedes Mal, wenn er gefragt wurde, was er sich denn wünsche, kam die gleiche Antwort: Einen „Humidor". Ein Humidor war sein sehnlichster Wunsch. Und bis dato hat Benoit gedacht: Wie kann man sich denn nur so eine Kiste wünschen! Die ist doch völlig überflüssig. Jetzt weiß er, warum.

Endlich weiß Benoit auch, was ein Humidor überhaupt ist. Das ist ein Kasten mit Befeuchter, Hygrometer, Frischluftzufuhr, optimaler Temperatur und so fort. Eine Konstruktion aus Zedernholz oder anderem Furnier- oder Massivholz mit luftdichtem Verschluss für die Zigarreneinlagerung.

Jetzt erst kann er verstehen, warum Onkel Eugen stereotyp immer nur den einen Wunsch äußerte. Umso mehr fragt sich Benoit, warum Tante Mina oder seine Kinder ihrem Vater bis jetzt noch nicht so einen Kasten geschenkt haben. Ist das denn so ein Aufwand, finanziell und anders?

Oder wollten die Angehörigen mit der Verweigerung etwa dazu beitragen, dass Onkel Eugen das Rauchen aufgibt, weil sie ihn vor Schaden schützen wollten? Aber nach so vielen Jahren Abusus jemand von seiner „Sucht" entwöhnen zu wollen, ist doch reine Sisyphusarbeit[8], häufig für beide Seiten frustrierend und vergebliche „Liebesmüh". Das steht fest.

Vielleicht haben die Angehörigen auch deshalb resigniert und sich gesperrt, weil ihnen Onkel Eugen ständig mit der richtigen Lagerung, dem kunstgerechten Anzünden einer Zigarre, dem „Öffnen" und dem genussvollen Paffen, dem Abstreifen der Asche und so weiter in den Ohren lag; überhaupt mit der gesamten Konsumtechnik, die er bis ins Letzte ausgefeilt hatte und täglich „zelebrierte". So jemanden von seinem „Laster", dem Gegensatz von Tugend, wegzukriegen, ist einfach undenkbar.

---

[8] Sisyphusarbeit = eine vergebliche Arbeit ohne Ende und Erfolg. Sisyphus, griechischer Sagenkönig, musste in der Unterwelt für seine Frevel einen stets zurückrollenden Fels bergauf wälzen.

Was für den einen Tugend ist, ist für den andern ein Laster und jeder Tugend entspricht eben ein Laster: Der Tapferkeit die Feigheit, der Wahrhaftigkeit die Verlogenheit und so weiter. Laster sind die zur Leidenschaft ausgearteten, das natürliche Maß überschreitenden Neigungen und Willensrichtungen, was die lieben Familienmitglieder wahrscheinlich mit Sucht und Gier bezeichnet haben und verständlicherweise nicht auch noch unterstützten wollten.

So bilden sich zwangsläufig selbst in sonst intakten Gemeinschaften gegensätzliche Fronten. Die einen ziehen in eine Richtung und die anderen in die genau entgegengesetzte. Mit der Zeit belächeln sie sich nicht mehr nur, sondern bekriegen sich gegenseitig.

Welcher „Normalsterbliche", der vom Rauchen nichts versteht, kapiert denn schon, dass selbst das Anzünden einer Zigarre für einen passionierten Zigarrenraucher ein wichtiges „Ritual" darstellt oder dass eine Zigarre vor dem ersten Zug „getoastet" gehört? „Toasten" bedeutet in diesem Fall, dass das Fußende der Zigarre, nachdem das Kopfende bereits „geöffnet" und mit einem speziellen Bohrer oder zumindest mit einer Schere oder dafür vorgesehenen Cutter angeschnitten ist, dabei nicht direkt in die Flamme gehalten, sondern langsam über dem Feuer gedreht werden sollte („getoastet"), bis sich ein kleiner Aschering gebildet hat.

Für einen „nicht rauchenden" Banausen, einen unkultivierten Menschen. ist so etwas natürlich reine Wichtigtuerei. Für den Professionellen dagegen bei Weitem nicht bloßer „Showeffekt", denn es steckt wie beim Blasen auf das Fußende nach dem Anzünden zum Anfachen der Glut oder das vorsichtige Durchpressen der Luft vom Kopfende her ein tieferer Zweck dahinter, nämlich die beim Anzünden entstandenen Bitterstoffe sollen dadurch aus der Zigarre geblasen werden.

Also: Daher ist ein passionierter Zigarrenraucher, wie Onkel Eugen, definitiv kein Angeber oder „Zigarren-Dandy", sondern ein echter „Passionato", einer mit einer durch und durch sinnvollen und begeisternden Leidenschaft, dem zumindest Achtung gebührt,

auch wenn alle andern drum herrum von einem starken, bleiben-
den, alles Maß überschreitenden, auf bestimmte Gegenstände und
Werte oder Unwerte gerichteten Begehren sprechen, das sprach-
lich oft durch die mit Sucht, Gier, Wut zusammengesetzten Ausdrücke belegt wird, zum Beispiel Herrschsucht, Habgier, Spielwut.
Natürlich fällt in ihrer stärksten Ausprägung die Leidenschaft mit
dem Laster zusammen und kann krankhaft sein.
Vom Affekt unterscheidet sich die Leidenschaft dadurch, dass sie
nicht plötzlich auftritt und wieder verschwindet, sondern einen
dauernden, ererbten oder erworbenen, sich allmählich entwi-
ckelnden Zustand darstellt, der zu Affekten, Strebungen, Willens-
entschlüssen disponiert, wie bei Onkel Eugen. Und vom Trieb ist
sie dadurch getrennt, dass sie nicht allgemeinmenschlich, sondern
eben auf Einzelne beschränkt ist, die dieser oder jener oder mehreren Leidenschaften verfallen, dass sie nicht durch den Verstand
beherrscht wird (der Leidenschaftliche kann und will sich nicht
beherrschen), sondern die Verstandeskräfte in ihren Dienst stellt
(Moralität, Held, weltgeschichtliches Individuum), was wiederum
typisch ist für Onkel Eugen.
Benoit ist in seinem kleinen Bubenherzen gerade voller Respekt
und Ehrfurcht ob der bewundernswerten Größe und Sonderheit
seines Onkels, da hört er aus dem Wirrwarr der verschiedenen Ge-
räusche die unverkennbar blecherne Stimme von Tante Mina:
„Anna! Was macht'n de Klää?" („Anna, was macht denn der
Kleine?") Der „Kleine" ist nicht weniger verdutzt als seine Mutter.
Während Anna jedoch bereitwillig ihrer Schwester Auskunft gibt
über den Gesundheitszustand ihres jüngsten Sohnes, sinnt dieser
dagegen darüber nach, was wohl seine Tante zu der lautstarken
Anteilnahme veranlasst haben könnte: Der Schlitten-Crash vorgestern, die unschuldige „Sauerei" mit seiner kleinen Cousine
Emmi auf dem Dreschplatz hinter der Scheune oder die unselige
Cockpitgeschichte in dem abgestürzten Flugzeugwrack am Sonntag mit dem Beinahe-Ersaufen im Tankgraben.

135

Es muss sich wohl um den Autounfall vor ein paar Tagen handeln, als er bäuchlings auf dem Schlitten liegend die Mehlgasse heruntergefahren und kopfvor in ein gerade vorbeifahrendes Auto gerast ist, denn freudestrahlend verkündet Tante Mina, so dass es auch der Letzte in der „Strickstubb" hören konnte, dass der Vollmersweilerer-Dierbacher Bürgermeister nun doch keine Anzeige erstatten wolle. Angesichts der Gehirnerschütterung, die Benoit bei dem Crash erlitten hatte, wäre ihm das auch völlig egal gewesen.

„Danm kann er jo am Surmdach d' Großmutter widder hole" („Dann kann er ja am Sonntag die Großmutter wieder holen"), plärrt Tante Mina durch die Stube. [Zur Erklärung: Alle vierzehn Tage holt Benoit die Oma Kattl von ihrem Wohnsitz in ihrem angestammten Wohnhaus zur Abwechslung für einen Tag in die Familie Holzrücker. Dazu muss er das Leiterwägelchen mit dem Schemel in der Mitte, auf dem die alte Frau thront, morgens vom Oberdorf ins Unterdorf und abends umgekehrt vom Unterdorf ins Oberdorf ziehen].

Was hängt sich die Tante Mina überhaupt in Sachen, die sie nichts angehen! Kein Wunder, wenn Benoit (und nebenbei bemerkt auch seine Brüder mit dieser Tante nichts zu tun haben wollten). Bei jeder sich bietenden Gelegenheit hackt sie auf den Kindern herum. Ob sie das gut meint oder nicht, ist völlig zweitrangig, jedenfalls macht sie sich mit ihrer übertriebenen Fürsorge nur unbeliebt (zum Beispiel die „Aufklärung" Benoits vor ein paar Wochen, wo sie die arme Felicitas, die vom Saargebiet zu Besuch bei der Tante Sophie im Haus der Großmutter war, in der Waschbutt gezwungen hat, dem Buben ihr „Pipi" zu zeigen).

Aber so waren eben die Zeiten damals: Hart im Nehmen und hart im Geben.

Benoit liegt da, wälzt sich von einer auf die andere Seite, und kann nicht einschlafen. Krampfhaft zählt er im Geiste weiße und schwarze Schäfchen, spielt Fußball, hütet das Vieh und fängt Fische. Vergebens! Er kann nicht nachlassen. In seinem kindlichen

Kopf sausen die Bilder nur so durcheinander, wie die vom herbstlichen Wind herumgewirbelten Blätter, schöne und hässliche.

Endlich will er nur noch an angenehme Dinge denken, wo er glänzen kann, wo man ihn bewundert und ihm zujubelt, wo sich alles nur noch um ihn dreht. Vielleicht hilft das. Theaterspielen, wo er auf der Bühne steht und singt oder mit der Trompete einen „Ohrwurm" schmettert. „Messelesen", samstags, wenn die andern auf dem Feld sind und er das ganze Haus für sich hat. Zwar muss er das Geschirr spülen und das Haus sauber machen, aber andererseits hat er dadurch den Vorzug, allein zu sein. Dann kann er den Vorhang am Küchenfenster als Messgewand benutzen und die Stühle als Ministranten herumdirigieren. Keiner meckert oder lacht darüber, wenn er das „Dominus vobiscum" singt, wie er predigt oder dem einen oder andern (imaginären Ministranten, in Wirklichkeit aber einfachen Holzstuhl) flüsternd hilft, das „Confiteor" auf Lateinisch zu beten.

Nachdem alles nichts bringt, greift er auf einen altbewährten Trick zurück, der ihm schon oft geholfen hat: „Altardienen". Aber auch das nützt nichts. Er kann sich vorstellen, was er will – nichts hilft. Schon zig Male hat er die Patene unter das Kinn der süßen Köpfchen seiner Mitschülerinnen gehalten (in Gedanken natürlich) und dabei stolz, in andächtiger Konzentration auf die heilige Handlung, die verstohlenen Blicke seiner Favoritinnen ignoriert, während diese ihre bezaubernden Mündchen aufsperrten, um die Kommunion zu empfangen. Wie hat er das Anhimmeln von Rosmarie, Renate, Helga und wie sie alle heißen, genossen. – Nichts. Schon tausendmal hat er die Kommunionbank rauf und runter „gedient" in seinem faszinierenden liturgischen Ministrantengewand. Nichts hat geholfen.

Er ist immer noch wach und hört das verhasste Gemurmel, Kichern, Sticheln und Quietschen der versammelten Frauen. Bestimmt geht es mittlerweile auf Mitternacht zu.

Gabriele Schlenker-Harthauser

Es ist

Es ist
geworden –
du weißt nicht –
wie.

Es ist
geworden –
du weißt nicht –
warum.

Es ist
geworden –
du weißt nicht –
wozu.

Es ist
geworden –
du weißt –

Es ist.

Verloren

Verlorenes Ich –
wann – finde ich dich –
wieder?

Weit entfernt scheinst
du mir –
aber noch am Leben!

Noch – rufst du mir zu.
Noch –
und ich ahne, was das bedeutet.

Er

Die Trauer war eines Tages in sein Herz gekrochen – wie ein Blutegel, der sich mit seinen winzigen, aber scharfen Zähnen in die Haut bohrt, um Blut zu trinken. Und sein Herz hatte genug von diesem köstlichen roten Saft gegeben. Er fühlte, dass all seine Kammern geplündert und leer getrunken waren. Und der Spiegel tat seine Meinung zusätzlich kund. Er blickte in eingefallene Augenhöhlen. Blasse Haut. Leichenhaut.

Kaum war es ihm möglich, sich daran zu erinnern, was geschehen war. Die Brücken zu jener Zeit schienen abgebrochen, eingestürzt wie Kinderspielzeug, das nur für kurze Zeit seine Existenz unter Beweis stellen muss. Bei diesen Gedanken ergriff ihn ein sanftes Lächeln, das jedoch nicht seine Ironie verheimlichen konnte. Ein Spiel? War er ein Spielzeug gewesen? Von was oder wem? Theatralisch wäre, das Wort Schicksal ins Spiel zu bringen. Oder sogar noch Vorbestimmung, vielleicht auch noch den Zufall zu benennen. Ja, manch einer würde nun wahrscheinlich betonen, dass einem nur zu-fällt, was passt oder gebraucht wird. Doch wozu sollten ihm diese Gedanken von Nutzen sein?

Er war aus der Bahn geworfen worden und hatte das Vertrauen in die Welt mit ihren Menschen verloren. Nicht mehr, aber auch nicht weniger. Wer konnte oder wollte noch etwas daran ändern? Übrig geblieben war diese Trauer, die wie ein dunkler Schatten – aus der Zeit entsprungen – zu ihm gekommen war und nun aus ihm trank wie ein gieriges Wesen, dessen Hunger niemals enden würde!

In diesem Moment spürte er, dass er so nicht würde weiterleben können. Ein Schrei brach aus der Tiefe seiner Eingeweide hervor – hinaus in die Wirklichkeit – und förderte den Schmerz zutage, der ihn von Kopf bis Fuß – jetzt – erschütterte. Sturzbäche und Fluten von Tränen folgten. Da schmeckte er das Salz, das in ihm war, und er erinnerte sich an das Blau des Meeres, den Gesang der Wellen und die Berührungen des Windes. Mit geschlossenen Augen fühlte er nun sogar die Sonne, die sich ihren Weg durch den Wind bahnte, auf seinen Wangen.

Es wird warm, dachte er noch kurz davor – mir wird warm! Die wärmenden Strahlen benetzten seine Haut, und sein Blut begann sich zu vermehren, zu fließen und wieder zu pulsieren. Mein Herz schlägt, schoss es ihm durch den Kopf. Und er nahm einen tiefen Atemzug jener Meeresluft in sich auf und stieß ihn genau so tief wieder hinaus in die Welt, die ihn umgab, seine Lungen füllten sich mit Leben und Kraft, und er sah, wie er in dieses Blau hineinlief, eintauchte, mit ihm eins wurde.

Er war wieder der kleine Junge, der in das Meer eingetaucht war – ohne Angst und Vorbehalte, nur aus Freude am Leben.

Er lachte, planschte, schwamm und spielte mit den Wellen, die ihn sicher trugen, als wären es die Arme einer unerschütterlichen Kraft, die ihn niemals fallen lassen würde. In dieser Wiege ließ er sich tragen und tragen.

Die Zeit verlor ihren Inhalt, er trank die Ewigkeit – und das Vertrauen in das Leben floss behutsam und leise zu ihm hinein.

Als er endlich wagte, die Augen aufzuschlagen, war es bereits Nacht geworden. Am Himmel leuchtete der Mond, und auch die Sterne standen wie gewohnt an seiner Seite. Da wusste er, dass er in dieser Nacht seinen Frieden geschlossen hatte. Der Schatten war verschwunden, sein Herz erfüllt von einem sanften Vertrauen und der Hoffnung auf den nächsten Morgen.

Aber zuerst wollte er nur schlafen – nach langer Zeit wieder in Frieden schlafen.

Traum

Die weißen Segelboote
gleiten in das Blau
des Sees –
und verschwinden im
gleißenden Licht der Sonne.
Weiß trinkt Blau –
goldene Gischt.

Mit ihm treibe ich davon,
tauche ein in das Fließen –
ohne Wollen!
Werde – bin –
Teil von allem.
Zeitlose Fahrt
im Hier und Morgen.
Klänge aus anderen Fernen
tragen mich weiter – fort –
hin zum Nichts,
der Fülle aller Leere,
die mich – irgendwann –
zurückführen wird –
Zum Beginn allen Anfangs.

Morgen

Mein Morgen
liegt in meinem
Schoß.
Geborgen –
noch –
und doch
ganz reif und
groß –
und kündet
mir,
er will gebären,
sich selbst
und mir
das Licht
vermehren.

Mein Morgen
liegt in meinem Schoß –
bereit.

Licht-Spur

Im Geäst –
Spinnweben der Vergangenheit.
Tautropfen glänzen in den Sonnenstrahlen.
Licht-Spur –
Im Nahen der Zukunft.

Hans-Joachim Schorradt

An einem Montag im Frühling

Beim Zusteigen in eine Berliner S-Bahn sah Marie flüchtig in der
Zugtürecke gegenüber einen Kinderwagen stehen. Da dieser Teil
des Zuges weniger aufgesucht wurde, fand sie einen Sitzplatz. Marie nahm ein Taschenbuch aus ihrem umgehängten Brotbeutel
und bemerkte zugleich nahe vor sich die Jüngere mit ihrem Kind.
Als sie gerade ihre Lesestelle wiedergefunden hatte und eben wei-
terlesen wollte, begann das Kind zu weinen und seine Mutter hob
es zu sich hinauf. Marie blickte beide für einen etwas längeren
Moment an und dann unwillkürlich auch die anderen Mitfahrer.
Sie schloss ihr Lesebuch, legte es in ihren Schoß, betrachtete die
jüngere Frau mit dem kleinen Jungen und sprach die beiden, für
sich im Stillen, an: Seid ihr zwei nicht die bedeutendsten Menschen von uns allen hier? Wir anderen sind nur Schatten von euch
und in unseren Lebensumständen weit von euch entfernt. Wir leben anders, wir denken anders, wissen vermutlich viel mehr als ihr
– und hängen doch von euch ab. Es ist eure Lebensform, aus der
wir alle kamen. Später entschieden wir selbst darüber, wir nahmen
sie an oder wählten eine andere. So, wie wir hier um euch herum
sitzen oder stehen, so sind auch unsere Leben um eure platziert.
Was uns sonst in Atem hält, unsere Streitigkeiten, Rivalitäten,
Mühen und Kämpfe scheinen geringer, gegen die euren. Eure Nöte, eure Ängste und Wünsche, eure alltäglichen Lebensleistungen
sind so einfach, wie elementar und deswegen wirklicher und wahrhafter als die, welche uns anderen meist so überaus wichtig sind.
Das kleine Menschlein war zur Ruhe gebracht. Seine Mutter erhob
sich, rückte es hoch vor ihrer Brust, und Marie folgte mit ihren
Augen der anderen Frau, wie diese ihr Kind zu dem Dreiradwagen

hinübertrug und es hineinsetzte. Die Mutter mit dem Kind verließ kurz darauf die S-Bahn. Marie schaute ihnen wie in Gedanken nach und als die Zugtüren automatisch geschlossen wurden, endlich noch in ihre Lektüre. Es war eine Anthologie, die sie lesen sollte, um an einigen, von ihr daraus auszuwählenden Textbeispielen Stilanalysen zu treiben und die Texte einzuordnen. Sie blätterte erst noch etwas versonnen in dem Buch, dann hielt sie aufs Geratewohl inne und las in einen der Texte hinein.

Menschenum- und Lebensgang, entlang Linien, bis in Winkel, Vierecke von Traum, Spiel, Wunsch und Erfüllung, von Lust, Liebe, Leid und Hass, von Geburt, Jugend, Reife und Alter, von Schönheit, Glück, Verfall und Tod, Quadern, Kuben, in Kreisen, Kugeln, Kegeln, Zylindern, als den Weisen; Körper, Gegenstände, Objekte, (in) Schachteln, (in) Kartons, (in) Fächer(n), (in) Schübe(n), (in) Schränke(n), (in) Zimmer(n), (in) Wohnungen, (in) Häuser(n), (in) parallele(n) Viertel(n), straßengeteilt, Personenstrom – Treten, Laufen, Eilen, Fahren, Automobilflut; schemenflach, vielförmige Menge zwischen Warenherstellung, -erwerb und -verbrauch, … Halten, Stehen, Starten – schon sind wir fort, im Nahverkehr, im PKW, im ICE, im Flieger – und fast schon dort; sind eigen, Entwürfe, stark Kontur, immer beständig betont Selbstausdruck, Körper-Puzzle, konsumgebunden: Wieder Körper, Gegenstände, Objekte, Auswahl: Verpackung, Zuschnitte, Formate, Frischebox, Konserve, Doppel-, Sechser- oder Vorteilspack, eventuell Rabatt, Kasse, Abtransport, Einsortieren, Stapeln, Endverbrauch: Öffnen, Entnehmen, Verschließen, Zubereiten, Zuführen, Abführen; im Vergleich: Innenwelt, zur Schau gestellt als Verpackung, einander bedrängender, innerer Drang nach äußerer Wirkung, will Ausdehnung, Offensive (Explosion vorstellbar), energetische Ladungen, Schübe, Drücke ableiten – Beschleuniger: Telefon, Handy, TV, Video, PC … In dieser Handelswelt tritt, scheints, etwas wie ein großer Plan hervor – aus Ereignissen in

Gleichzeitigkeit die Totalität; tags, abends, nachts, morgens, vielen, wechselnden Ortes ununterbrochen Entwicklung, Verstärkung, Veränderung: Big Bang weiter, seit Zeiten täglich ...
Hm, machte Marie, vergewisserte sich darüber, wie weit die S-Bahn auf ihrer Fahrt war, blätterte und las sich wieder fest.
... Wälder verglühen, Orkane, Dürren, Sintfluten, Seuchen, Mangel, Kriege, Not auf den Tod – wahrhaft biblisch sind die Plagen, Katastrophen – undurchschaubar verschachtelt der Reichtum, astronomisch, märchenhaft, rast auf Datenautobahnen global unfaßbar zu auf letzte Idyllen ... Mega-Zentren saugen ohne Pausen unverbrauchte an – schleudern ständig kollabierte Existenzen aus, Opfer, enthemmt, zerstört von grob übertriebenen Trieben, instinktlos oder ohne Verstand – (... King Kong ... Ufos ... Invasionen ... explodierende Menschen ... Rauch ... Schreie gellen ... zu Fensterstürzen wird in Straßen irgendwo geschossen ... hasten, fliehen Menschen panisch, entsetzt ... dazwischen zooentlaufenes exotisches Raubgetier, das einzelne Strauchelnde anfällt und niederreißt ... Verkehrsströme, längst erstickt an Karambolagen ... Automobile, ausgeraubt, in Flammen ... und die Börsen fahren schon seit Tagen crash ...). – Frisch sitzen sie in den Bars, Bistros, auf Terrassen und Balkonen am Abend, trinken Cocktails, Bier oder Wein, lesen Zeitungen, schauen Videos oder TV (... Soeben hat die Wissenschaft weitere letzte Geheimnisse der Natur aufgedeckt! ... Ein „Künstler" erklärte grad noch per Handy die neuesten news en bloc zur Super-Performence! ...); sie sind virtuell und inter-vernetzt, mehr geliebt, als gelitten und gehen dann mit einander schlafen, bezähmen, begrenzen, befrieden ihre Natur und fühlen etwas, wie an Liebe erinnert ... So stirbt diese Welt, wird täglich so geboren und soll immer etwas werden ...
Was ich alles lesen soll, um doch nur Bibliothekarin zu werden, begehrte Marie tonlos auf, saß noch für den Rest eines Streckenabschnittes, stand dann auf und stieg aus. Über eine abwärtsfüh-

rende Treppe verließ sie ihren Zielbahnhof. Während sie eine Allee entlanglief, dachte sie zunächst gar nicht an die Texte in ihrem Buch, sondern an den vergangenen Sonntag, dessen Tagesstunden Marie allein herumwandernd in ihrer Wohngegend verbrachte. In jenem Stadtteil waren Menschen damit beschäftigt, den zu reinigen. Die Straßen wurden gefegt, von Rasen und Gesträuchen großstädtischer Müll abgesammelt und auch das Vorjahreslaub weggebracht. Gräser, beschnittene Stämmchen und Zweige schoben schon neues Grün hervor. An einem solchen Morgen waren die Kinder still und aufmerksam, die Frauen so friedvoll, so sanft, und die Männer sagten keine groben Worte mehr. Wenn sich deren Blicke begegneten, sahen sie einander an und die Anspannung des Winters wich von ihnen ab. Die Kinder fassten von selber nach den Händen der Väter, draußen, während gemeinsamer Fußgänge. Wer hatte da etwas zu fürchten? Fragte sich Marie gleich, nachdem ihr der vergangene Sonntag wieder so deutlich gegenwärtig war. Nein, das erschien doch fast unvorstellbar! Die Stadt wirkte dort weit weniger labyrinthisch, wenn überhaupt irgendwo jemals, und alles Chaotische zumindest wie weit zurückgedrängt. Die Menschen bewegten sich fließend, ohne jede Hast durch die Straßen. Alle spürten es, die Luft war erwärmt, leicht und weich der Wind. Hell und offen waren die Gesichter, wie das sich wölbende Blau hoch über den Köpfen. Schon hofften manche auf etwas, das vielleicht eintreffen könnte. Das dachte Marie noch, als sie schon versuchte, im Gehen sinnend, von den Textstellen, die sie vorhin lesend überflogen hatte, die Kerne und Wesen zu entdecken.

Bernd Schüll

*Aphorismen der Bittlichkeit**

*Kunstwort aus Bitterkeit und Fröhlichkeit

Am Anfang war das Wort und es war bei mir, wo es auch geblieben ist.

***

Wie schwach ist doch die Sprache. Sie vermag nichts, nicht einmal sich selbst zu zerstören.

***

Gewissheit ist der traurige Höhepunkt der Sprachevolution, der zu jedem Verbrechen taugt. Ungewissheit ist der Versuch seinen Antipoden mit noch größerer Intensität zu übertreffen, wohl merkend, dass dieses Unterfangen zum Scheitern verurteilt ist.

***

Wer redet oder schreibt tut dies nicht, um etwas Wichtiges mitzuteilen, um die Wahrheit aufzuzeigen oder um ähnlich große Zwecke zu erzielen, sondern er tut dies, weil er Vergnügen an seinem Tun hat, weil es konstitutiver Bestandteil seines Egos ist. Wer nicht redet und nicht schreibt, tut dies übrigens zum selben Zweck.

***

Alle -ismen sind mir zutiefst zuwider. Allen voran der Nihilismus. Es bleibt jedoch nichts anderes übrig, als ihm zu huldigen.

Nichts ist von Bedeutung, noch nicht einmal die Rede vom Nichts.

***

Es kann erst dann wieder einen originellen Gedanken geben, wenn eine neue, nichtmenschliche Sprache kreiert worden ist. Dieses Vorhaben aber wird erst einem postmenschlichen Geist vergönnt sein, denn wir sind zutiefst verstrickt in das anthropozentrische Denken.

***

Obwohl die Sinnlosigkeit der Philosophie schon oft festgestellt, proklamiert oder bewiesen wurde, kann doch das denkende Subjekt nicht davon ablassen, philosophische Überlegungen anzustellen. Dies liegt in der kognitiven Konstitution des denkenden Ichs begründet. Wenn es schon nicht in die Rolle eines geistigen Weltenbauers schlüpfen kann, so gefällt es sich wenigstens in der nihilistischen Zerstörung.

***

Wenn die Menschen mehr denken würden, könnten
sie weniger reden.

***

Ein Wunschtraum: das endgültige Nichts beschreiben zu können.

***

Alles ist widersprüchlich, auch der Widerspruch.

150

Die eigentliche Schwierigkeit mit dem Denken beginnt dann, wenn alles Sagbare gesagt und alles Denkbare gedacht worden ist. Modernes Philosophieren, das heißt Begriffe und Sprache bis zu ihrem Tode zu analysieren ist langweilig. Doch diese Langeweile bewahrt uns davor, euphorische Gefühle zu entwickeln, wie dies bei tradierten Denksystemen, in denen es um die wichtigen Substanzen, wie Wahrheit, Sinn, Weltgeist, absolute Ideen et cetera ging, möglich gewesen ist. Damit weist sich die moderne Philosophie selbst in die Schranken, was gut ist, angesichts der permanenten humanen Selbsterhöhung.

**

Das „Ich" kann die Gehirnforschung durch bedeutungsvolle Theorien erhellen. Doch was sie nicht kann, was übrigens niemand kann, ist, diesen Begriff auf sein sprachloses Fundamentum zu reduzieren.

**

Allein schon der Versuch, jede beliebige Tatsache zu begründen oder zu verleugnen, ist eine Untat, die den nihilistischen Geist zutiefst verletzt. Dennoch kommt auch dieser nicht umhin, sich zu artikulieren, also das Verbrechen der Tat zu begehen. Auch die radikale Kritik des abendländischen Denkens kann seine Genese nicht verbergen und schreitet mutig zum Ausdruck. Die wortlose Kontemplation genügt uns nicht. Wir sind dem Wahn verfallen, zu meinen, der Mitwelt irgendetwas Wichtiges mitteilen zu müssen und sei es die Nichtigkeit seiner Sätze. Nicht aufhören zu können, zu denken, zu schreiben, zu analysieren - das ist unser Dilemma.

Selbst wenn wir tausendfach das „Nichts" an die Außenwände des Universums geschrieben hätten, würden wir uns letztlich dennoch fragen, was hinter diesen Grenzen liegt.

**

Bessere Welten zu entwerfen, gleich ob irdisch oder paradiesisch, ist sicherlich die tauglichste Methode, um mit dem Sein fertig zu werden, ihm einen Sinn zu verleihen. Sie bietet die Möglichkeit, eine Moral, Ethik oder ähnliches zu entwerfen. Ohne dieses Instrumentarium hätte sich die Menschheit wahrscheinlich schon ausgerottet, was nicht zum Nachteil von irgendetwas gereicht hätte.

**

Die Welt des Nihilisten ist trostloser als die der Utopisten, die der Gläubigen oder die der Idealsten, aber sie ist wahrhafter, in dem Sinne, dass man sich selbst seine Wahrheit beziehungsweise Nichtwahrheit – was identisch ist – abringen muss, ohne auf eine Systematik, gegebene Ordnung oder wegweisende Schriften zurückgreifen zu können.

**

Die Welt als fließendes, ganzheitliches Kontinuum zu begreifen heißt, nicht zu be-greifen, sondern zu sein, als das Eine im Anderen.

**

Ohne das Sein gäbe es auch kein Nichts.

Selbst wenn der Philosoph sagt, er bewundere das Tier angesichts seiner Sprachlosigkeit, so kann er sich dennoch nicht im Kontinuum des Kosmos auflösen, denn er bleibt zur Sprache verdammt. Mit ihr ist er ebenso glücklich oder unglücklich, wie der Frosch mit der Fliege, nach der er instinktiv schnappt

***

Wenn die Menschen der Begriffe so überdrüssig wären, dass sie alle Redenden an ihren Worten aufhängten, dann würden die Schweigenden an der Stille ersticken.

***

Sich fallen lassen in der Ekstase ist einer der glücklichen Momente zu sein, ohne vom Denken gesteuert zu werden. Dabei ist man dem Nichts, dem Allumfassenden so nahe, wie man es mit Worten nicht beschreiben kann.
Jeder hat seine Form der Meditation, wobei die Methode unwichtig wird, insofern sie zum Ziel führt, nämlich in einem besonderen, mit Worten nicht beschreibbaren Bewusstseinszustand zu gelangen. Das Allumfassende, die Leere, die Fülle, das Absolute sind dabei nur untaugliche Worthülsen, um das Unbeschreibbare zu beschreiben.

***

Uns dürstet so sehr nach Wahrheit, dass es uns fast unmöglich ist, im Nichts zu ertrinken. Diese Unmöglichkeit so gut es geht zu realisieren, ist die Aufgabe der Philosophie.

Ebenso wie alles sinnlos ist, inklusive der Rede vom Sinn, ist auch alles sinnvoll, inklusive der Rede von der Sinnlosigkeit.

***

Lust ist die Möglichkeit, die Fülle des Seins zu empfinden, ohne vom Denken geknechtet zu werden. Deswegen ist die Reflexion über sie auch meist lustlos.

***

Das Normale existiert nur, weil es das Anormale, das Verrückte gibt, und es ist die vornehmste Pflicht des Philosophen ver-rückt zu denken.

***

Wenn es überhaupt den richtigen Zeitpunkt für den Suizid gibt, dann ist es der des höchsten Glücks.

***

Philosophie ist Sinnstiftung und Entsinnung zugleich oder die Sinngebung durch Entsinnen.

***

Das Absurde ist nicht das Sein an sich, sondern unser Tun in ihm. Obwohl wir wissen, dass das Sein endlich ist, agieren wir in ihm gottähnlich, ewige Welten und Werte schaffend, anstatt es ruhig gewähren zu lassen.

Das Nichtsein ist bei weitem dem Sein vorzuziehen unter der Voraussetzung, dass man die Wahl hätte, was aber nicht der Fall ist. Denn um über das Nichts, sowie über alles andere nachzudenken, ist das Sein die notwendige Voraussetzung.

***

Der Sinn des Lebens ist das Leben selbst. Wir haben uns dieses nicht ausgesucht, sondern sind in es geworfen worden. Ebenso wenig haben wir uns den Ort, die Zeit oder den sozialen Status dieses Ereignisses gewählt. Ganz zu schweigen von den Kategorien des humanen Denkens. Wir sind verdammt in ihnen zu denken, was das Transzendieren mit einschließt. Zu versuchen, dieses Dilemma zu lösen ist die Aufgabe der Philosophie.

***

So, wie die Sonne dunkle Gewitterwolken vertreiben kann, gibt es in Leben auch Glücksmomente, in denen man ungeniert proklamiert: „Liebt das Leben und lebt die Liebe."

***

Diejenigen haben philosophische Weisheit erlangt, die, Sokrates gleich, mit einem Lächeln den Schierlingsbecher austrinken können.

***

Eines ist für mich gewiss, mein großes Ziel, das Nichts, zu erreichen, egal was passiert, egal was ich tue.

Gott ist nicht tot, denn etwas was es nie war, kann auch nicht tot sein.

***

Die Furcht vor dem Tod ist nicht die vor dem Nichtsein, sondern die vor dem bis dahin Nichtgetanem, Nichterlebtem und Nichtgedachtem. Also tu es jetzt!

***

Wenn es überhaupt ein Ziel gibt, dann ist es das gedankenlose Denken, die Einheit in der Gleichheit oder der begrifflose Begriff.

***

Gelassenheit ist das Ziel der Philosophie, die wir allerdings genauso wenig festhalten können, wie den orgiastischen Augenblick. Deshalb tasten wir uns immer wieder mit neuen Vorspielen an sie heran.
Wenn wir die Gelassenheit hätten, wäre es sie nicht selbst, denn sie ist kein Zustand, sondern ein Prozess.

***

Wie alle Worte ist auch Liebe nur ein Wort und entzieht sich damit in seiner Substanz der Beschreibbarkeit. Aber, wer die Gnade erfahren darf, Liebe zu erleben, für den ist die unmittelbare Gewissheit der verbalen Unbeschreiblichkeit der Liebe im Bereich der Emotionen ebenso evident und lustvoll wie die des Kantschen Imperativs im Bereich der Vernunft.

Sieglinde Seiler

Frühling – wie schön Du bist!

Der Haselstrauch, von Würstchen gesäumt,
sonnenverwöhnt vom Frühling jetzt träumt,
wo in kalten Winkeln der Winter noch flieht,
der Frühling immer mehr ins Land einzieht.

Die Meisen suchen eifrig ihre Nistkästen auf,
und auch das Wachstum nimmt seinen Lauf.
Der Fischreiher steht lauernd am Trutenbach.
Auch einzelne Enten schnattern ganz wach.

Veilchen lugen bald aus ihren Hecken hervor.
Schwalben fliegen heraus zum Scheunentor.
Gänseblümchen schmücken nun die Wiesen,
und kleine Pflänzchen warten auf das Gießen.

Krokusse und Hyazinthen blühen im Garten,
zu unserer Freude, nach gar langem Warten.
Katzen rennen schnurrend um die Hausecken,
und Kinder spielen im Garten Verstecken.

Die Wiese überzieht inzwischen saftiges Grün.
Bald werden auf ihr erste Trollblumen blüh'n.
Zarte Obstbaumblüten werden uns verzücken,
bis die frischen Blätter die Bäume schmücken.

Es wird Frühling, dem unsere Sehnsucht gilt
und der sie mit seinem Werden reichlich stillt.
Die Jahreszeit hat die ihr eigene Faszination.
Das spüre ich so seit meiner Kindheit schon.

Sommermorgen

Wogende gelbe Getreidefelder grüßen
vom Blau vieler Kornblumen durchsetzt,
als der Natur bildschöne Sommerlaune
im Lichte der Morgensonne unverletzt.

Kein jäher Hagelschlag ging hernieder,
der ihr natürliches Antlitz hätte entstellt.
Der Morgentau umfängt sie schützend,
und die Morgenröte ihr Gesicht aufhellt.

Kontrastvoll dazu das neue Wiesengrün,
zuvor das Gras der Heuernte übergeben,
wo nun fliederfarbene Fingerhüte blüh'n
und den Wiesen verleihen buntes Leben.

Wie schön ist so ein früher Sommertag,
begleitet von der Vögel zeitigem Gesang,
noch frei von Arbeit, Sorgen sowie Plag,
verweilend diesen Sommermorgen lang.

Der Anmut des Augenblicks gilt ein Gebet,
dem Schöpfer dankend, der ihn erschuf.
Der Eindruck ruft mich zur Ehrfurcht auf,
untermalt von des Kuckucks frühem Ruf.

Verliebte Jahreszeiten

Der beginnende Herbst hat den
Sommer leidenschaftlich geküsst
und ihm mit seinem Sonnenschein
die letzten Tage noch gern versüßt.

Fast einträchtig schlendern beide
– kontrastvoll – nebeneinander her,
wechselnd den Eindruck vermittelnd,
als ob es Sommer oder Herbst wär'.

Sonnenreiche Tage zeigen noch
ein spätes sommerliches Gesicht,
doch kalte Nächte gehen herbstlich
hart mit den Blüten ins Gericht.

Die Buntfärbung des Herbstlaubes
hat zwar noch gar nicht eingesetzt,
doch sind die grellen Sommerfarben
vom Herbst bereits spürbar verletzt.

Schon bald wird nichts mehr von der
Leuchtkraft des Sommers übrig sein.
Dann zieht der goldene Herbst mit
seinem Blätterleuchten endgültig ein.

Wintermärchenland

Ganz zärtlich hat der einsetzende Winter
die spätherbstlich kahle Natur geküsst.
Sieh doch, wie schön sie mit der Zierde
des Raureifs seit heute am Morgen ist!

Ganz überzogen mit feinen Eiskristallen
sind die Bäume und Zweige geschmückt.
Dieses faszinierende Wintermärchenland
hat manches menschliche Herz beglückt.

In zartem Weiß strahlt uns die Natur an.
Die Reifkristalle glitzern im Sonnenschein.
Bis sich die Sonne stärker bricht die Bahn,
zieren sie Blätter vom Russischen Wein.

Leider hält dieses Kunstwerk nicht lang.
Vergänglich ist des Raureifs kalte Pracht.
Es tropft inzwischen stetig von den Ästen,
was die Natur filigran schuf in einer Nacht.

Ein Märchen kann man leider nicht greifen.
Das ist aber wohl seine größte Faszination.
Die Zierde des Raureifs dauert nicht ewig,
greifen und spüren kann man diese schon.

Elisabeth Susanne Stahl

Was ich in meinem Koffer habe

Ich habe in meinem Koffer viele Sachen. In erster Linie Kleidung. Sie erzählt von meinem Leben und von den Anlässen, zu denen ich sie getragen habe. Aber ich habe in meinem Koffer auch etwas für dich. Ein Geschenk vielleicht. Ein Buch, das du gerne liest. Würde ich dich kennen, wüsste ich, was ich für dich in meinem Koffer habe. In meinem Koffer ist auch Spielzeug für die vielen Kinder, die gerne Spielzeug haben möchten. Eine Puppe. Ein Ball. Möchtest du vielleicht meinen Hut? Auch dieser hat Platz in meinem Koffer. Es ist ein sehr schöner Hut. Er hat eine Feder. Die Feder eines Eichelhähers. Diese sind ja blau und weiß gestreift. Was habe ich denn noch in meinem Koffer? Es ist ein zauberhafter Koffer, ein verzauberter Koffer vielleicht, jedenfalls ein Koffer, aus dem man hin und wieder alles hervorzaubern kann, was man gerne haben möchte.

Mein Koffer ist aus rotem Leder und hat goldene Schnallen. Er ist schon ein bisschen abgenutzt und hat von seinem hohen Alter bereits abgewetzte Ecken. Aber die Schnallen halten noch. Sie halten zusammen, was ich so mit mir herumgetragen habe. Soviel ist es nicht. Aber es ist doch hin und wieder auch schwer. In meinem Koffer ist auch eine Uhr. Sie tickt immer vor sich hin und fühlt sich augenscheinlich zwischen den vielen Sachen sehr wohl. Aber manchmal verliert sie die Geduld und tickt laut und immer lauter vor sich hin, als ob sie jemanden wecken wollte. Das Hemd, das neben ihr liegt, es ist ein schwarzes, erzählt von meinem Beruf. Ich war Verkäufer. Und so sah dieses Hemd sehr viele Menschen und Dinge. Ich war Verkäufer in einem großen Warenhaus.

Was habe ich denn noch in meinem Koffer? Eine Flöte vielleicht. Und Schulhefte. Ich war kein guter Schüler. Aber die Hefte sind voller Geschichten. Mein Koffer beherrscht auch sehr viele Kunststücke. Es ist kein normaler Koffer. Abgesehen davon, dass er also erzählen kann und ein wenig zaubern, besitzt mein Koffer auch die Fähigkeit zu fliegen. Er fliegt aus dem Fenster, direkt zu dir. Aber hin und wieder fliegt er auch nur in meinem Zimmer herum, vor allem, wenn ihm langweilig ist. Es ist ja ein Reisekoffer. Und so erzählt er auch von den vielen Reisen, die ich unternommen habe. Ich war Reisender, bevor ich Verkäufer wurde. Fährt man denn nicht auch mit einem Koffer in Urlaub? So erzählt mein Koffer nicht nur von den vielen Sonnen- und Regentagen in meinem Leben, sondern auch von den Urlaubstagen. Ich fuhr regelmäßig in Urlaub. Im Sommer wie im Winter. In meinem Koffer sind also neben den Sommersachen auch Sachen für den Winter.
Was ich so in meinem Koffer habe. Auch einen Regenschirm. Und, ach, die Malstifte habe ich ganz vergessen. Ich habe in meinem Koffer auch Malstifte und Malbücher für Kinder. Morgen gehen wir wieder auf Reisen. Mein Koffer und ich. Ich frage mich, wohin die Reise geht. Vielleicht fahren wir ganz einfach einmal weit weg. Weit weg von den uns bekannten Dingen und Sachen. Kennst du die Türkei? Vielleicht kenne ich eine türkische Prinzessin. Wir nehmen meinen Koffer und fahren einfach fort. Wofür ein Koffer nur gut ist? Wofür man einen Koffer braucht? Vielleicht braucht man einen Koffer auch für die Dinge, die man nicht täglich braucht. Was gehört nur in einen Koffer? Weißt du, wie man einen Koffer packt? Vielleicht weiß ich das nicht und gebe in meinen Koffer alle Sachen, die mich an etwas erinnern. Auch das ist doch möglich. Es könnte ein schwerer Koffer werden, voller Erinnerungen und Vergangenheit. Aber Luftballons habe ich auch in meinen Koffer. Luftballons kann man aufblasen und sie sind bunt.

In allen Farben habe ich sie in meinem Koffer. Sie liegen zwischen den Sachen, die mich erinnern und die man braucht. Kann ein Koffer auch zaubern? Ach, das habe ich ja bereits erwähnt. Ich denke also schon. Jedenfalls mein Koffer, von dem gerade die Rede ist. Es scheint also ein besonderer Koffer zu sein. Ein Koffer, der sich von den üblichen unterscheidet. Und, wie gesagt, fliegen kann er auch. Wir fliegen also morgen mit meinem Koffer weit fort. Hin und wieder allerdings kann ein Koffer auch in eine Ecke fliegen. Dort liegt er dann, vergessen für einige Zeit. Bis man ihn wieder hervorholt. Ich habe in meinem Koffer auch ein kleines Haus. Man kann es zusammenfalten und in den Koffer legen. Man kann es aber auch auseinanderfalten und darin wohnen. Es ist ein gemütliches Haus mit vielen Zimmern. Auch eine Tasse Kaffee habe ich in meinem Koffer. Eine Tasse Kaffee für gemütliche Stunden am Nachmittag. In meinem Koffer findet sich auch ein Fotoapparat. Mit ihm machte ich viele Fotografien, die mich erinnern. Ich habe in meinem Koffer auch einen Stuhl und einen Tisch, an den man sich setzen kann. Auf dem Tisch liegen viele Unterlagen, die ich durchsehen muss. Auch ein Aktenkoffer hat in meinem Koffer Platz. Zu der Kaffeetasse in meinem Koffer gesellt sich natürlich die Zuckerdose. Sie hat eine altmodische Form und weiß sehr viele Geschichten zu erzählen. Selbstverständlich habe ich in meinem Koffer auch Schuhe. Ein Paar schwarze und sehr elegante Schuhe und ein Paar alte Gartenschuhe. Obendrein habe ich Teppiche in meinem Koffer. Bevor ich Reisender wurde, war ich Teppich-Verkäufer. Das war sehr anstrengend.

Ich habe in meinem Koffer auch ein herrliches Sommerkleid. Das Sommerkleid ist für dich. Ebenso findet sich, wie gesagt, ein Hut in meinem Koffer. Es ist nicht nur ein sehr schöner Hut, sondern ein Hut, mit dem man wie mit meinem Koffer zaubern kann. Es ist ein Zauberhut. Ich habe in meinem Koffer auch eine Pfeife. Sie liegt in einer Ecke meines Koffers und raucht lustig vor sich hin. Ich gebrauche sie nur selten, so ist sie ganz sich selbst überlassen. Manchmal hole ich sie jedoch hervor und rauche ein gemütliches Stündchen Pfeife. Ich habe in meinem Koffer auch Bücher. Sie erzählen von fernen Ländern und weiten Reisen. Natürlich habe ich meinem Koffer auch eine Seife und Zahnpasta, eine Zahnbürste und einen Kamm. Auch ein Parfum. Es duftet nach wilden Rosen. Das Parfum ist für dich. Auch ein Bademantel findet sich in meinem Koffer. Er ist dunkelblau und hat rote Streifen. Und einen Spiegel habe ich in meinem Koffer, einen kleinen Handspiegel. Er zeigt mir jeden Morgen dasselbe Gesicht.

Ich habe mich nicht sehr verändert. Aber ich bin älter geworden. So versteckt sich hin und wieder auch ein graues Haar in meinem Koffer. Ich habe in meinem Koffer auch einen Blumenstrauß für dich. Ich habe ihn mit meinem Hut hervorgezaubert. Es ist ein Strauß roter Nelken. Ich habe auch alte Fahrkarten in meinem Koffer, Fahrkarten, die von meinen Reisen und langen Zugfahrten erzählen. Sie liegen zwischen den Büchern. Ich habe sie als Lesezeichen verwendet. Ich habe auch eine Lupe in meinem Koffer. Sie erzählt mir eine Kriminalgeschichte. Auch ein alter Wintermantel findet sich in meinem Koffer. Er erzählt von kalten Wintertagen auf zugigen Bahnhöfen. Ich habe auch eine Anglerausrüstung in meinem Koffer. Im Frühjahr und im Herbst fuhr ich immer ins Gebirge, um in den kalten Gebirgsbächen zu angeln. Auch das Tauchen interessierte mich. Und so findet sich in meinem Koffer auch eine Taucherbrille.

Ich habe in meinem Koffer auch einen kleinen Kaktus. Der kleine Kaktus blüht hin und wieder. Dann trägt er drei bis vier Blüten, rote Blüten. Auch der kleine Kaktus ist für dich. Ich schenke ihn dir. Auch einen Kalender habe ich in meinem Koffer. Aber ich habe vergessen, die Kalenderblätter abzureißen. Somit stimmt das Datum nicht. Ich habe in meinem Koffer auch eine afrikanische Maske. Sie erinnert mich an meine Afrika-Reise. Ich verbrachte

einmal vier Wochen in Afrika. In meinem Koffer habe ich auch alte Zeitungen. Sie nehmen viel Platz ein. Ich lese manchmal gerne in alten Zeitungen. In meinem Koffer habe ich auch ein Lexikon. Ich habe eine Schwäche für lexikalisches Wissen und verbringe oft Stunden und Tage damit, in meinem Lexikon zu schmökern. Auch eine kleine Geige ist in meinem Koffer, selbstredend mit den dazugehörigen Noten. Manchmal habe ich Lust Geige zu spielen. Eine alte Gebäckdose findet sich auch in meinem Koffer. Sie erzählt von gemütlichen Teestunden an langen Winterabenden. Ich habe auch alte Konzertkarten in meinem Koffer. Dann und wann ging ich abends ins Konzert. Ich hatte sogar ein Abonnement. Auch ein Heft mit Kreuzworträtseln findet sich in meinem Koffer. Ich löse bisweilen gerne Kreuzworträtsel. In meinem Koffer habe ich auch eine Handtasche. Sie ist aus Krokodilleder und gehörte meiner Frau. Ich bin seit zwei Jahren geschieden. Die Scheidung war nicht einfach. In der Handtasche befinden sich meine Ausweise, ein Lippenstift und ein Taschentuch. Auch die Autoschlüssel kommen in die Handtasche. Ich habe in meinem Koffer auch Schallplatten. Die Schallplatten lege ich auf, wenn ich Musik hören will. Ich höre gerne Musik.
Ich habe in meinem Koffer auch ein Trikot, Schminke und eine Clownsnase. Ich bin hin und wieder auch als Clown aufgetreten. Was ich in meinem Koffer habe. Vielleicht habe ich in meinem Koffer ja auch etwas für dich.

Elionore C. Weis

Ein Vogel möchte ich sein

Dieser Gedichtszyklus ist der Natur mit ihren Jahreszeiten, der Pflanzen- und Tierwelt gewidmet. Wie der Mensch sie betrachten sollte mit seinen Augen, um mit ihr zu leben, damit er aus ihr neue Schöpferkraft gewinnt. In unserer Zeit leben wir in einer Umwelt, die von Industrie und Computerwelten geprägt ist. Wir leben kaum noch mit und in der Natur, noch beachten wir die Zeichen, die sie uns gibt. Erst Schritt für Schritt kehren wir in ihren Schoß zurück, aus dem wir gekommen sind. Denn viele Menschen haben begriffen, dass es ohne sie kein Leben gib, dass keine Computerdarstellung, so virtuell sie auch erschaffen ist, uns den nötigen Sauerstoff zum Leben geben kann. Industrieabgase und andere schädliche Abfälle haben unseren Planeten über Jahrzehnte verunreinigt. Was wissen wir überhaupt noch über den Kreislauf der Natur und die Schönheit, die jede Jahreszeit mit sich bringt? Jedes Lebewesen muss sich dem Gesetz der Natur beugen, und auch wir Menschen obliegen diesen Kreislauf. Wir haben uns in ihr zu dem entwickelt, was wir heute sind. Seit Jahrhunderten wird der Mensch durch die Natur, ob durch tierische oder pflanzliche Lebensformen inspiriert. Von ihnen hat er für sein Leben vieles übernommen. Sie ließ ihn Kunstwerke, Bauten und vieles andere erschaffen. Mit der Natur in Einklang stehen ist noch ein weiter Weg und bedarf weltweit großer Einsichten. Profitgier und neue Umsatzmärkte nehmen wenig Rücksicht auf den Raubbau und das Aussterben von Arten. Aber der Widerstand gegen dieses Vorgehen wächst stetig an, denn viele haben begriffen, dass der Kreislauf der Natur und deren Gleichgewicht nicht beeinflusst werden darf. Frühling, Sommer, Herbst und Winter. Ein immer wiederkehren-

der Kreislauf, dem auch wir unterliegen. Der Mensch allein bestimmt, wie lange er auf dieser Erde wandelt, ohne die Tier- und
Pflanzenwelt ist er zum Untergang verdammt.

Ein Vogel möchte ich sein

Ein Vogel möchte ich sein und fliegen,
mich in des Windes Wogen wiegen.
Vorbei an Feldern, Wäldern, Äckern, Seen,
mit der Natur in Einklang stehen.

Kein Sturm könnt mich vertreiben,
wollt ich ein Weilchen an einem schönen Ort verbleiben.

Des Meeres Brandung könnt mich nicht erschrecken,
wollt sie bei mir ein wenig Furcht erwecken.
Ich fliege weiter übers Land,
Schneebedeckte Berge,
blaue Seen, Palmenheime
und der Wüste heißer Sand

All dies möchte ich als Vogel sehn
und alle Farben der Natur verstehen.
Ein wenig sollte jeder daran denken,
dass wir nicht achtlos alles Schöne nur verschenken.

Sonst würde es bald öd und leer
und nichts von unserer Flora
und Fauna existierte mehr.

Des Frühlings Duft

Des Frühlings Duft zieht durch die Luft,
ein Vogel lieblich singt.
Das Morgenrot hat ihn erweckt.
Was ihm der Tag wohl bringt?

Da sieh, das satte Grün
sich aus dem Morgentau erhebt.
Und über ihm der Nebel weicht,
leicht zu den Wolken schwebt.

Nun reckt sich jede Pflanze
dem Sonnenlicht entgegen
und saugt der Wärme Strahlen auf,
weil sie sie braucht zum Leben.

Des Frühlings Duft
liegt in der Luft, erwacht ist die Natur.
Wohin man zieht,
es grünt und blüht, weit über Wald und Flur.

Schau mal, es ist Winter

Frost durchstreift den Wald,
auch die Luft ist bitterkalt.
Und ich stapfe durch den Schnee,
sehe manches kleine Reh.
Silbern glänzt die weiße Pracht,
ich durchschreite sie bedacht.
Schritt für Schritt,
mach ich zum Ort so meinen Tritt.
Ruhig und friedlich, sieht er aus,
weis bedeckt ist jedes Haus.
Langsam, langsam,
schreite ich zu meiner Tür,
wohlige Wärme kommt aus ihr.
Schnee und Eis sind nun die Herren,
die da, die Natur begehren.
Durch das Fenster schauen meine Kinder.
Schau mal Vati, es ist Winter.

Erwacht

Trübe ist der Tag bedacht,
fegt hinweg die letzte Nacht.
Nebel der vorüberzieht
vor dem Tageslicht entflieht.

Mit dem ersten Morgenrot
die Natur erwacht.
Über Wiesen, Wälder, Felder,
glänzt es da im Bach.

Dort der Wind lässt Blätter rauschen.
Leise säuseln sie ihr Lied.
Und ich lausche,
was sich da in seinen Zweigen wiegt.

Aus dem Morgenrot werden Sonnenstrahlen,
jede Pflanze ist erwacht.
Wenn der Morgentau erlischt,
kommt die Blütenpracht.

Vogelsang und viel Getier
Kommen nun hervor.
Und ich höre der Natur Gesang,
wie ein großen Chor.

Eine Sternenrose für die Kinder

Eine Rose für die Kinder,
die aus Sternenstaub gemacht,
leuchtet da vom Himmel runter
durch die dunkle weite Nacht.

Ihre Blütenblätter strahlen
in den Farben der Natur,
über Wälder, Wiesen, Äcker
und bedecken jede Flur.

Eine Rose für die Kinder,
für die Kinder dieser Welt.
Bringet jedem etwas Hoffnung,
wenn ein Stern vom Himmel fällt.

Und ihr Strahl der Elemente,
Feuer, Wasser, Erde, Wind.
wehen weg der Kinder Sorgen,
dass sie ohne Nöte sind.

Eine Rose für die Kinder
von Planeten rund umkreist,
zeigen an die Jahreszeiten,
wie vergänglich ist die Zeit.

Jedes Blatt, das ist ein Sternbild
für ein Kind auf dieser Welt.
Von der Mutti fest umschlungen,
wenn es aus dem Schoße fällt.

Eine Rose strahlt vom Himmel
durch die Blaue Sternennacht.
Bringt den Kindern ihre Träume,
bis der neue Tag erwacht.

Bunt bemalt ist diese Welt

Wenn die Vögel dort am Himmel ziehen
es erblüht das letzte Grün.
Bunt und matt ist nun die Welt,
fast jeder Baum färbt sich jetzt gelb.

Und der Wind schickt seine Wogen,
wirbelt Blatt für Blatt zu Boden.
Die Natur nun schlafen geht,
kalt und nass sich auf die Felder legt.

Doch der Vogelschwarm zieht weiter,
gerne währe ich der Begleiter.
Doch ich schaue auf die Farbenpracht,
die nur kurz für uns gedacht.

Bunt bemalt ist diese Welt
und der Herbst hat sie bestellt.

Das Blatt

Ein Blatt das weht herunter,
gelb und golden sieht es aus.
Es schwebt recht frei und munter
weit über einem Haus.

Der Wind, der treibt es weiter
so durch die Luft hinweg.
Es segelt mit den Stürmen
durch Kälte, Regen, Dreck.

Da liegt es auf der Straße,
dort bei dem ganzen Laub.
Der Herbst hat es ergriffen
und seiner Existenz beraubt.

Doch ist dies nicht sein Ende.
Der Kreislauf neu beginnt,
denn aus des Blattes Samen,
ein neuer Spross entspringt.

Ein Herbstwind zieht vorüber

Ein Herbstwind zieht vorüber
und schüttelt jeden Baum.
Er weht die Blatter nieder,
da fall'n sie wie ein Flaum.

Sie gleiten, wirbeln, fliegen
zum Boden dort hinab
und finden auf der Erde,
ein sanftes, stilles Grab.

Dann sinken sie nach unten
mit ihrer letzten Kraft
und geben der Natur die Nahrung,
damit sie neue Wunder schafft.

Ich hol die letzten Rosen rein

Ich hol' die letzten Rosen rein
aus unserem Blumengarten.
Ein Wind heult auf
und will nicht länger warten.
Er wirbelt Blatt für Blatt von jedem Ast herunter.
Sie tanzen in der Luft ein kleines Stück,
dann fall'n sie runter.
Ich hol' die letzten Rosen rein,
dann blühen sie bis zum Morgenschein.

Winternacht

Nachts der erste Schnee
vom Himmel fällt.
Weiß bedeckt er diese Welt.

Jeder Baum
hat nun ein neues Kleid.
Leuchtend, glänzend für die Zeit.

Wiesen, Wälder, Felder
gehen zur Ruh.
Eine weiße Decke deckt sie zu.

Mondenschein und Sternenpracht
lassen strahlen diese Nacht.
Winter ist nun eingekehrt.

Was er uns wohl noch beschert?

Gabriele Westphal

Familie

Hineingeboren, ungefragt,
nicht ausgesucht, nicht gewollt,
muss sie so nehmen, wie sie ist,
sie akzeptieren, mit ihr leben.

Ausgehalten, gelitten, überlebt.
Kann mich lösen – irgendwann.
Kann mich befreien – Gott sei Dank.

Forderungen? Ansprüche?
Keine!
Schulden? Pflichten?
Keine!
Habe mehr als genug gegeben!
Lebt wohl!

Sterben und Tod

Sterben heißt Wachsen,
Sterben heißt Reifen,
Sterben heißt, sein Leben vollenden,
der Tod ist das Ziel des Lebens.

Zu jedem Zeitpunkt, an jedem Ort,
jeder Zeitpunkt ist richtig,
jeder Zeitpunkt passt,
keine Angst vorm Tod,
keine Angst vorm Sterben,
Angst vor Schmerzen,
Angst vor geistigem Verfall,
keine Angst vorm Sterben,
keine Angst vorm Tod.

Leben heißt Sterben,
Stunde für Stunde,
Tag für Tag.

Auf den Tod ist Verlass,
er wird kommen,
die Frage ist nur:
Wann?

Willkommen

Der Zug fährt ein,
niemand steigt aus,
einige steigen ein.

Seltsam weiße Gesichter,
stummer Mund,
traurige Augen,
seltsam still.

Weitere Stationen,
doch niemand steigt aus,
immer mehr steigen ein,
der Zug wird voller und voller,
jeder Sitzplatz belegt,
keine Durchsage,
kein Schaffner.

Endlich hält der Zug,
alle steigen aus,
Willkommen,
Willkommen im Reich des Todes.

Selbstverständlich?

Gehen, wandern, joggen,
von einem Moment zum anderen
ist Selbstverständliches nicht mehr selbstverständlich.
Jeder Schritt schmerzt, das Gehen wird zur Qual.

Die erste Therapie bringt keine Linderung,
die zweite Therapie bringt keine Linderung.
Soll es den Rest meines Lebens so weitergehen?
Jeder Schritt schmerzt, das Gehen wird zur Qual.
Selbstverständliches ist nicht mehr selbstverständlich.

Aufforderungen wie
„Bewegung ist gesund",
„Bewegung tut gut",
„Bewegung macht Spaß",
früher heftig zugestimmt,
klingen plötzlich wie Hohn.
Jeder Schritt schmerzt, das Gehen wird zur Qual.

Sinn dieses Leidens?
Übung in Geduld? Entschleunigung? …?
Nicht erkennbar! Nicht greifbar!
Mein einziger Wunsch: schmerzfrei gehen!
Nur ein paar Stunden, nur ein paar Meter,
ich werde so genügsam.
Nur die Hoffnung nicht aufgeben!

Konrad Zimmer

Zeitgeistkrempel

Gebt dem Volk seine Lieder zurück,
sonst seine Seele wird entschwinden,
die Sprache, die die Welt beglückt,
man von der Verfremdung muss entbinden.

Lasst wieder entstehen der Kunst edle Tempel,
verschwinden das die Sinne störende Zeug,
das meiste ist nur Zeitgeistkrempel
und begeistert doch nur wenige Leut.

Herz und Seel wollen sich doch laben,
dem Zauber der Schönheit sich geben hin,
den hässlichen Krampf müssen sie nicht haben
und sehen auch keinen Sinn darin.

Gebet eines Ritters

Herr, ein Ritter will ich sein,
dir und dem Orden treu allein,
will tätig sein zu Deinem Ruhm,
für ein heilig Christentum.

Dir zum Ruhme, dem Menschen zur Ehr,
will ich kämpfen im Ordensheer,
Herr schütze unser Ordensband,
unter dem wir tätig sind im Land.

Ein Schwur uns bindet, Gutes zu tun,
heut und auch morgen nicht zu ruhn,
in Demut zu dienen, treu und klar,
im Kreise einer Ritterschar.

Stilbruch

Viele Maler einst groß und doch bescheiden,
heut leider erfasst von einem Leiden,
was früher noch hatte Hand und Fuß,
ist heute oft unfasslich und höchst abstrus.

Modern er ist, will nicht bekunden,
dass hier ein Stilbruch stattgefunden,
sein Werk, das zeigt sich zweifelsfrei,
ist im Grunde oft nur Kleckserei.

Das Geschmiere auf Leinwand, so ohne Gewinn,
hat aus seiner Sicht einen höheren Sinn;
kam nie auf den Gedanken, so etwas zu kaufen,
dessen Wirkung auf mich, sich die Haare raufen.

Zu andrer Zeit er würde am Hungertuch nagen,
heut braucht er hingegen nicht zu verzagen,
je dümmer, toller und desto wilder,
reißen Betuchte sich um seine Bilder.

Im Soge des Zeitgeists auch die höheren Musen
sind entzückt vom Erfinder des Abstrusen,
und schwupps geht er wie von ganz allein
sogar noch in die Kunstgeschichte ein.

Ich spreche deutsch!

Bin ich weltfremd, wenn ich das Meine liebe,
beschränkt vielleicht und dumm dazu,
weil deutsch die Sprache, wo ich geblieben
und nicht modern wie du und du?

Ich fühl, ich sprech und denke deutsch,
mein Wesen ist nun mal so eingestellt,
auch Druck, der überall entsteht grad heut,
vermag es nicht, dass meine Sprache entstellt.

Erst kommt mein Land, danach die andern,
erst meine Heimat, dann die übrige Welt,
mit meiner Sprache ich werde niemals wandern
und sie bewahren bis an mein End.

„Glücklich allein

ist die Seele,

die liebt "

Jürgen Bennack

Mein lieber Schwan!
Oder: Eine gelungene Beziehung?

Wer wüsste nicht von der schwarzen Münsteraner Schwänin, namens Petra, die sich unsterblich in ein Tretboot in der Gestalt eines weißen Schwanes verguckte! Sie folgte ihm überall hin, wich nicht von seiner Seite – einen oder zwei Sommer lang!

Schwäne sollen, so sagen die „Faunalogen", eine dauerhafte Beziehung mit einem Tier ihrer Art, jedoch anderen Geschlechts eingehen! Beide sollen danach ihr Leben lang zusammenbleiben!

Das haben sie den modernen Menschen offenbar voraus. Moderne Menschen finden es zwar schick, vor allem wegen des Gepränges und eines gewissen hervorgehobenen Rahmens sowie einer Anmutung des Heiligen, in dekorativ-christlichen Räumen, religiösen Segen auf ihre Beziehung herabzufordern, dies dann begleitet mit einem formelhaften „lebenslang". Ernst nehmen sie dies Versprechen jedoch nicht. Menschenehen – das unterscheidet sie von Schwanenehen – enden oft weit vor dem Ende des Lebens – übrigens dem Vernehmen glaubwürdiger Juristen gemäß – sehr zu Lasten der Beteiligten. Ein Familienanwalt raunte mir kürzlich vertraulich auf einer Geburtstagsgesellschaft zu: „Scheidung? Um Gottes willen, das ist furchtbar! Ganz im Vertrauen: Erschlage sie, das kommt dich billiger!"

„Es geht einfach nicht mehr!", legitimieren die Trennungswilligen (oder: -gierigen) ihren Schritt; oder sie sagen ihren Kindern: „Mama und Papa hatten sich früher mal lieb, aber jetzt streiten sie sich oft, und es ist besser, wenn sie getrennte Wege gehen." Unklar bleibt, warum das so ist. Mama und Papa machen weder sich selbst noch den Kindern klar, warum es eigentlich nicht mehr geht. Ist's Laune oder Überdruss, ist's neuerliches und anderes Verlangen? Klarheit herrscht selten. Es scheint bloß nicht mehr zu gehen!

Bald versuchen es die Frischgetrennten mit einem neuen Partner. Ohne Kinder hat das nur persönliche Folgen – mit Kindern sind Scheidungen vielmals lang andauernde Kriege der ehemals Verliebten. Die Kinder, auch die Vermögenswerte, sie werden zum Streitobjekt, zum Instrument von Rache und Vergeltung!

Der moderne Mensch balzt kurz und kopuliert rasch („Bei dir oder bei mir?"). Angesichts der chemischen Möglichkeit, eine Befruchtung zu vermeiden, ist eine Eiablage oder ein Wurf recht selten beim Menschengetier, somit wird das Brüten zur Seltenheit und das Brutverhalten zu einem ungewöhnlichen Tun.

Denn die gesellschaftlichen Folgen einer trotz der Verhinderungsmöglichkeit ausgeführten Austragung samt Geburt, sie sind evident: Belastungen für Eltern durch Kindergartengebühren, Schulbuchkosten und mehr. In diesem unserem Land also ist das Aufziehen eines Kindes stets ein erheblicher Kostenfaktor. Nun ja, deshalb wohl sind Paare mit Kind eine Seltenheit – sie sind als Wähler eine Randgruppe und somit zu vernachlässigen!

Das gemeinsame „Nest" der Menschen, das ja eigentlich primär der Aufzucht des Nachwuchses dient, bleibt infolge der Risiken eines ökonomischem Abstiegs oder sogar einer Scheidung immer öfter kinder- und jugendfrei. Allein die „Altvögel" ohne Kind und Kegel oder mit bereits vor längerer Zeit „flügge" gewordenem

Nachwuchs, verbringen ihre zweisame Nestzeit mit Langeweile, sie gehen mangels Brütverpflichtung gelangweilt auf Reisen und sich dabei so sehr auf die Nerven, dass die beschworenen lebenslangen Ehen tatsächlich meist nur kurze Episoden bleiben.

Der Kindermangel bei „Menschens" führt zu Defiziten, die förmlich nach Ausgleich schreien. Wohin mit der natürlich angeborenen Liebe zum „Kindchen", wenn es solche kaum gibt?
Der Einnahme-Staat hat bereits reagiert, nämlich mit ermäßigten Steuern auf Tiernahrung.
Tiere sind die Lösung, Tiere werden der Ankerpunkt freischwebender Menschenliebe sein: Hund, Katze … Schwan?

Schwäne verhalten sich, wie bereits vermeldet, in und nach der Paarung eindeutig anders als Menschen. Ihre Beziehung stiften sie unspektakulär und ohne „Brimborium". Schwäne folgen einfach ihrem Instinkt und leben ohne Fragen und Zweifel die althergebrachten Gewohnheiten aus: Die Folgen ihrer Sexualität in Gestalt von Nachkommen werden gemeinsam ausgebrütet und versorgt, bis sie erwachsen, das heißt „flügge", sind.

Bei der anfangs angesprochenen münsterschen Tretboot-Liebelei verhält es sich wie folgt: Ein Schwanenei wird dieser Beziehung nicht entspringen, denn, mit dem Tretboot geht „das" nicht! Das heißt, alle Folgen einer Beziehung verschieden geschlechtlicher Wesen entfallen hier; es gibt keine Eier, keine Jungen, keine Erziehung als Folge! Das eben ist die Tragik der Geschichte – befruchten kann das geliebte Boot den anderen Schwan nicht!

Irgendwann wird die „lüsterne" Petra dies zu akzeptieren haben. Sie wird die Defizite ihrer Beziehung erkennen, nämlich die Unfähigkeit des Tretbootes zur Sexualität. Danach wird sie sich besin-

nen und nach einer Beziehung zu einem lebendigen Schwan streben. Vielleicht ist sie ja auch deshalb aktuell vom münsterschen
Aasee verschwunden; es mag sein, dass sie auf der Suche nach einem wirklich geeigneten Partner ist. Täte sie das nicht, bliebe sie
ihr Leben lang unwissend fixiert auf eine Ersatzfigur und sexuell
unbefriedigt! Das wäre unaufgeklärt kaum problematisch – was
man nicht weiß, macht uns nicht heiß!

Ergo: Niemand kläre Petra auf, selbst, wenn sie noch einmal zu-
rückkehrt zur alten Liebe! Nur wenn sie merkt, dass das Objekt ihrer Begierde diese nicht zu befriedigen im Stande ist, wird sie unglücklich. Es mag besser sein, blöde zu bleiben, jedoch zufrieden!

Vielleicht aber ist Petra bereits ein Licht aufgegangen, dass Zu-
wendung ohne sexuelle Erfüllung stets nur unvollkommen ist.

Auch unsere menschliche Lebenserfahrung lehrt uns: Die Attrak-
tivität eines Partners ist erst dann gegeben, wenn alle Handlungen
heterogener Partnerschaft möglich sind; Beziehungen ohne Sex
sind auf die Dauer unbefriedigend, weil sie weder zur Lust noch zur
daraus entstehenden Fortpflanzung führen. Und weder Lust noch
Fortpflanzung ist der Begegnung der Schwänin mit dem Tretboot
zu attestieren!

Dennoch lernen wir von der das Boot begehrenden Schwänin:
Lange braucht es, bis Sex tatsächlich eine Rolle spielt! Und, falls
dies sich durch Alter oder Unfähigkeit nicht erledigt hat, bleibt
Sexualität ein wichtiger Faktor des zwischenmenschlichen Lebens
– übrigens auch und in veränderter Form als Alterssex!

Wir lernen zudem: Liebe kann sehr irrational sein; Liebe bindet sich nicht immer an geeignete Objekte! Liebe verlangt auch nicht unbedingt sofort den sexuellen Bezug!

Wie immer Petras Liebesgeschichte endet: In einer neuen Beziehung, in erneuerter vergeblicher Mühe um ein Tretboot, sie bleibt – und darin liegt ihr Charme – ein dem menschlichen vergleichbares Modell.

Einerseits für einen neuen Versuch der Liebe, falls der bisherige sich als nicht tragbar erwiesen hat; oder für das Festhalten an der bisherigen Liebe, auch wenn sie nicht alles, was man hofft, erfüllen kann.

Wir kennen aus der Menschenwelt unterschiedliche Beispiele für beide Varianten:

Das immer erneute Suchen nach der „wahren" Liebe, es kann zu einer Schimäre und alle schädigenden Manie werden. Wir wissen um die Geduld und um die Erduldung von Defiziten bei liebenden Menschen. Bis hin zu Menschen, die ihre Liebe durch Schoßtiere befriedigen lassen!

Marion Bettenhausen

Dahinter

Es hat geweint
aus mir
sehr viel
und lange
Ich
tat so weh

Dahinter
merke ich
die leise Wohltat
denn
mit dem Schmerz
sind endlich
auch
das Glück
des Gefühls
überhaupt
durch die Tränen
befreit

Sag es

Schöne Dinge
sind
schöner Worte nötig.

Schlimme Dinge
müssen
gesagt werden.

Einfache Dinge
werden vergessend
nicht ausgesprochen.

Geistvolle Dinge
finden
ihre Übersetzung.

Schwierige Dinge
lieben
die Diskussion.

Alles Ding
wird
leicht zerredet.

Dinge werden zerredet
und sind doch
der Worte so nötig.

Liebeskrank

Du
es brennt mich

erlöse mich
fange mich
saug mich
zerwühle mich
taste mich
knete mich
finde mich

Ich
vergesse mich

Das kleinste Gedicht der Welt

Endlich
Bitte
Unendlich

EHE

Wohin knallt der Korken
wenn es nichts zu feiern gibt?
Die teure Marke täuscht
nicht dein Gewissen fort und
auch die knallrote Rose ist
so seltsam blass
dein Lieblingslächeln
schmerzt mich nur noch
die Kerze und der Plattenspieler
können nichts dafür

Ich gebe dir das Bettzeug
in die Hand
und weine allein

Schmilz doch

Das Wachs in dieser
kalten Hand erfriert
zu einem negativen
Abdruck in dir.

Es verewigt die Kälte.

Nachdem der Postbote kam

du bittest zu entschuldigen
dass du mit der Maschine schreibst
es sei so viel zu sagen und
es ginge schneller denn
wieder sei es nach Mitternacht

ich weiß – als Farbband spannst
du deinen Schlaf ein, deine
Gesundheit ist die blasse Farbe und
bei jeder Zeile setzt dein Herzschlag
einmal aus

ich bitte dich
schlafe mir einen Brief

Roger Kaysel

Rebecca

Mitten in einem Garten, vor einem Haus, steht ein Apfelbaum. Damit keine Diebe und unbefugte Freier in seine Nähe kommen, wird er von einer geflügelten Schlange bewacht. Als Geist und Seele des Baumes verkörpert sie auch Frühling, Sommer, Herbst und Winter – den Jahreslauf. Am Tag liegt sie meist in der Baumkrone, schwer zu sehen, und in der Nacht ruht sie zusammengerollt am Boden. Durch den Winter verkriecht sie sich tief im Wurzelschloss. Im Frühjahr bekommt sie, wie der Baum sein frisches Laub, eine neue Haut.

In dem Haus wohnt ein altes Paar – Anna und Paul. Sie ist kräftig und lustig, ihr Lachen ist so breit wie ihr Hintern und klingt jeweils durch das ganze Dorf. Er ist klein, wortkarg und menschenscheu. Zwei Ziegen, der Gemüsegarten und ihr Apfelbaum bieten ihnen den Lebensunterhalt. Kinder haben sie keine. Der Apfelbaum ist ihr Kind – ihre Tochter – sie nennen sie Rebecca. Sie hätte auch Eva, Sara, Helena, Katharina, Sofia, Sonja oder Maria heißen können. Der Garten und der Baum sind so fruchtbar, dass sie das ganze Jahr davon leben können. Auf dem Markt erleben sie, wie Käufer ungeduldig warten, bis sie ihre Ware ausgebreitet haben, und im Handumdrehen sind alle Äpfel verkauft. In der ganzen Stadt sprechen die Leute von diesen „Paradiesäpfeln".

An ihrem Marktstand steht oft ein junger, breitschultriger Bursche von auffallender Schönheit. Er spricht gebrochen französisch, seine Heimat ist Russland. Ossip, sein Name, hat sich der Herausforderung gestellt, ist als Holzbildhauer seiner Berufung gefolgt und nach Paris gereist. Im Montparnasse – dem Sitz Apollos und der Musen – fand er in einer Künstlerkolonie Unterkunft und Herausforderung an seine Kraft und seine überschäumende Fantasie. Sein warmes, offenes Wesen gründet in einer glücklichen Kindheit. In einer der ältesten Städte Russlands – in Smolensk am Dnjepr – wurde er in eine Schiffsbauerfamilie geboren; auf der Zunge russische Muttermilch, in der Nase den traulichen Duft des väterlichen Holzhauses, im Ohr die Melodien des Flusses und der Wälder, im Auge die Farben der Birken und in der Hand die reifende Fähigkeit Holz zu formen ... Auch er kauft Paradiesäpfel.

Oft sitzen die Alten auf ihrer Bank vor dem Hause, der Baum ist ihre große Freude – ihr Stolz –, durch ihn erleben sie die Jahreszeiten und den Lebenslauf. Jeden Morgen bringt Paul der Schlange eine Schale Ziegenmilch mit Honig. Er versäumt nie, ein paar zärtliche Worte an den Baum zu richten und über den geliebten Stamm zu streichen. Er hat Rebecca die Lebensgeschichte des jungen Russen erzählt und sie möchte immer mehr von ihm wissen; über sein Aussehen, sein Wesen, seine Heimat und sein künstlerisches Schaffen.

Eines Nachts hat Ossip einen seltsamen Traum. Eine Schlange bringt ihm eine Apfelblüte und fordert ihn auf ihr zu folgen. Am Morgen liegt die Blüte auf seinem Kissen, doch er kann sich des Traumes nicht entsinnen. In der folgenden Nacht wiederholt sich die Erscheinung, die Schlange legt ein Blatt auf sein Kissen und fordert ihn auf ihr zu folgen. Sollte sich der Traum zum dritten Mal wiederholen, will Ossip bereit sein; er geht in Kleidern und Schuhen zu Bett und hält sich wach. Um Mitternacht erscheint die Schlange mit rollenden, leuchtenden Augen, im Rachen trägt sie einen Apfel, legt ihn auf das Kissen und fordert ihn auf, in den Apfel zu beißen und ihr zu folgen. Ossip gehorcht, er erkennt den Apfel und zögert nicht mehr, der Schlange zu folgen. Sie schwebt vor ihm her und beleuchtet den Weg. Es geht durch menschenleere Gassen, über große, dunkle Plätze, am Schlachthaus vorbei, durch die Vorstadt, über Felder, immer weiter, immer weiter. Längst hat er die Orientierung verloren. Wo geht es hin? Geht es Richtung Sonnenuntergang, an das Ende der Welt, zum Garten der Hesperien, zum Baum mit den goldenen Äpfeln der Unsterblichkeit, oder geht es in Richtung Sonnenaufgang, an den Anfang der Welt, in den Garten Eden, zum Baum mit den Äpfeln, die Erkenntnis versprechen?

Das Ziel scheint erreicht. In einem gewöhnlichen Garten, vor einem gewöhnlichen Baum, macht die Schlange halt und stellt sich vor den jungen Mann: „Ich habe von meiner Herrin den Auftrag dich zu holen, dieser Baum ist meine Gebieterin." Überrascht steht Ossip vor einem Apfelbaum, dessen Blütenpracht im Mondschein glänzt. Staunend geht er, vom Blick der Schlange verfolgt, mehrmals um den Baum herum ... Aus der Krone erklingt eine schwermütige, ländliche Weise. Die Schlange beginnt einen verführerischen Tanz, windet sich dem Burschen um den Hals und in rhythmischen Bewegungen dreht sich das Paar immer schneller um den Baum. Ist der Tanz ein Scheinkampf mit dem Drachen, der die goldenen Äpfeln der Unsterblichkeit hütet, oder ist es ein Liebestanz unter dem Paradiesbaum? Ossip beginnt es zu schwindeln, der Tanz wird wilder und endet für das Paar im erschöpften Hinsinken in die taunasse Wiese. Es ist still, die Schlange löst sich vom Hals ihres Tänzers, windet sich durch das Gras und klettert auf den Baum zurück. Der junge Mann erhebt sich benommen. Da hört er eine feine Stimme: „Junger Mann, ich bin Rebecca, freie mich, erlöse mich." Er legt sein Ohr gegen den Stamm und vernimmt leises Klopfen – Herzklopfen. Darauf geht er nachdenklich nach Hause.

Die Schönheit des Baumes und die liebliche Stimme haben ihn gefangen genommen, doch er weiß nicht, wie er sich der rätselhaften Aufgabe stellen soll. Ist er Herkules, Sohn des Zeus, göttlicher Held, mit der Aufgabe betraut, die Äpfel der ewigen Jugend zu suchen, ist er Adam, der sich von den Früchten des Apfelbaumes Erkenntnis holen soll, oder ist er Ossip, der beide Aufgaben in einer Form vereinen soll? Das Ereignis lässt ihm keine Ruhe und er sinnt auf Lösungen.

Sieben Tage später kehrt er, am lichten Tag, in das Dorf zurück. Der Apfelbaum ist noch schöner als in jener Nacht, jede Blüte ist eine Verlockung. Träge liegt die Schlange – die Wächterin – in den Ästen, sie öffnet kurz die Augen und blinzelt ihm zu, es scheint, sie hätte ihn erwartet. Ossip klopft vorsichtig an die Tür des Hauses. Auch die Alten sind nicht erstaunt, ihn zu sehen, und sein Wunsch scheint sie zu freuen. „Du willst um unsere Tochter freien, sie hat dich erwartet und trägt die Brautkrone, du sollst sie haben." Die Alten geben ihre Tochter mit dem Wissen aus der Hand, dass beim Fällen des Baumes ihr Leben zu Ende ist. Sie treten vor das Haus mit Freudentränen. Der Freier kniet vor den Baum, küsst ihn, und das ganze Dorf feiert das Verlöbnis mit Musik und Tanz.

Am andern Morgen wird der Baum gefällt. Bewusstlos liegt der schöne Stamm zwischen den blühenden Zweigen. Die Schlange ist tief im Wurzelwerk verschwunden. Ein Fuhrwerk bringt den Stamm zu Ossips Werkstatt, wo er zum Trocknen gelagert wird. Bedächtig nimmt sich der Künstler Zeit, sich auf seine Aufgabe vorzubereiten. Immer wieder stellt er sich vor den Stamm, spricht zu ihm, vermisst ihn mit den Händen, und im Kopf reifen Vorstellungen, die er als Skizzen zu Papier bringt.

Der Tag ist gekommen. Der Stamm steht mitten in der Werkstatt und Ossip bittet Rebecca um ihr Vertrauen. Er zeichnet die groben Konturen, setzt Schwerpunkte und beginnt behutsam mit den ersten Einschlägen. Zwischendurch tritt er zurück – nimmt Abstand – schaut, misst, und bedenkt die weiteren Vorstöße. Die Figur ist seiner Vorstellung vertraut, ja er spürt sie bereits in seinen Händen, doch erst muss sie auch mit Fertigkeit und Geduld aus dem Holz heraus geschaffen werden. Sicher treibt die Hand das Eisen durch das Holz, immer der Oberfläche des Körpers folgend. Er spürt, wie ihm der Leib entgegenkommt, wie dieser sich aus der Enge befreien will. Mit jedem Span, der zu Boden fällt, bekommt Rebecca Gestalt.

Im Dialog mit dem Holz sucht der Künstler nach der Vollkommenheit der Form, nach Sinnlichkeit, nach Ausdruck und Lebendigkeit. Mit den feineren Eisen formt er das Gesicht, den Hals, die Schultern, die Brüste – zwei Paradiesäpfel – den Bauch, den üppigen Hintern, die Beine, die im Wechsel von Stand- und Spielbein die Figur tragen. Bei seiner Arbeit begleitet ihn das Hohelied Salomos, besonders die Worte: „Unter dem Apfelbaum weckte ich dich, wo deine Mutter mit dir in Wehen kam, wo in Wehen kam, die dich gebar. Lege mich wie ein Siegel auf dein Herz, wie ein Siegel auf deinen Arm. Denn Liebe ist stark wie der Tod und Leidenschaft unwiderstehlich wie das Totenreich. Ihre Glut ist feurig und eine Flamme des Herrn, so dass auch viele Wasser die Liebe nicht auslöschen und Ströme sie nicht ertränken können …"
Die Werkstatt ist erfüllt vom herben Duft des Holzes. Das Werk ist vollendet, der Baum hat seine Verwandlung bestanden und ist zu neuem Leben erwacht. Im Dämmerlicht steht, zwischen anderen Figuren, Rebecca, eine Schöpfung, entstanden aus magisch erotischer Verbundenheit.
Wir stehen nicht vor einer jungen Braut mit blühender Krone. Es ist die reife Frau, im Vollbesitz ihrer Schönheit, Klugheit, Kraft und des Wissens um das Werden und Vergehen. Das Gesicht leicht nach vorn geneigt, der Blick geteilt, in die eigene Seele vertieft und dem aktuellen Geschehen zugewandt. Anmutig trägt sie den Wasserkrug auf der Schulter – Symbol für Fruchtbarkeit – Gefäß der Mütter.
Die stille, glückliche Zweisamkeit ist von kurzer Dauer, eines Tages erscheint Ossip in Begleitung einer Kunstsammlerin. Sie schaut sich in der Werkstatt um, mit großem Interesse ruhen ihre Blicke auf Rebecca, sie geht um die Figur herum – mehrmals – und in wachsender Begeisterung bittet sie Ossip, ihr Rebecca zu überlassen. Für Rebecca folgt eine lange Reise, die in einem Kunsthaus in den Niederlanden endet, wo sie im Skulpturensaal einen Ehrenplatz bekommt.

Rebecca – die Skulptur – hat ihren Standplatz in der Öffentlichkeit, sie steht im Dienste der Kunst – der Ästhetik –, sie ist zur Schau gestellt. Dem Genuss der Kunstfreunde, dem Befinden der Kunstkenner und der Taxierung der Versicherungsexperten überlassen. Für die nachfolgenden Generationen als Schöpfung eines bekannten Künstlers, als Vertreterin einer Epoche, eines Stils, und als Zeichen des sicheren Geschmacks der Kunstsammlerin, bestimmt.

Die Tage sind erfüllt mit Besucherbetriebsamkeit und die Nächte sind still, totenstill. Rebecca ist einsam, ihr Schöpfer und Animator, der sie aus dem Naturzustand erlöst, ihr die Freiheit geschenkt und sie zu einem Kunstwerk geformt hat, ist tot, ebenso die Kunstsammlerin, es lebt niemand mehr, der sich ihrer Vorgeschichte erinnert …

… und der Steinboden ist zu hart um neue Wurzeln zu schlagen!

Rebecca – Urmutter aus dem Alten Testament.
Als Abraham seinen Tod nahen fühlte, beauftragte er den treuen Diener Eliezer, für seinen Sohn Isaak eine Frau zu suchen. Eliezer rüstete eine Karawane mit zehn Kamelen, füllte eine Truhe mit Geschenken und machte sich auf den Weg. Er kam zu der Stadt, wo Abrahams Bruder Nahor lebte. Eliezer lagerte außerhalb der Mauern, beim Brunnen, und bat Gott um ein Zeichen: „Oh Herr, (…) lass es geschehen, dass ich zu einem Mädchen sage: ‚Neige doch deinen Krug, dass ich trinke‘, und wenn es dann spricht ‚Trinke, und auch deine Kamele will ich tränken‘, dann soll sie die Frau sein, die du deinem Knecht Isaak bestimmt hast." Rebecca erschien am Brunnen und es geschah wie gewünscht … Sie verlässt die Heimatstadt Abrahams in Mesopotamien mit Eliezer und reist zu ihrem zukünftigen Gatten Isaak nach Kanaan, in das „Gelobte Land" und wird Mutter von Esau und Jakob.

Ossip Zadkine, 1890 in Smolensk geboren, kommt 1909 nach Paris, wo er als Bildhauer wirkt und 1967 stirbt. Die Figur „Rebecca" hat er 1927 aus dem Stamm eines Apfelbaumes geschaffen.

Der Autor dieser Geschichte ist „Rebecca" 1950, 1965 und 2004 im Kröller-Müller Museum in Holland begegnet

Silberweide und Birke – Ein Stück in sieben Akten.

I. Akt

Der Vorhang hebt sich über einer kleinen Landschaft. Ein stilles Gewässer liegt in einer Senke, auf der nördlichen Uferseite mit einem dichten Schilfgürtel bestanden, gegen Süden hin offen. Der Weiher ist von Fischen belebt und gelegentlich schnappt sich der Graureiher ein Opfer. Im Sommer wärmen sich Nattern am Ufer, Seerosen leuchten, Frösche quaken, und im Spätsommer jagen scharenweise Libellen über den Wasserspiegel. In der Nacht kommen Rehe und Füchse zur Tränke.
Nichts stört diese Idylle – kein Lärm. Zwei Bäume überragen das niedere Strauchwerk. Auf der Südseite posiert eine große alte Silberweide. Gleich mit fünf Stämmen türmt sie sich auf ihrem Wurzelfundament. Hinter der Weide öffnet sich die Landschaft – licht und luftig – auf dem Gras tummeln sich Schafe und Pferde. Am andern Ufer, der Silberweide gegenüber, hinter dem Schilfgürtel, steht eine junge Birke. Auf ihrer Rückseite lagert sich ein dunkles, struppiges Wäldchen.
Seit Jahren stehen sich die beiden Bäume wortlos gegenüber. Die Silberweide ist stark mit sich selbst beschäftigt und die Birke musste erst erwachsen werden …

II. Akt

Den Außenstehenden konnte in letzter Zeit eine seltsame Entwicklung im Verhalten beider Bäume nicht verborgen bleiben. Immer häufiger schaut die Silberweide über das Wasser zur Birke hinüber, freut sich an ihrer schlanken Erscheinung und dem weißen Stamm mit der glatten Rinde. Die schwarzen Schönheitsflecken und das lebendige Blattgrün wirken zusätzlich anziehend. Der Blick durch ein Auge, das Andere hat die Silberweide in einer Schlacht verloren, mag der Grund dafür sein, dass er die Birke idealisiert, in ihr ein weibliches Wesen – einen Engel – sieht.

Doch auch die Birke – erwachsen wie sie jetzt ist – interessiert sich, etwas diskreter, für den alten Adam am andern Ufer. Im Unterschied zu ihm hat sie noch beide Augen, was ihre „Bewertung" entsprechend realistischer ausfallen lässt. Ihr Eindruck: überheblich und ungepflegt, die Rinde rau, das silbergraue Haar dünn und zerzaust, der Körner dick. Dazu ist er ein Säufer – die ganze Erscheinung erinnert sie an den Ritter Sir Falstaff.

Trotz allem, die Blicke hüpfen immer häufiger über das Wasser— hin und her, her und hin.

III. Akt

An einem schönen Sommermorgen ereignet sich – mit sonderbarer Gleichzeitigkeit – etwas Unerhörtes.

Sie – die Birke – sonst salopp, in Jeans, T-Shirt oder Pulli, also praktisch gekleidet, erscheint in einem, von oben bis unten geknöpften Leinenkleid, die Beine bar, die Füße stecken in Ledersandalen, die Wangen gerötet, die prallen Lippen glänzen, die Augen strahlen und um den Mund spielt ein vielversprechendes Lächeln ...

Er – die Silberweide – steht da in hohen schwarzpolierten Stiefeln, das Hemd fein säuberlich in die Hosen gestopft, den Bauch tapfer eingezogen, die bunte Krawatte – einfach nicht zu bändigen – hängt schräg, das Glasauge ist mit einer schwarzen Binde bedeckt und das Haar, pomadisiert, fein säuberlich gekämmt ...
So stehen sich beide völlig überrascht und leicht geniert gegenüber. Zum ersten Mal verfangen sich ihre Blicke.

IV. Akt

Er: „Hübsche Frau, darf ich sie ansprechen? Darf ich mich vorstellen? Ich bin nicht, wie sie vermuten, Sir Falstaff. Wohl bin ich adliger Abstammung, doch diese hat sich durch die Generationen verwässert. Ich stehe ihnen als ‚aufgeklärter Bürger‘, als ‚Freigeist‘ sozusagen, gegenüber. Meine äußere Erscheinung haben ihre unbestechlichen Augen ausgemessen. In meinem Innern allerdings, türmen sich Werte. Es beschäftigen mich die Fragen nach den Kräften, die diese Welt in Schwung halten. Ja, sie haben auch erraten, diese Geistesarbeit macht durstig. Mein Durst ist gewaltig, Wein wäre bevorzugt, doch an dieser Stelle trinke ich Wasser ...“ Verächtlich schaut er hinunter auf das Wasser im Teich.

Sie: „Gnädiger Herr, mich beeindruckt ihre Leibesfülle, es müssen der Fragen viele sein, die sie so kräftig werden ließen, doch ich gehe davon aus, dass sich hinter dem breiten Gürtel auch eine Portion Lebenserfahrung und Lebensfreude birgt. Ich entstamme einer Familie aus der Königsstadt am Silberberg, ich bin eine nordische Trollprinzessin – also eine Unterirdische. Mein sehnlichster Wunsch wurde mir erfüllt, dass ich als Birke diese Welt besuchen, und so ans Licht treten durfte ...“

Er: „Was hat in ihnen diesen Wunsch geweckt? Was interessiert sie an dieser Welt so besonders?“

Sie: „Ich schreibe Geschichten. Ich will das Schicksal von Pflanzen, Tieren und Menschen – den Hauch des Lebens – in Zeichen verwandeln, in Worte verpacken. Ich liebe die Sprache, sie ist mir wie ein Kind und ich fühle mich ihr verantwortlich."

Er: „Ist die Situation nicht einmalig? Wir stehen an diesem Wässerchen, in der Mitte der Welt. Sie kommen aus den Wäldern des Nordens und mein Geschlecht stammt aus dem Süden. Meine Vorfahren standen an den Ufern der Rhone. Als Mann und Frau, als Exponenten zweier Welten stehen wir uns gegenüber. Wollen wir eine Brücke bauen – eine Kulturbrücke?"

Das Gespräch verstummt.

V. Akt

Zwischen beiden bildet sich eine freundschaftliche Vertrautheit. Diese erlaubt der Birke an warmen Sommertagen ein Bad zu nehmen. Vorsichtig streckt sie jeweils ein Bein aus, prüft mit vorgehaltener Zehe die Wassertemperatur, und lässt sich dann hinter den Schilfgürtel gleiten, sodass nur der Kopf sichtbar bleibt. Stundenlang kann sie so verharren.

Besorgt, aber auch bewundernd verfolgt er ihre Bewegungen. Er genießt ihre Fröhlichkeit, aber er sorgt sich auch, dass ihr etwas zustoßen könnte. Nur allzu gern wäre er – auch als Nichtschwimmer – ihr Lebensretter.

Sie liegt im Wasser und rezitiert Gedichte, Gedichte aus ihrem Land, wo im Sommer die Sonne nicht untergeht und wo sie sich im Winter – unsichtbar – bei den Unterirdischen aufhält. In der Dämmerung erhebt sie sich aus dem Bad – lacht – schüttelt sich das Nass vom Leib, so stark, dass ihn Wassertropfen ins gesunde Auge treffen.

In der Nacht hat Falstaff einen Traum, oder hat er es am Tag wirklich gesehen? Auf dem Wasser schwimmt ein Holzstamm, darauf räkelt sich eine Natter, gleich daneben, an einem geknickten Schilfrohr, hängt das Männchen, scheinbar schlafend. Das Weibchen streckt sich, windet sich, tanzt und macht verlockend auf sich aufmerksam.

VI. Akt

Die Tage werden kürzer, das Licht ist gebrochen, die Farben sind Pastell. Es ist kühl geworden. Die Krähen sind zurückgekehrt – eine ganze Kolonie – hier verbringen sie den Winter. In kleinen Gruppen fliegen sie am Morgen – mit großem Lärm – an ihre Futterplätze.
Die Blätter beider Bäume sind gefallen. Die goldenen Blätter der Birke – herzförmig – und die silbernen Blätter der Weide – schwertförmig – treiben auf dem dunkeln Wasser und vermischen sich.
Dichter Nebel hüllt alles ein. Selbst die eigenen Äste werden unsichtbar. Eine unheimliche Stille hat sich mit dem Nebel verbündet.
Die Silberweide lauscht und lauscht, greift hinaus, nichts ist zu hören, nichts ist zu fassen … Die Birke lauscht, zittert und greift hinaus, nichts ist zu hören, nichts ist zu fassen … Dichter Nebel rundum, große Stille. Auge und Ohr verlieren sich im Nichts …

VII. Akt

Es ist Winter, Stein und Bein sind seit Tagen gefroren. Auf dem Weiher hat sich eine dicke Eisschicht gebildet und am Tag kommen die Kinder aus dem Dorf, um Schlittschuh zu laufen.

Die Kälte vermag nicht in die Silberweide zu dringen, in ihrem Innern brennt ein Feuer, genährt vom Verlangen die Birke zu sehen und vielleicht zu küssen. Das Eis, der gefrorene Weiher soll die Begegnung möglich machen. Der Entschluss ist für die Nacht gefasst. Er tastet sich in der Dunkelheit auf das Eis und wagt leise und sehr vorsichtig ein paar Schritte gegen das andere Ufer. Es geschieht, was zu erwarten war, das Eis bricht unter seiner Last. Hilflos liegt der schwere Falstaff im Wasser. Er versucht sich aufzurappeln, es gelingt ihm im dritten Anlauf nur mit größter Mühe. Zurück am Ufer läuft das kalte Wasser in Strömen von seinem Körper ab.

Am andern Tag, in der fahlen Morgensonne, steht Ritter Falstaff schlotternd da. Die Narrenkappe voller Eiszapfen. Sie leuchten und glitzern in allen Farben so zart und verlockend, dass die Vögel der Umgebung sich in die Zweige setzen und – völlig unzeitgemäß – pfeifen und zwitschern … Durch das Konzert und das seltsame Schauspiel angelockt, erscheinen alle Tiere.

Die Birke, starr vor Schreck, überlegt sich, was kann ich tun? Doch plötzlich, entzündet sich, an der Komik der Situation – allgemein – ein olympisches Gelächter. Die ganze Gesellschaft lacht herzhaft – die Birke, die Krähen, die Füchse, die Rehe, der Reiher, die Pferde, die Schafe, die Fische, selbst die Silberweide beginnt zu Lachen; erst zaghaft, dass die Eiszapfen wie Glocken läuten, dann schüttelt sie sich im Lachen so kräftig, dass sie alle brechen, und klirrend Stück um Stück zu Boden fallen.

So könnte ein Liebesbrief beginnen.
So begannen in alten Zeiten Liebesbriefe.

Allerliebste Louise ...

Auf dem Balkon, über das Geländer geneigt, damit sie das einmalige Ereignis unten auf der Straße gut verfolgen kann, ruft sie ihrem Gatten, vor dem Fernseher im Wohnzimmer sitzend, zu: „Komm und schau dir das an, ein Trauerzug. Was hat das zu bedeuten? Ein Leichenwagen mit Kränzen voll behangen, gezogen von einem Rappen mit Scheuklappen, gelenkt von einem Kutscher in schwarzem Gewand, mit Umhang und Zylinder. Dahinter folgt feierlich eine schluchzende, eine weinende Trauergemeinde. Was hat das zu bedeuten? Beeil dich, komm auf den Balkon und schau dir das an!"
„Stör mich nicht, ich versteh dich kaum", ruft der Gatte gereizt aus seinem halbdunkeln Fernsehwinkel. „Ich bin hier Zeuge eines merkwürdigen Ereignisses, komm herein und schau dir das an, eine Direktübertragung aus unserer Stadt, ein Studentenulk, ein abgestorbener Zweig unserer Kultur, der Liebesbrief wird da in einem Leichenzug zu Grabe getragen. Komm und schau dir das an."
Noch weiter über das Geländer gebeugt, damit sie auch die Abschiedsworte auf den Kranzschleifen lesen kann, hört sie des Gatten Aufforderung nicht. Da steht in goldenen Lettern: Abschied vom Liebesbrief – allen Verliebten dieser Welt; oder: Ade, leb wohl, holde Kunst des Briefschreibens! Deutscher Schriftstellerbund; oder: Ruhe sanft! Direktorium des Weltpostvereins; oder: Von den Untröstlichen! Vereinigung amerikanischer und russischer Soldatenbräute ...
Der Gatte macht einen letzten Versuch, seine Louise vor den Fernseher zu locken: „Beeil dich, Louise, komm endlich und

schau, du verpasst etwas Einmaliges, ein Zweig unserer Schriftkultur wird am Bildschirm zu Grabe getragen."

Sie hört auch diese, seine letzte Aufforderung nicht. In Gedanken versunken folgt sie seufzend dem verschwindenden Trauerzug. Der Hufschlag verhallt, und hinter dem Zug erobern die ungeduldigen Automobilisten die Straße zurück.

Sie gedenkt ihrer Liebesbriefe, sie gedenkt seiner damaligen feurigen Worte – Amors Pfeile – die es damals auf ihr Herz und ihre Jungfräulichkeit abgesehen hatten. Brennende Gefühle, feurige Worte, denen die Eroberung Louises dann ja auch wirklich gelungen ist.

Allerliebste Louise! – ein kleines, mit einem Seidenband umschlungenes Bündel Briefe; sie weiß es gut verwahrt.

Daniela Lorenz

Du fehlst mir

Mein Geliebter
    – beende ich das Telefonat mit dir –
        schon fehlen mir deine Worte.
Mein Geliebter
    – verlassen meine Lippen die deinen –
        schon fehlen mir deine Küsse.
Mein Geliebter
    – blickst du mich nicht mehr an, weil dein Blick
    abgelenkt ist von mir –
        schon fehlen mir deine Augen.
Mein Geliebter
    – bist du einmal getrennt von mir –
        schon vergehe ich vor Sehnsucht nach dir.
Mein Geliebter
    – kommt einmal der Tag der endgültigen
    Trennung für immer –
        so wirst du immer in mir sein.

Atemhauch

Ich atme tief ein – den Hauch der Liebe
Ich atme tief aus – den Hauch der Lust
Ich atme tief auf – die Befreiung der inneren Zwänge
Ich atme tief durch – die Erlösung der Ängste

Er kann

Er kann
  ... es sich leisten, arrogant zu sein.
Er kann
  ... es sich leisten, zu Frauen ungerecht zu sein.
Er kann
  ... es sich leisten, über andere zu lachen.
Er kann
  ... es sich leisten, den Nachbarn zu verurteilen.
Er kann
  ... es sich leisten, bei Kindern zu streng zu sein.
Er kann
  ... es sich leisten, weil es keinen interessiert.

Ich bin ....

Ich bin mal stark und mal schwach
Ich bin mal laut und mal leise
Ich bin mal geduldig und dann ungeduldig
Ich bin mal gut drauf und dann in schlechter Stimmung
Ich bin mal tapfer und dann voller Angst
Ich bin wie ich bin ...

Flucht

Geflohen in mir -
In bitteren Nächten zu hoffen des Weges der Liebe entgegen
Um glücklich zu leben.

Durch deine Hand

Durch deine Hand gehe ich Wege
                    die ich vorher nicht ging ins Glück
Durch deine Hand werde ich mutig
                    wo vorher noch Zweifel war
Durch deine Hand erlaube ich mir Gefühle
                    die ich vorher nicht kannte
Durch deine Hand gehe ich durch den Schlamm
                    des Alltäglichen sauberen Schuhs
Durch deine Hand fliege ich der Sonne entgegen
                    ohne mich an ihr zu verbrennen

Danke für deine Hand und danke, du hast zwei davon

Hoffnung

Hoffnung leben – Hoffnung geben – Hoffnung nehmen
– das ist Leben.

Der Mann vor mir

Ich blicke dich an – erkenne dich in deinem Selbst
Ich spüre deinen Atem in meinem Gesicht vor deinem Kuss
Ich höre deine Worte, die Wunderwelten der Liebe erschaffen
Ich fühle deine Anne um mich, mein Zelt der Geborgenheit
Du bist der Mann vor mir, den ich liebe.

Herbsttraum

Die Blätter fallen wieder leise vom Baum
Durch die Straßen laufen wieder Kinder
Am Himmel steigen Drachen in die Höhe
Hand in Hand spaziere ich mit dir der Sonne entgegen
Mit dir das zu erleben ist wie ein Traum – mein Herbsttraum

Winter

So still liegt der Wald begraben im Schnee
Die Tannen riechen nach Überraschung
Ruhige Straßen und knirschende Schritte
Weihnachtsmärkte und Duft von Waffeln
Kinderlachen und strahlende Augen
Winterzeit hält die Freuden der Besinnlichkeit bereit.

Frühlingserwachen

Die Straßen nass von schmelzendem Schnee
Bäche werden zu Flüssen
Blumen spießen aus dem Boden hervor
Sonnenstrahlen wärmen das Gesicht
Die Bäume voller Blütendächer
Ich öffne die Augen und seh' dein Gesicht
Frühlingserwachen auch in mir voller Liebe zu dir.

Sommertreiben

Die Kinder rasen durch Kornfelder
Freibadduft liegt in der Luft
Faul in der Sonne liegend deine Hand auf meinem Bauch
Kühl das Getränk
Erhitzt das Gemüt
Dich zu lieben Sommertreiben der Gefühle

Heike Peters

Spiegel der Träume

Ich sehe in den Spiegel
und erblicke dich.
Wie du mich festhieltest,
mir Geborgenheit gabst.
Doch dann schaue ich tiefer
und erkenne nur noch Schatten,
Schatten unserer Vergangenheit,
die langsam entschwinden in die Einsamkeit.
Ich laufe am Strand entlang
und vermisse dich.
Wo ist es geblieben,
dieses Gefühl zwischen uns?
Es fängt an zu regnen,
doch ich merke es nicht.
Spüre nur noch deine Küsse auf meiner Haut
und die Berührungen deiner Hände.
Ein Nebelhorn ertönt
und ruft mich in die Wirklichkeit zurück.
Schon entfliehst du wieder,
lässt mich allein zurück mit meinen Träumen.
Alles, was ich noch von dir habe.
Es finden sich keine Worte,
um meine Gefühle für dich zu beschreiben.
Ich weiß nur eins:
Ich liebe dich.

Mit dir einsam

Der Himmel erscheint so nah
und ist doch so fern.
Ich versuche, ihn zu berühren,
aber ich schaffe es nicht.
Die Wolken entfernen sich immer weiter
und mit Ihnen dein Bild.
Ich schließe meine Augen
und will mich erinnern.
Doch dein Gesicht ist verblasst.
Die Sonne neigt sich dem Horizont
und lässt den Himmel erröten.
Die Vergangenheit soll vergangen sein,
doch vergeht sie nie.
Die Gedanken an dich lassen mich nicht los
und halten mich noch gefangen.
Endlich bricht die Nacht an,
Dunkelheit und Stille hüllen mich ein.
Jetzt erst kann ich vergessen,
jetzt endlich bin ich frei.

Ohne dich zu sein

Ich sehne mich danach,
deine Arme um mich zu spüren
und von dem Gefühl deiner Stärke
und Zärtlichkeit umgeben zu sein.
Ich habe dir nie gesagt,
wie viel du mir bedeutest.
Jetzt ist es zu spät,
denn die Sonne geht auf
und mit ihr gehst du.
Ein neuer Tag bricht an,
doch das Licht erreicht mich nicht.
Um mich herum Nacht.
Ich fühle mich so verlassen,
so einsam, so verloren.
Menschen gehen an mir vorbei,
ich merke es nicht.
Die ersten Blumen erblühen,
doch ich sehe es nicht.
Dunkelheit umhüllt mein Herz
und lässt mich seelisch erblinden.
Plötzlich –
ein Windhauch streichelt meine Wange.
Ich wünschte, du wärst es.
Doch du bist gegangen
und mit dir die Schönheit dieser Welt.

Ein Hauch von Melancholie

Ich sah in deine Augen
und fühlte mich einzigartig,
so schön wie noch nie.
Dein Lächeln berührte meine Lippen
und später auch mein Herz.
Deine Worte klangen für mich wie Musik
und deine Bewegungen
ließen mich mit dir tanzen.
Die ganze Welt scheint ein Paradies zu sein,
wenn ich an dich denke.
Du hast die Liebe zu mir gebracht,
ein Herzklopfen,
das ich vorher nicht kannte.
Doch jedes „Geschenk" von dir
ist eine unerfüllte Hoffnung mehr.
Und so bin ich gefangen in meiner Traumwelt,
vergebens auf der Suche nach einem Weg,
dieser Macht der Liebe zu entkommen.
Denn statt Glück
hinterließ sie nur Sehnsucht
und einen Hauch von Melancholie.

Schatten

Ich habe von dir geträumt.
Ich habe dich geliebt.
Ich habe für dich gelebt.
Doch du hast es nie bemerkt.
Ich bin nicht mehr der Schatten,
der dich umgibt, wo du auch bist.
Nun bin ich die Nacht,
in der du an mich denkst,
und ich nicht da bin.
Nun bin ich der Regen,
der dein Gesicht berührt,
und du dir wünscht, ich wäre es.
Nun bin ich die Träne,
die du weinst,
seit ich gegangen bin.
Wieso erst jetzt?

Fremder in meinen Träumen

Du kamst mit meinen Träumen
und gabst mir Geborgenheit und Stille zurück.
Du warst immer da,
wenn ich mich verlassen fühlte
in der Dunkelheit der Nacht.
Wer bist du, Fremder in meinen Träumen?
Du gleichst einem Kometen,
wenn dieser die Kuppel des Himmels hell erleuchtet
und mir den Weg zu dir zeigt.
Doch nie kann ich dein Gesicht erkennen,
weiß nur, wie sich deine Haut auf meiner anfühlt.
Wer bist du, Fremder in meinen Träumen?
Die Sonne geht auf
und endlose Leere füllt mein Herz,
wie ein Tautropfen das Blütenblatt.
Ich weiß,
ich verliere dich mit der Helligkeit eines jeden Tags.
Sekunden werden zu Minuten und Minuten zu Stunden,
während ich mich nach der Dämmerung der Nacht sehne.
Jedes Mal, wenn ich meine Augen schließe,
verzehre ich mich nach dir.
Wie kann es sein,
dass du mich so beherrschen kannst,
dass ich hoffe, nie zu erwachen,
nur um endlich zu erkennen,
wer du bist, Fremder in meinen Träumen.

Ich habe es erlebt!

Wolfgang Borgmeyer

Ankunft in einem friedlichen Land
Eine Kindheitserinnerung

„Weiße Flocken schweben vom Himmel!" Das war das erste Bild,
das ich aufnahm, als ich eines Winterabends mit meiner Mutter
am Bahnhof eines kleinen Dorfes im Hochsauerland, genauer gesagt in Wittgenstein, ankam. Ich kletterte aus dem Zug – und
konnte es kaum glauben: So viel weißen Schnee hatte ich noch
nie gesehen! Ich kannte nur Schnee, der nach kurzer Zeit schwarz
wurde – vom Kohlenstaub aus den Fabrikschloten in meiner Ge-
burtsstadt im Ruhrgebiet. Und vom Himmel fielen dort auch keine
Schneeflocken, nur Bomben ...
Und eines Nachts traf auch eine der Bomben, die man Nacht für
Nacht und oft genug auch am Tage auf unsere Stadt warf, das
Haus, in dem wir wohnten – da waren wir ausgebombt! So nannte
man das. Und darum wurden meine Mutter und ich – der Vater
war als Soldat im Krieg – und viele Tausend andere Ausgebombte
in dieses ruhigere Gebiet geschickt, „evakuiert", wie es offiziell
hieß. So waren wir nun in das Wittgensteiner Dorf gekommen, wo
aus einem nachtblauem Abendhimmel unaufhörlich weiße, weiche
riesige Schneeflocken hernieder segelten ... Und dort stand an jenem Februarabend am Bahnhof ein freundliches, hellblondes
Mädchen von fünfzehn Jahren – das Leye Lina, wie ich alsbald erfuhr – und brachte uns zu seiner Mutter, der Leye Emma, einer
liebevollen, gutherzigen, tiefreligiösen Bäuerin, die ihren kleinen
Hof allein bewirtschaftete, denn ihr Mann war schon gestorben
und ihr Sohn, der Georg, war mit seinen neunzehn Jahren an der
Ostfront, und zwar musste er zur Waffen-SS, obwohl auch er ein

231

frommer Reformierter war wie seine Mutter. Aber das alles erfuhr ich erst viel später ...

Zunächst einmal mussten wir vom jenseits der Eder gelegenen Bahnhof durch den tiefen Schnee über die Ederbrücke zum Dörfchen gehen. Die Brücke war noch ganz (ich kannte nur zerbombte Brücken), und von unten herauf rauschte glitzernd der Fluss. Als wir in das Bauernhaus kamen – es war das Haus Nr. 11a –, umfing mich wohlige Wärme und ein Geruch, der für mich der schönste im ganzen Leben geblieben ist. Es war der Geruch des Kuhstalls: gemischt aus dem Geruch von Kühen, Stallmist, Heu, Milch – eine unvergessliche Atmosphäre.

Die gütige Tante Emma hieß uns nach der freundlichen Begrüßung, uns an den Tisch zu setzen – nicht im Esszimmer, wie ich es von zu Hause gewohnt war, sondern an den Tisch in der Küche. Er war groß, aus Holz, hatte keine Tischdecke, sondern war blank gescheuert, so dass man schön die Maserung des Fichtenholzes sehen konnte, und in der Mitte stand, nein, prangte eine große schwarze eiserne Pfanne mit köstlich knusprigen, würzig duftenden Bratkartoffeln, und an jedem Platz stand ein Teller mit heißer Milchsuppe, in der Mehlklümpchen schwammen. Und dann sagte die Bäuerin in einer Sprache, die mir sofort gefiel und die ich auch gleich verstand, obwohl sie sich ziemlich anders anhörte, als das, was ich gewohnt war: „Nü äßt erschtemol was, un da säh ma wäira!"

Das war das köstlichste Mahl, das ich seit vielen Monaten hatte, nicht nur, weil es so gut schmeckte – die süße Suppe löffeln und ab und zu eine Gabel Bratkartoffeln aus der Pfanne –, sondern, weil man keine Angst vor einem Fliegeralarm haben musste wie sonst, denn „Flieja kommen hie net henn!", wie mir unsere Gastgeberin immer wieder versichern musste. Nach dem Essen schlug die Leye Tante Emma eine dicke alte Bibel auf, – ob die heutigen Leser mir dies glauben oder nicht –, suchte den Text des betreffenden Tages auf und las ihn laut vor. Dies pflegte sie auch später immer zu tun.

Danach wies sie meiner Mutter und mir ein Dachkämmerchen zu, in dem wir schlafen konnten.

Als ich dann vor dem Zubettgehen noch einmal aus dem kleinen Fensterchen zum Himmel hinaufschaute, sah ich einen dunkelblauen Nachthimmel, in dem Tausende von Sternen zitterten – und ich wusste in meiner kleinen Seele: Hier bist du geborgen, hier ist Frieden! Und zum ersten Mal seit vielen Jahren schlief ich ohne Angst ein.

Als ich am anderen Morgen aus dem kleinen Fenster unserer Kammer schaute, fiel mein Blick als erstes auf den darunterliegenden Misthaufen, von dem ein würziger Geruch aufstieg und – Dampf, was mich sehr erstaunte. Dass ein Misthaufen rauchte, wusste ich nicht. Ich kannte bis dahin nur rauchende Trümmer am Morgen nach den Bombenangriffen. Vor allem aber staunte ich – weiter umherblickend –, dass immer noch dieser herrliche weiße Schnee lag und ringsumher die Berge und Wälder auch alle von Schnee, der nun in der Sonne glänzte, bedeckt waren. Im Ruhrgebiet war der schwarze Schnee nach wenigen Stunden stets glitschiger Matsch gewesen …

Als wir die Stiege hinunterkletterten, wurden wir von der liebenswürdigen Wirtsfamilie wieder freundlich begrüßt, und ich bekam warme Milch zu trinken, so viel ich wollte. Das war auch etwas Neues. Diesmal waren noch Verwandte von Leye gekommen, um uns „Zügelöfene", wie man uns nannte, zu bestaunen. Gleich machte mir diese seltsame Sprache Spaß, die man dortzulande sprach und die ich sehr lustig fand mit ihren vielen „ö" und „ü" und „che". Mich nannten sie zum Beispiel „Jengelche" und die Mädchen „Madacha". Das Schwein im Stall wurde „Wuzche" genannt, die Hühner hießen „Hinkelcha" und die Katze „Minzche". Also, das gefiel mir. – Später nahm mich das Leye Lina zum Schlittenfahren mit zu den anderen Kindern, die vergnügt mitten im Dorf rodelten.

Das wäre alles sehr schön gewesen, wenn nicht gerade zu diesem Zeitpunkt ein großer Bomberverband die Gegend überflogen hätte. Ich bekam entsetzliche Angst, wollte ins Haus fliehen und auf keinen Fall draußen unter freiem Himmel bleiben. Alle machten mir nun klar, dass diese Bombenflugzeuge über dem Dorf keine Bomben abwerfen würden, sondern woanders hinflögen. Da sie noch sehr hoch flogen und ihrem Kurs folgten, überdies das drohende, immer lauter werdende, zum Schluss ohrenbetäubende Dröhnen, das ich nur zu gut von den meine Heimatstadt angreifenden Bomberverbänden kannte, ausblieb, ließ ich mich überzeugen, beruhigte mich, und nach einiger Zeit fuhr ich mit den anderen Kindern fröhlich Schlitten.

Ja, so verlief meine erste Schlittenfahrt. Und so gab es den ganzen Winter über in jener Berggegend, wo der Winter bis in den März blieb, noch viele Winterfreuden, vor allem auch viele Spiele auf dem Eis der zugefrorenen Eder oder Iglus bauen oder über selbst gebaute kleine Sprungschanzen aus Schnee ins Tal sausen ...

Abends, wenn es dann dunkel wurde – und zwar früher als heutzutage, denn es gab damals am Spätnachmittag die amtliche „Stromsperre", um Strom zu sparen –, saßen die Familien in der Wohnstube zusammen, und die Großmütter wussten schöne Geschichten oder auch die alten Märchen zu erzählen. Die Leye Tante Emma indes hatte die Gewohnheit, ein Kapitel aus der Bibel vorzulesen, wie sie überhaupt sehr fromm war. Das merkte man sogar bei der anschließenden abendlichen Stallarbeit. Denn wenn sie beim Kühemelken auf ihrem Melkschemelchen unter den Kühen saß, sang sie lauter Kirchenlieder. In meiner kindlichen Vorstellung dachte ich damals, dass die Kühe deswegen auch so still hielten und freiwillig mehr Milch gaben. Wenn dann der Stall ausgemistet war, die Kühe geputzt und mit frischer Strohstreu und natürlich auch mit Futter versorgt waren, legten die Tiere sich nieder und käuten friedlich wieder. Und man hörte nur ab und zu ein tiefes, lautes Aufatmen oder ein zufriedenes Seufzen von ihnen. Das war auch eine sehr friedliche Stimmung, und ich blieb daher sehr gerne länger im Stall und schaute den Kühen zu. Sie hatten übrigens jede ihren eigenen Namen, die ich bald alle kannte, und die Kühe kannten mich auch; das merkte ich genau daran, wie freundlich sie mich mit ihren großen, ruhigen braunen Kuhaugen ansahen …

Obwohl ich der Leye Tante Emma, die mir bald zur Ersatzmutter wurde, immer gut zuhörte und daher auch bald die ortsübliche Sprache, das „Wittchesteener Platt", perfekt konnte, hatte ich doch ein Problem bei der Übernahme der Sprache, die mir doch so gut gefiel, und zwar war es die Aussprache des Landesnamens: Es wollte mir nicht einleuchten, dass es „Wittgenstein" lautete; ich nannte es immer „Wittchensteinchen", denn es war mir trotz meines Alters von fünf Jahren nicht entgangen, dass alles in diesem Ländchen klein war, zumindest kleiner als im Ruhrgebiet: die Häuser, die Breite der Straßen, die Größe der Kirchen, die Ortschaften. Das Wort „Wittgenstein" erschien mir irgendwie zu schwer, zu gewichtig für ein so niedliches Ländchen. Und wenn man schon an die erste Worthälfte „Witt" ein „chen" daranhängte, hätte man doch auch an die zweite Worthälfte „stein" ein „chen" daranhängen können: „Wittchensteinchen"! Aber das konnte ich damals niemanden klarmachen … Vielleicht habe ich deswegen dann Sprachwissenschaften studiert, als ich älter war. Aber die Kindheit in jenem Wittgensteiner Dörfchen ist mir ein unverlierbarer Schatz geblieben.

Gudrun Clemen

Geflohen – aber kein Flüchtling

Die Grenze

Man hat sie fast vergessen. Die „erste Generation" der illegalen Grenzgänger über eine die Besatzungszonen trennende Demarkationslinie – Deutschland nach 1945. Noch bevor der Eiserne Vorhang zwischen Ost und West, zwischen Deutschland und Deutschland, herabgefallen war und der Trennungsstrich zwei neue Staaten schuf. Da wo die Trennlinie – auch 1949 – noch nicht hermetisch abgesperrt, eine Mauer noch nicht errichtet war, konnte man „durchschlüpfen", wenn man wusste, wo – man sein Leben aufs Spiel setzte. Da waren immer wieder Stacheldrahtabsperrungen zu überwinden oder mindestens zu umgehen. Sowjetische Wachposten lauerten überall in den Wäldern und machten, weil es ihnen so befohlen war, von der Schusswaffe Gebrauch, sobald sich da etwas bewegte, das ein Waldtier nicht sein konnte. Eine versuchte Grenzüberschreitung konnte einem aber auch zum Verhängnis werden, wenn man „erwischt" und zur Aburteilung weitergereicht wurde.

Frau S., so war unter der Hand zu hören, würde da schon mal jemanden mitnehmen. Sie kannte sich aus im Rhöngebirge, schien die Bewachungsbrennpunkte zu kennen und war nicht unerfahren im Hin und Zurück, das sie mit irgendeinem (aus heutiger Sicht kaum nennenswerten) Tauschgeschäft verband. Aus Gründen der Wirtschaftlichkeit nahm sie ein oder zwei ausreisewillige Personen mit, gegen Bares, das den Wert eines Obolus bei Weitem überstieg. Zuweilen waren auch größere Kinder dabei, die irgendetwas tauschten, mit der Grenzgängerin aber wieder nach Hause kamen.

Der Wunsch

Zu den Beweggründen, in den Westen zu gehen, gehörten nicht in jedem Fall die Aussicht auf ein „besseres Leben" und die Verlockung, „alles" kaufen zu können. Nunu wusste sehr wohl, dass man sich dazu die Voraussetzungen erst einmal selbst schaffen müsste. Sie wollte vor allem eine berufliche Vorstellung verwirklichen, für die sie in der Ostzone keine Möglichkeit sah. Wie sehr wünschte sie sich, Sprachen zu studieren, Englisch vor allem. Sie hatte von einer Dolmetscherschule in Stuttgart gehört. Sie würde tagsüber arbeiten und sich das Geld auch für den Schulbesuch verdienen. Zur Finanzierung einer Ausbildung hätte es niemanden gegeben. So schien es ganz normal, das Ziel allein zu erreichen. Sehr viel später wird sie daran zurückdenken und vergleichen. Die Zeiten hatten sich geändert. Die Menschen hatten sich daran gewöhnt, staatliche Unterstützungen, Bafög, Umschulungs- und Weiterbildungskosten und Erleichterungen im Berufseinstieg als selbstverständlich in Anspruch zu nehmen.

Die Situation

In den Jahren nach Kriegsende stand in der Ostzone Russisch als Fremdsprache auf dem Lehrplan, und man geriet schnell unter den Verdacht, den Kapitalismus zu verherrlichen, wenn man sich für Sprachen wie Englisch oder Französisch begeisterte. Wozu auch in einer sowjetisch besetzten Zone? Tatsächlich bedurfte es noch einiger DDR-Jahre und die eine Wiederbelebung der Anglistik einschließende Modifizierung der Strukturen des Bildungssystems, um Englisch als globale Wirtschafts- und Wissenschaftssprache – als lingua franca – zu akzeptieren. Nicht nur aus ökonomischen Gründen, sondern auch als zum Rüstzeug einer „allseitig und harmonisch entwickelten sozialistischen Persönlichkeit" gehörend. Dabei erschien es unerheblich, dass das primär auf Theorie ausgerichtete Wissen persönliche Begegnungen mit Muttersprachlern in deren Ländern weitgehend ausschloss. Beklagenswerte soziale Zustände andernorts waren bei Charles Dickens nachzulesen. Die überdurchschnittlich geförderte spezialsprachliche Ausbildung in verschiedenen Fachrichtungen setzte aber auch Zeichen in der Bundesrepublik, in der, dem DDR-Vorbild folgend, das zuvor eher vernachlässigte technische Englisch einen neuen Stellenwert bekam.

Die Entscheidung
Nunu war entschlossen, ihre Ziele im Westen zu verwirklichen. Die Entscheidung fiel, ohne dass die Eltern mit Begeisterung zugestimmt hätten. Wer hätte voraussehen können, dass es dann vier Jahrzehnte waren, in denen sie regelmäßig Pakete aus dem Westen erhielten, jene, mit denen die Absenderin tausende Male versichern musste, es sei eine „Geschenksendung – keine Handelsware" und die immer mit der Hoffnung verbunden waren, eine Schokoladentafel zu viel möge das Paket den Empfängern nicht vorenthalten.

Es war ein Tag im Juli, den Frau S. vorgesehen hatte. Ihre Begleiter sollten aussehen, als führen sie zum Ernteeinsatz: Kopftuch, Kittelschürze und nur das Notwendigste in einem kleinen Beutel. Nunu, stets auf Ordnung und Genauigkeit bedacht, hatte sich polizeilich (nach Berlin) abgemeldet und am Bahnhof sogar erreicht, dass man ihr eine Fahrkarte nach Stuttgart verkaufte, denn sie würde nach gelungener Grenzüberschreitung auf der anderen Seite keine D-Mark haben, um sich ein Ticket zu besorgen. Glück, Zufall, Bestimmung – eine Bestätigung der richtigen Entscheidung? Denn es waren nur wenige Einzelfälle, in denen Menschen eine befristete Reiseerlaubnis bekamen, mit der eine Fahrkarte von Ost nach West erworben werden konnte.

Die Probleme

Frau S., ein junger Mann, ein Mädchen, ein Junge – beide etwa zwölf Jahre – und Nunu fuhren als „Erntehelfer" mit der Bahn bis zum letzten vor der Grenze zu erreichenden Ort in der Rhön, begaben sich zu einem Bauernhof, den die Grenzgängerin kannte und der schon häufig Zwischenstation bis zum nächtlichen Aufbruch über die Grenze war. Die Zeit bis zum Dunkelwerden verbrachte die Gruppe in einer Scheune, brach dann auf in den nahe gelegenen Wald und erreichte um Mitternacht den Gefahrenbereich, wie ihn Frau S. nannte. Eher flüsternd befahl sie der Gruppe wiederholt: „Hinlegen", „Auf, weiter", „Hinlegen" – auf welchen Untergrund auch immer. „Nicht auf Äste treten, habe ich gesagt!" „Wer sich nicht anpasst, den lasse ich hier liegen!". Wie viele Stunden mögen es gewesen sein, in denen Frau S. die vier, die sich ihr anvertraut hatten, verbal „misshandelte". Nunu wusste es nicht mehr, als sie endlich – nach einem weiteren Marsch allein, und nun auf westlichem Gebiet – Hünfeld erreicht hatte und in einem Zug nach Frankfurt saß. Glücklich über den gelungenen „Grenzübertritt" und zufrieden, über einen gültigen Fahrausweis zu verfügen.

Die Umsetzung

In Stuttgart begann das Leben mit geliehenen zehn D-Mark, die vom ersten Verdienst zurückgezahlt wurden. Eine Arbeit als Stenotypistin in einer großen Schokoladenfabrik war schnell gefunden. Aber da fehlte noch die Arbeitserlaubnis, die eine Zuzugsgenehmigung voraussetzte. Jene aber wurde nur erteilt, wenn eine Arbeitserlaubnis vorlag. Waren Behördenvorschriften nicht schon immer widersprüchlich und realitätsfern? Man müsse durch das Auffanglager in Ludwigsburg gehen, sich dort registrieren lassen und mit etwas Glück erhielte man wohl eine Zuzugsgenehmigung. Nunu nahm die Prozedur auf sich. Drei Tage in einem Lager mit

Hunderten von Menschen, Gesundheitsuntersuchungen und „Gespräche", die den Charakter von Verhören hatten, sind für Nunu trotz einer offensichtlichen Notwendigkeit eher eine freudlose Erfahrung. Und dann noch die Frage, ob sie Flüchtling sei, was im Ja-Fall einen schnelleren Durchlauf versprach. „Nein", sagte Nunu, sie sei kein Flüchtling, sie sei nur weggegangen, vielleicht sogar geflohen, aber nein, ein Flüchtling sei sie nicht. Dabei hätte ihr der Flüchtlingsstatus Vorteile eingebracht, Flüchtlinge wurden auf diese oder jene Weise unterstützt. Aber sollte sie deswegen Märchen erfinden? Den Gründen, die sie für den „Ortswechsel" vortrug, fehlte der Nachweis einer Dringlichkeit.

Doch schließlich gelang es Nunu, beide Papiere zu bekommen, auch wenn die Zuzugsgenehmigung immer nur auf einige Wochen begrenzt war und wiederholt Verlängerung verlangte. Es folgte ein jahrelanges Wohnen als Untermieterin, und jeder Domizilwechsel war von der Hoffnung begleitet, bessere Bedingungen vorzufinden. Es ist heute kaum vorstellbar, dass – zweifellos bedingt durch den Wohnraummangel auch noch Jahre nach Kriegsende – ein Zimmer untervermietet wurde, das keine Kochgelegenheit und nur sehr eingeschränkte Badbenutzung bot.

Es waren Jahre, in denen unsere Protagonistin – der Not gehorchend, nicht dem eigenen Triebe – weitgehend vom damals subventionierten Brot, von preiswertem Schmierkäse und Milch zusammen mit dem Obst der Saison lebte. Verglichen mit früheren Hungerjahren ein köstliches Sattwerden. Wenn sie später gefragt wurde, warum sie so wenig Neigung zum Kochen zeige, verwies sie auf diese sie zweifellos prägende, küchenlose Zeit. Diese sollte noch lange nachwirken.

Aber es gab einen Ausgleich, dessen Wert Nunu als ungleich höher einschätzte: Den beruflichen Aufstieg in der Schokoladenfabrik, der ihren Wunsch, eine Zeit in England zu verbringen, fast zunichte gemacht hätte. Da war die große Befriedigung, dass sie sich schon nach dem zweiten Gehalt in die Dolmetscherschule einschreiben und die Lehrgänge an vier Abenden in der Woche besuchen konnte. Es war dann der gute Abschluss einige Jahre später, der zweifellos dazu beigetragen hatte, dass Nunu eine Stelle als Übersetzerin in England bekam, während damals deutsche Mädchen höchstens als au pair oder in Krankenhäusern arbeiten konnten. Wie das gelungen sei, wollte auch der überraschte Angestellte im Konsulat wissen, als Nunu ihr Visum abholte.

Der Erfolg
Ein Blick zurück auf den den Lebensweg bestimmenden grenzüberschreitenden Julitag bestätigt, dass Nunu richtig entschieden hatte. Bei einer Vielzahl unterschiedlicher Interessensgebiete hat sie sich vor allem ihre Liebe zu Sprache und zu Sprachen erhalten, und sie wurde schließlich auch Sprachwissenschaftlerin.

Hubertus Deick

Die Russen sind da.

Als nun die Lokomotive kaputt geschossen war, war ihnen klar, dass hier vor der Festung Kolberg die Flucht erst einmal zu Ende war. Noch eine Nacht in der Kälte war sinnlos. Außerdem hatte es in der Abenddämmerung wieder angefangen zu schneien. Aber da war ja das Bahnwärterhäuschen, ein Gebäude wie es seit Kaisers Zeiten viele an den Eisenbahnstrecken im Deutschen Reich gab. Sie waren alle nach dem gleichen Bauplan errichtet. Die Familie des Bahnwärters hatte nicht gerade viel Platz darin. Aber für sie reichte er aus.

Nun aber, am Abend des Tages, drängten sich die Familie und sehr viele Flüchtlinge dort in der Wohnstube eng zusammen. Der große Kachelofen in der Ecke verbreitete eine lange nicht mehr erfahrene, wohltuende Wärme. Das war, so spürte Albert, aber nun wirklich das einzige gute Gefühl. Die Menschen ahnten, nein, sie wussten, dass sie nun hinter der Front waren. Die Hoffnung, nicht in die Hände der Russen zu fallen, gab es nicht mehr. Die Angst hatte das Bahnwärterhaus besetzt. Die Menschen sprachen wenig. Sie warteten. Sie sahen aus den Fenstern.

Draußen erwachte der Tag, der 7. März 1945, unter einem milchig, dunstigen Himmel. Die Gegend lag unter einer dünnen Schneedecke. Die Ruhe war nach dem Kampfgetöse der letzten Tage unwirklich, ja geradezu unheimlich. Nur in der Ferne grollten dumpf die Kriegsmaschinen. Durch die Fenster waren sie zu sehen. Obwohl noch weit entfernt, konnten die Menschen im Bahnwärterhaus schon erkennen, dass zwei Soldaten auf das einsame Haus zugingen. Ziemlich langsam und, wie es schien, müde stapften sie über das weiße Schneefeld unter dem der pommersche

Kartoffelacker seinen Winterschlaf hielt. Die langen Gewehre hingen schräg über ihre Rücken. „Nein, nein! Das sind keine Russen", sagte irgendwer der sich noch dichter zusammendrängenden Flüchtlinge. „Die sehen doch aus wie die von der lettischen Waffen-SS."

Albert aber sah das anders. Die jungen Soldaten des Bataillons der Waffen-SS, das im Birkenwäldchen wohnte und einmal in der Woche in die kleine Stadt marschierte, hatten keine Ähnlichkeit mit diesen zweien, die immer näher kamen.

Das waren keine deutsche Soldaten und auch nicht Soldaten in deutschen Uniformen. Da konnte ihm keiner etwas vormachen. Er kannte doch alles, die Farben aller Waffengattungen, hatte aus der Zeitung die neuen Ritterkreuzträger ausgeschnitten und aufgeklebt, war tieftraurig, dass die Russen drei Monate zu früh kamen. Sonst wäre er doch noch Pimpf geworden. Nun musste er seine eigenen Soldaten im Bahnwärterhaus verstecken.

Nein, der Zehnjährige sah, dass die Farbe der langen, überlangen Mäntel nicht feldgrau war. Sie war so bräunlich. So. Da waren sie also. Die gefürchteten Untermenschen, zwei schon nicht mehr ganz so junge Rotarmisten, die sich gar nicht Furcht erregend gaben und nur wissen wollten, ob „Deutsches Soldat hier?" Aber hier waren nur Kinder, Frauen und ein paar alte Männer, keine Soldaten. Das sahen auch sie. Beide trollten sich nach kurzer Zeit wieder und gingen zurück in Richtung des Dorfes. Besonders die Frauen atmeten nach diesem Besuch auf. Vielleicht war ja alles gar nicht so schlimm. Schließlich waren die Russen ja auch Menschen. Und die Gespräche wurden wieder lebhafter, die Stimmen lauter.

Doch die Frauen hatten zu früh aufgeatmet. Da kam etwas vom Dorf her. Auf einem kleinen, struppigen Pferdchen ritt er heran, der Kleinwüchsige mit schrägen Schlitzaugen im pockennarbigen Gesicht. Das war er! Das war der Untermensch! Auf dem Kopf eine seltsame, nach oben spitz auslaufende Pelzmütze, mit dem roten, fünfzackigen Stern, eine blaue, gesteppte Jacke, breite, gelbbraune Reiterhosen. Am langen Lederriemen steckte eine große Pistole in den Hosen. Stiefel aus weichem Leder klopften leicht die Flanken des Pferdchens. Wortlos betrat er, die lange Pistole in der rechten Hand, das Haus und musterte mit finsterem Blick die Deutschen.

Albert machte sich klein, ganz klein. Aber dieser Soldat – war das überhaupt ein Soldat? – hatte den Aufruf, deutsche Frauen zur rechtmäßigen Beute zu nehmen, aufmerksam gelesen. „Du! Frau, komm!", sagte er zur ersten und verschwand, ständig mit der Pistole herumfuchtelnd, mit der ersten Frau nach unten in den Kartoffelkeller. „Du! Frau, komm!", sagte er zur zweiten, als er nach einigen Minuten wieder zurückkam, und verschwand mit ihr ebenfalls. „Du! Frau, komm!" So ging es weiter, bis er mit allen Frauen unten gewesen war.

Die Zeit schien still zu stehen. Albert hatte die Urangst gepackt. Wann würde dieser Schrecken vorbei sein? Der Schlitzäugige ging zu Alberts Papa: „Du! Komm!" Und wieder ließ er die Pistole drohend kreisen. Es dauerte lange, sehr lange. Es war, als ob die Menschen auf einen Schuss, auf einen Knall warteten. Durch das Fenster sahen sie aber, wie das Pferdchen mit seinem kleinen, aber fürchterlichen Reiter davonritt.

Der Papa kam wortlos, blass in die Stube zurück. „Kommt! So schnell wie möglich müssen wir hier weg. Wir gehen ins Dorf. Da sind viele Menschen und da sind wir eher in Sicherheit als hier." Die Ofenklappe riss er auf und alles, worauf das Hakenkreuz prangte, verbrannte er. Auch sein Parteiabzeichen. Das würde er nie wieder anstecken müssen, könnte jedoch brandgefährlich werden, wenn ein Russe es bei ihm finden würde. Das verstand auch der Junge. Das letzte Federbett, das im Viehwaggon noch gewärmt hatte, blieb im Bahnwärterhaus zurück. Nur das, was noch wirklich wichtig war, packten sie in Taschen und Koffer. Gerade soviel, wie sie tragen konnten. Natürlich wurde auch das kleine Rucksäckchen gepackt. Die feldgraue Kompanie blieb im Bahnwärterhaus. Albert versteckte sie zwischen den Sparren des Daches.

Gerade als sie gehen wollten, kamen wieder zwei Soldaten. Es waren die beiden vom Vormittag. Vielleicht war ihnen in der Zwischenzeit eingefallen, dass sie etwas vergessen hatten. „Uri! Uri!", grölten sie. Sie hatten den Sieg wohl schon vorgefeiert. Wodkadunst ging von ihnen aus. Aber nachdem die Frauen und die wenigen alten Männer ihre Armbanduhren abgeliefert hatten, gingen die beiden Sieger leicht schaukelnd zurück ins nahe Dorf.

Albert machte sich Gedanken. Waren das überhaupt Soldaten? Der Zehnjährige kannte bisher nur die ordentlichen deutschen Soldaten in sauberen Uniformen. Im verschmutzten Kampfanzug hatte er ja auch noch keine deutschen Soldaten gesehen. Aber auch dann, davon war er überzeugt, würden sie noch Ordnung einhalten. Es waren eben deutsche Soldaten. Aber die Russen, die er bisher gesehen hatte? Um Gottes willen! Waren das wirklich Soldaten? Und dieser in der blauen, gesteppten Jacke. War das wirklich ein Soldat?

Auf den Holzdielen lagen sie dicht an dicht. Es war dunkel in den zwei Klassenzimmern der kleinen Dorfschule. Lärmende Rotarmisten leuchteten mit Taschenlampen auf die Liegenden. „Frau! Komm!" Vom Wodka und Beuteschnaps berauscht stolperten sie über die Flüchtlinge auf der Suche nach deutschen Frauen. Irgendwann schlief Albert erschöpft ein.

Der nächste Morgen. Übermüdet ging die Familie zurück in die Richtung, aus der sie gekommen war, nach Osten. Zurück an der endlosen Reihe der verlassenen, jetzt geplünderten Züge. Viele Kilometer lang lagen verstreut Koffer, Hausrat, eine Puppe, Kleidungsstücke, deutsche Gewehre links und rechts des Gleises.

Strandgut des Krieges. Zeichen der Katastrophe. Zeichen der Nie-
derlage.

Nach drei, vier Stunden lag etwas abseits der Eisenbahn ein Dorf.
Strohbedeckte Häuser mit dem Stall und der Scheune standen
inmitten von Bauerngärten, Wiesen und Feldern. Alberts Papa
meinte, nun weit genug von der Front und der Festung Kolberg
weg zu sein. In einem Bauernhaus war ein Zimmer frei. In das zog
die Familie für die nächsten Monate.

Wolfram Eberbach

Damals

quidquid agis, prudenter agas et respice finem

In Schlössern, Kolchosen, Baracken
nächtelang saßen wir,
nächtelang wurde gesoffen,
gesprochen nur von „ihr'".
Es wurde von Glück und vom Schicksal geredet,
oft über Zoten gelacht.
Es wurde gequalmt, das Grammophon grölte.
Es wurde nur nicht an morgen gedacht.

Im größten Dreck ist die Staffel gelegen.
Kein Bett, aber Läuse genug.
Nicht einmal Zigaretten gab's.
Alles war einfach Betrug.
Wir sind in den ältesten Mühlen geflogen
Wir haben geflucht und gelacht.
Am Abend, da wurde gesoffen, gequalmt.
An morgen hat keiner gedacht.

Fliegergedanken 1948

Über mir die Wolkenfetzen
seh ich beim Im-Grase-Liegen.
Ach, ich möchte weg vom Boden,
möcht so gerne wieder fliegen,
möchte endlich wieder starten
in den reinen, blauen Äther.
Doch ich weiß, ich muss noch warten.
Immer heißt es: „Später, später."

Bei den wirren Wolkenfetzen
will ich Kapriolen drehen,
Freunden, Feinden, Spießern, Gecken
auf die dummen Köpfe sehen.
Looping, Rolle, Sturzflug, Trudeln,
Erde unten, Erde oben –.
Wenn ich dürfte, wie ich wollte,
würde ich das Schicksal loben.

Doch ich liege auf dem Rücken
zwischen Trümmern in der Sonne.
Wirre Wolkenfetzenspiele
sind jetzt meine einzge Wonne.
Schicksal, blind heraufbeschworen
durch die Zeit und unsern Willen,
gib uns wieder unsre Flügel,
dass wir unsre Sehnsucht stillen.

Wieder daheim

Die Nacht ist vorbei,
der Donner vergrollt.
Noch dampft die Erde vom Blut.
Wir stehen zu zweit zwischen Trümmern und Tod,
umgeben von schrecklichster, hässlichster Not
in grauer Elendsflut.

Du schmiegst dich an mich,
deinen Schutz, deinen Schild.
Du glaubst an der Zukunft Leben.
Nicht die eigene Not gibt mir Kraft und Mark.
Dein Vertrauen, deine Liebe machen mich stark,
dir all meinen Willen zu geben.

Wir haben der Erde nur Tod gebracht.
Nach Rauch schmeckt noch der Wind.
Wir haben nichts als unsern Schmerz.
Trotzdem fließt Leben uns ins Herz,
denn unter deinem trägst du unser Kind.

Nachkriegsglück

Strahlende Sonne, Liebe und Glück,
hab ich euch wiedergefunden?
Lachen, Leben, Blumen und Grün,
flüchtig verfliegende Stunden.

Sommernachtstraum,
Blüten und Blau,
Vögel, die jubilieren.
Wachsendes Werden in Feld und in Au,
Amoretten, die triumphieren.

Linder Abend, trauliche Nacht,
zärtliches Wohlbehagen.
Froh geh ich zur Ruh.
Der Tag ist vorbei.
Doch immernoch knurrt mein Magen.

Lena Heimhilger

Zwischen Traum und Wirklichkeit
Als Flüchtlingskind gelernt zwischen den Welten zu jonglieren

Es war eine wildromantische Bergwelt in Weißbach und Inzell im oberbayerischen Alpenvorland, wo ein Großteil der „Ujszentiva-ner" (Dorf bei Széged/Ungarn) nach ihrer Flucht und Vertreibung per Pferd und Wagen, hauptsächlich Frauen, Kinder und Alte, die Männer waren im Krieg, im Mai 1945 gelandet waren.
Gerade für diese Alten – als Kinder der Ebene – war das gewaltige Rund der Bergriesen eine Beengung, andererseits aber auch ein steinerner Wächter und Beschützer ihre Kinder und Kindeskinder. Unter diesen war auch meine Mutter mit meiner eineinhalbjährigen Schwester. Bei Bauern fanden sie eine erste Unterkunft und Verpflegung. Nach einiger Zeit fingen die Frauen an, ihre Männer zu suchen und zu finden. Ein Leben voller Anpassung, Verzicht, Unsicherheit und Ausgrenzung begann.
Schon als Zweijährige spürte ich eine gewisse Anspannung in unserer Familie, eine Gereiztheit, die oft in Wutausbrüchen meines Vaters, der seine Heimat schwer vermisste, endete. Ich begann, mich in eine Phantasiewelt zu flüchten, die bestimmt war von Engeln und Geistern, die mich beschützten und die mir den Weg zeigten. Später war diese Welt voller Gaukler, Künstler und Träumer. Mit knapp drei Jahren avancierte ich zur kleinen Künstlerin und gab vor Publikum kleine Vorstellungen, versteckt unter einer großen Decke. Diese fiktive Bühne wird mein Zuhause, da fühle ich mich geborgen.
In meinen Träumen fliege ich durch's Zirkuszelt, umgeben und aufgefangen von kraftvollen schönen Menschen.

Manchmal kommen mir Zweifel, dass mit mir irgendetwas nicht stimmt, oft streift eine unsichtbare Hand meinen Kopf, ich zucke zusammen, vielleicht ein „Schutzengel".

Mit zusammengepressten Lippen laufe ich durch mein junges Leben, ich spreche wenig, allenfalls mit meinen Puppen und mit dem Publikum. Zu Weihnachten – es ist mein sechstes Lebensjahr – passiert etwas, das mein Leben entscheidend verändert. Ich werde die geistige Vertraute meines Vaters. Ein Trauma nimmt seinen Lauf. Meine Mutter provoziert mich an diesem Tag so sehr, dass ich weglaufe, endgültig, dachte ich, weg von diesen ewigen Zwängen, von dieser Enge, hinaus in den Schneesturm, lediglich mit Rock und Pullover bekleidet. Ich laufe und laufe inmitten einer riesigen Wiese im kniehohen Schnee, bis ich mich völlig erschöpft in den schützenden, weißen Schnee lege und sehnsuchtsvoll darauf warte, von den Engeln zum Himmel emporgehoben zu werden. In diesem Moment zieht mich mein Vater aus dem Schnee, umarmt mich, weint, und ich weine mit ihm. Er bringt mich nach Hause.

Seit diesem Moment ist für mich alles anders, ich habe erstmals Gefühle gespürt, seine Angst mich zu verlieren. Er hat gemerkt, dass der Tod mich mehr anzieht als das Leben. Ungefähr im Alter von neun Jahren wurde ich „mondsüchtig", ich wandelte im Schlaf, verwandelte das Haus in ein Lichtermeer – ich schaltete alle Lichter ein –, war auf dem Weg nach draußen bis mich meine Mutter wieder zurück in mein Bett brachte, jedes Mal. In dieser Zeit häuften sich die Herzattacken meines Vaters, meist wegen starker Schmerz- und Suchtmittel, die ihm zu einem besseren Lebensgefühl nach einem schweren Unfall im Wald als Holzfäller verhelfen sollten. Er sehnte sich zurück nach seiner Heimat, seinem Land, seiner Puszta, er litt sehr unter dieser Trennung und auch unter den immer wieder auftretenden Schmerzen, verursacht durch den Unfall, der ihn fast das Leben gekostet hat.

In solchen Momenten war ich seine Vertraute, ich hielt ihm die Hand, bis der Arzt kam, streichelte ihn und saß stundenlang an seinem Bett. Meine Mutter beobachtete uns von der Zimmertür aus, kam aber nicht näher. Oft spürte ich ihre Kälte und Eifersucht, gleichzeitig empfand ich sie als „übermächtig und unheimlich stark".

Meine ersten Erfahrungen mit Jungs waren eher kurz und schmerzlos. Mit achtzehn Jahren wurde ich von einem Drogendealer aus Essen (was ich natürlich in meiner Naivität nicht erkannte) in die Welt der Drogen eingeführt. Ein Jahr der „Ups and Downs" begann. Anfangs fühlte ich mich gut, auch mit ihm, später empfand ich mich unendlich weit weg, isoliert. Von heute auf morgen konnte ich das Thema sein lassen.

Beruflich war ich zu dieser Zeit schon sehr erfolgreich. Fachabitur, Verwaltungsschule mit Fachprüfungen erreichte ich gerade in dieser Drogenzeit mit glänzenden Leistungen. Nur mein „Inneres" machte mir Schwierigkeiten, diese Zwiegespaltenheit, ich fühlte mich unverstanden und wollte mich in das Niegeborensein flüchten, aber ich war nun mal da.

Gerade einundzwanzig, zurück nach einer einjährigen Berufstätigkeit aus München, die Großstadt machte mir Angst, lernte ich einen Krankenpfleger kennen, und wir verliebten uns schnell ineinander.

Glanz- und Glitterzeit einen Sommer lang, auf Wolken schwebend.

Ich wurde schwanger, der Kreislauf begann, unsere Eltern verlangten eine Ehe …

Plötzlich geht es um Existenzprobleme. Man erwartet von mir die Rolle der beruflich Erfolgreichen, der Ernährerin, der Mutter, der Ehefrau, Hausfrau.

Ich breche zusammen, der Druck der Erwartungen wird zu groß. Meine Angstzustände kommen öfter und intensiver. Krampfhaft versuchte ich, nach außen die Stellung zu halten.
Ich lasse mich scheiden.
Tief in meinem Innersten wusste ich von Kindheit an, dass ich lieber nicht heiraten wollte. Nie wollte ich einen Menschen besitzen oder mich von einem besitzen lassen …

Dann kommt die Wende:
Der Start in eine neue Berufswelt im sozialen Bereich. Mein innerer Leidensdruck ist mittlerweile so groß, dass ich schon im ersten Berufsjahr eine „Selbsterfahrungsgruppe" ins Leben rufe, was zur damaligen Zeit (1980) noch sehr ungewöhnlich war. Es klappte, wir waren zehn bis zwölf Personen, zusammen mit einem Psychologen und einem Sozialarbeiter trafen wir uns einmal die Woche zur „Gesprächsrunde" für ein Jahr.
Ich werfe bei den „Treffs" Aufputscher ein und bin ständig Sunnygirl, lasse nichts rein und nichts raus. Bis ich meine eigene Verleugnung konkret wahrnehme und auf das Angebot des Therapeuten eingehe, vierzehntägig „Bioenergetische Übungen" in einer kleineren Gruppe mitzumachen. Ich merke, dass die Arbeit mit dem Körper bei mir sehr intensiv wirkt, ich lasse Gefühle frei fließen und bekomme dadurch die Möglichkeit, mich zu öffnen. Mein Innerstes schwappt nach außen und von Mal zu Mal lasse ich mehr zu und hole mir eine Energie, die ich bis dahin noch gar nicht gekannt habe.
Die Lust am Leben! Zum ersten Mal in meinem Leben weine ich vor relativ fremden Menschen und gebe stückweise Gefühle, die ich selbst noch nicht kannte, vor mir und den anderen preis. Ein sehr waaghalsiger Schritt, denn wer fängt mich auf! Ich lerne, damit umzugehen. Nach zwei Jahren fühle ich mich mutig, selbstbewusst und wage mich in die Realität des Alltags. Ich erlebe Gefüh-

le intensiver und lerne langsam auch zu „lieben". Es fasziniert mich nicht das „Gemachte und Gekonnte" sondern letztlich meine eigene Phantasiewelt, die schöner ist als alle kalkulierbaren Effekte – und dann erscheint das Wenige nur Viel. Ich brauche diese Bodenlosigkeit, wo jeder Sinn, den du findest, sich wieder auflöst, denn das Gegenteil davon stimmt eben auch. Das Leben ist für mich letztlich vollkommen paradox.

Nach all den Jahren des Powerns, des Aufarbeitens der Wunden, die meine Eltern durch Flucht und Vertreibung aus ihrer Heimat an uns Kinder weitergaben, komme ich zur Ruhe, kann loslassen, die Dinge „sein" lassen.

Heute, wenn ich in der Puszta reite, fühle ich mich eins mit der Erde, eins mit dem Pferd, dessen Wärme und Kraft ich intensiv spüre, eins mit der Luft, die mich atmen lässt, sinnig mit mir selbst. Ich kann loslassen, schweben, abheben ohne zu fallen.

Ich lerne einen Mann kennen von dem ich mich erkannt fühle. Eine Reise in mein Innenleben beginnt. Meine Angst zu leben wird weniger. Ich will die Bühne zu meinem Leben werden lassen. Schon als Kind lebte ich gerne in einer Traumwelt, umgeben von selbst erdachten Inszenierungen. Viele weggesteckte Gefühle werden wach, lassen Trauer zu, Enttäuschungen, Ängste, Lust und Freiheit. Ein wiederholtes Ausleben dieser Gefühle führt immer wieder zu einer Auflösung wie in Trance. Ich habe das Gefühl, zu schweben im Universum, unantastbar, frei und rein, ich kann Schwingen und Perspektiven sehen! Meine Gedanken sind frei, mein Körper fühlt! Wenn er mich umarmt, spüre ich die Hitze in meinem Körper, es existiert weder ein Zeit- noch ein Raumgefühl, ich weine vor Glück, diese Tiefe, diese Intensität, meine Gefühle liegen frei, ich will mich nicht mehr kontrollieren. Es gibt nichts mehr, was mich aufhält. Vertrauen und Sicherheit gibst du mir, meine Leichtigkeit schenke ich dir.

Es ist wie die Angst zu sterben. Bin ich erst einmal durch die erste Angst, mich zu verlieren, kommt dieses überwältigende Lustgefühl … Ich rase mit unbeschreiblicher Geschwindigkeit auf einen unendlichen Horizont zu – oder ist es ein Punkt!

Früher war ich die leicht „Verträumte", heute lebe ich mehr im „Jetzt".

Aber nach wie vor ist es so, dass ich mich gerne vom Geheimnis des Zufalls leiten lasse, dem ich gewissermaßen mit schlafwandlerischer Sicherheit am ehesten begegne, und es gehört zu meinem Daseinsgefühl, dass auch die sogenannte Wirklichkeit etwas Traumhaftes hat.

Die indische Anschauung, dass das Leben „Maya" ist, Illusion, Täuschung und Vorstellungsgebilde, ist für mich eine oft durchlebte Erfahrung.

Verwandlung, das ist für mich Leben. Ich mache den Schritt in die Gleichgültigkeit und bin frei.

Wirf dein Herz vor dir her und laufe ihm nach, um es zu fangen.
(Arabisches Sprichwort)

Christa Held

Versottene Steine
oder: Warum Simone nicht kam

Wer weiß heute noch, was versottene Steine sind? Das sind die Ziegel, die ursprünglich zum Bau von Schornsteinen verwendet wurden. Mit der Zeit sondern sie Salpeter ab und sind eigentlich nicht mehr zu gebrauchen, sie halten zwar noch zusammen, sind aber ausgebrannt. Steht irgendwo so im Lexikon und interessierte uns herzlich wenig.

Denn mit sechzehn gehörte ich zu den jüngsten Trümmerfrauen in Berlin und wühlte mit bloßen Händen im Häuserschutt nach brauchbaren Steinen. Heute weiß ich nicht mehr, wie hoch unser Lohn war, uns wurmte vielmehr, dass wir nicht einmal die bessere Lebensmittelkarte A bekamen. Diese war für Schwerstarbeiter reserviert und man musste dazu über achtzehn sein.

Die schwarzen Steine mochte ich gar nicht. Sie machten die Nägel brüchig und die Hände rissig. Auch gingen die Mörtelreste nur schwer ab. Und es gab so viele davon. Ziegel für Schornsteine? Ausgebrannt und voller Ruß. Eigentlich unbrauchbar. Aber zu der Zeit gab es nichts, was unbrauchbar war, schließlich war Berlin gerade ein riesiger Schornstein geworden: ausgebrannt und rußig.

Jahre später, als unsere *Berufssparte* schon längst der Vergangenheit angehörte, wurde festgestellt, dass diese Steine wirklich nicht sehr brauchbar für den Neuaufbau gewesen waren. Hell verputzte Wandflächen zeigten plötzlich graue Flecken. Die Mauern schienen immer feucht zu sein: Absonderungen aus versotteten Steinen. Sie mussten speziell isoliert werden, und manches Mal nutzte auch das nicht viel.

So war es auch mit den Erinnerungen. Wir haben sie für unseren inneren Aufbau nutzen müssen, wir haben sie ebenfalls auch sorgsam übertüncht, sehr sorgfältig und intensiv sogar, aber dann – wir dachten nur noch selten an die Geschehnisse von damals – kamen diese grauen Flecken wieder hervor, sie ließen sich einfach nicht restlos isolieren.

Nein, das hier waren keine versotteten Steine – heute nennt man so etwas nichtbewältigtes Trauma und tut viel dagegen. Oft genauso vergeblich. Davon wussten wir damals noch nichts. Wir waren stolz, am Aufbau mitzuhelfen, trotz zerschundener Hände und ständigem Hunger.

„Hattet ihr denn keine Handcreme oder wenigstens Vaseline dagegen?", wurde ich einmal gefragt. Mein Lachen muss wohl gequält geklungen haben. Hautcreme gab es nicht, und das bisschen Vaseline, was wir noch im Verbandskasten gefunden hatten, wurde äußert sparsam als Bratfett verwendet. Davon gab es Durchfall. Aber so war es eben: mit sechzehn eine unter den jüngsten Trümmerfrauen, mit noch nicht ganz achtzehn eine der jüngsten Lehrerinnen im Osten von Berlin – natürlich ohne Studium. Pädagogik und Methodik sortierten sich aus unseren Erinnerungen an die eigene Schulzeit mit ihren so unterschiedlichen Lehrern, und die Psychologie nährte sich von dem Gefühl der Menschlichkeit, das wir aus Trümmern *geborgen* und *abgeklopft* hatten.

Die Fensterscheiben waren noch lange nicht erneuert worden und in dem berüchtigten Winter 47/48 konnten wir nur in Mänteln unterrichten. Oft waren es Militärmäntel von Angehörigen, die nicht wieder nach Hause gekommen waren, und die kleinen Schüler lernten das Schreiben mit klammen Fingern in viel zu großen Wollhandschuhen. Berlin war in Sektoren aufgeteilt, aber die Mauer lag noch fern in weiter Zukunft. So konnten wir hin und her wandern, laufen, fahren und uns über die unterschiedlichsten Entwicklungen der Stadtteile wundern. Aber viel dachten wir darüber nicht nach. Wieder hatten wir ein Soll zu erfüllen. Und im sowjetischen Sektor wurde streng kontrolliert und überprüft. So kam es, dass so mancher, der das schicksalhafte Glück hatte, im Westteil der Stadt zu wohnen, einfach nicht mehr zum Dienst kam. Dafür setzte die Wanderung in gegenteiliger Richtung ein: Auf nach drüben, war die Devise. Eines Tages ging auch ich. Vielleicht wegen Simone?

Da war sie wieder, die Erinnerung, die ich so tief in mir vergraben hatte. Nur ein Schicksal von vielen aus dieser Zeit, die man genauso gern vergessen wollte wie Kellernächte und Trümmerfrauen. Sie eigneten sich nicht zu einem Wiederaufbau Und zu einem Neuanfang schon gar nicht. Aber keine Tünche der Welt konnte auf Dauer die grauen Erinnerungsflecken der *versotteten Steine* verdecken. Ach, Simone!

Sie war eine *Überalterte*, eine, die erst spät wieder zur Schule zurückgefunden hatte. Und das blaue Samtkostüm ließ sie fast exotisch erscheinen. Von welcher Großmutter sie das wohl geerbt hatte? Aber es passte zu ihrem kastanienroten Haar, eine Farbe, die ein Frisör auch heute noch kaum richtig färben konnte. Grüne Augen hätte man vermutet, aber ihre waren fast schwarz und ungewöhnlich groß. Sie begegnete nicht nur mir mit einer Feindseligkeit, die ich einfach nicht einordnen konnte, kam ich doch eigentlich gut mit meinen Schülern aus. Ich musste den Schülerbogen ausfüllen und fragte sie, ob sie bei ihren Eltern wohne. „Nein, meine Mutter ist tot!", kam eine mürrische Antwort. „Und dein Vater?" „Der sitzt!" Erstaunt sah ich sie an. Nicht, dass es ungewöhnlich war. Damals verschwand so mancher – mit Grund oder auch ohne. Der Ton war es, der mich erschreckte. Doch arrogant und feindselig hielt sie meinem Blick stand. „Wirtschaftsvergehen."

Das Geschehen auf dem *Schwarzen Markt* gehörte zum Alltag. Da waren Fragen nicht angebracht. Aber es war Pflicht, dass wir Lehrer Hausbesuche machten. Man erwartete von uns, das Umfeld zu erkunden. Vor allem sollten wir überprüfen, ob zugeteilte Bezugscheine auch richtig eingelöst wurden und nicht in dunklen Kanälen beim Umtausch gegen Zigaretten verschwanden. Simone lebte mit ihrer Schwester zusammen in einem Zimmer im Hinterhof eines noch nicht zum Abriss freigegebenen Hauses. Küche ohne Fenster, Klo auf halber Treppe. Nun ja, soviel besser war meine Behausung auch nicht. Das war damals eben so. Die Schwester machte einen netten Eindruck und schien meinen Besuch nicht gleich als unangenehme Kontrolle zu werten.

Sie sprach ganz offen über Erlebnisse auf der Flucht. Die Mutter war verwundet worden. Sie ließen sie zurück, denn der Treck zog unbarmherzig weiter. Mit Gewalt musste man Simone von der Seite der Mutter fortreißen. Zuerst hatte sie getobt und geschrien, doch dann war sie in eine stumpfe Wehrlosigkeit gefallen. Sie sprach einfach nicht mehr.

Der Vater wurde eines Tages bei einer Razzia geschnappt, als er Butter kaufen wollte. Er hatte gemeint, sie für Simone zu brauchen, da bei ihr der Verdacht auf Tbc bestand. Simone kam nach Hause. Mich beachtete sie nicht. „Na, tratsch nicht zu viele Familiengeheimnisse aus", meinte sie bissig zu ihrer Schwester. Dann schlug die Tür hinter ihr zu. „Sie dürfen nicht schlecht von ihr denken", versuchte diese zu vermitteln. „Simone ist oft sehr sonderbar. Als Vater nicht nach Hause kam, und wir erst nach Tagen erfuhren, dass man ihn verhaftet hatte, wollte sie sich das Leben nehmen." Arme Simone! Wir waren doch am Leben. Es hatte gerade für uns angefangen, wieder Sinn zu bekommen, wurde tagtäglich besser, ja manchmal schon erfreulich.

War es jugendlicher Leichtsinn, der irrsinnige Drang, es besser zu machen? Ich weiß es nicht. Ich weiß nur, dass ich damals mit Simone, für sie, den Glauben an das Leben wiederentdecken wollte. Dann fehlte Simone im Unterricht.

Wir hatten die Auflage, uns spätestens nach drei Tagen zu erkundigen, aber ehe ich mich dazu aufraffen konnte, erschien ihre Schwester. Simone sei schwer krank. Was war, wusste man nicht so genau, aber sie frage dauernd nach mir, ob ich wohl kommen könnte. Nach Dienstschluss machte ich mich auf den Weg.

Ich hatte ein ungutes Gefühl. Simone lag im Bett und warf sich unruhig von einer Seite auf die andere. Sie schien bewusstlos. Mir blieb nichts anderes übrig, als mich an ihr Bett zu setzen und zu warten. Worauf denn warten? Auch am nächsten Tag ging ich hin, denn die Schwester hatte mich gebeten, auf den Arzt zu warten, sie dürfe bei der Arbeit nicht länger fehlen. Endlich kam der Arzt. Er war ein kleiner, nervöser Mann, aber seine Hände arbeiteten behutsam. Simone stöhnte, ihre Augen jedoch blieben geschlossen.

„Was ist, Doktor?", fragte ich leise. Er zuckte die Achseln. „Genaues ist noch nicht zu sagen. Wir haben im Krankenhaus erste Fälle von Gehirntuberkulose. Sieht ähnlich aus." Davon hatte ich noch nie etwas gehört. Angst hat viele Gesichter, und sie griff nach mir. „Und – und – was kann man da machen?", würgte ich hervor. „Nicht viel. Das heißt, wir hier können nicht viel tun. Die Amerikaner sollen ein neues Medikament haben – Streptomyzcin. Soll gut sein, aber wir haben kaum Erfahrung damit." „Und – können Sie es nicht besorgen?" Diesmal schüttelte er den Kopf. Er wirkte sehr traurig.

„Alles, was ich tun kann, ist, an die Regierung zu schreiben mit der Bitte, es aus Westberlin einzuführen. Aber ob die offiziellen Stellen schnell genug arbeiten werden …?" Er seufzte tief und das war Antwort genug. „Aber Sie werden es doch versuchen", drängte ich. „Sie machen Schwierigkeiten. Sie haben es nicht gerne, wenn einfache Allgemeinmediziner solche Anträge stellen. Ich komme morgen wieder. Sollte sich der Verdacht erhärten, muss ich sie ins Krankenhaus überweisen. Da müssen Tests gemacht werden.

Und –", er hob den Kopf und nickte mir aufmunternd zu, „vielleicht haben wir Glück, und ein wenig von diesem neuen Wundermittel ist dort vorhanden."

Konnte ein Arzt – der Mensch, der geschworen hatte, alles Mögliche zu tun, um einem Menschen medizinisch zu helfen – wirklich letztendlich so gleichgültig sein? Er schien zu merken, was ich dachte, „Was wissen Sie schon von den Schwierigkeiten unter denen wir zu arbeiten haben? So viele Menschen sterben, weil wir einfach nicht helfen können. Es ist wie in einem verlängerten Krieg, nur müssen wir nicht mehr in den Kellern warten, bis die Entwarnungssirenen ertönen!" Reden, einfach reden um zu beruhigen. Wieder blickte er mich fragend an, aber auch ich kannte die Kriegsschrecken nur zu Genüge. Ich wollte heftig werden, doch er winkte ab. „Seien Sie bloß still."

Ich spürte den Doppelsinn seiner Worte ganz genau. „Das ist das Einzige, was Sie tun können. Die Kranke darf nicht gestört werden. – Und ich will mein Bestes versuchen." Doch seine Worte konnten mich nicht überzeugen. Jetzt still sitzen? Nichts tun war grausam. Ich wollte den Kampf nicht aufgeben. Aber es ist doch nur eine Schülerin. Eine von so vielen. Vielleicht meint das Schicksal es gnädig mit ihr und lässt sie gehen. Streptomycin, Streptomycin – dröhnte es in meinem Kopf. Gab es wirklich keine Möglichkeit?

Lebensmittelmarken für die Schulspeisung wurden zwecks Abrechnung auf große Zeitungsbogen geklebt. Als jüngster Kollegin war mir diese Arbeit zugeteilt worden.

Und da fiel es mir ein:

In einem Artikel auf den ich gerade Mehlkleister gestrichen hatte, um die kleinen, so wertvollen Marken aufzukleben, war berichtet worden, dass Krankenhäuser in Westberlin bestimmte – vor allem neue Medikamente – kostenlos an bedürftige Ostberliner abgaben. Und ich hatte mich noch gewundert, dass am nächsten Tag in einem weiteren Artikel diese Meldungen widerrufen worden war. Ungeduldig wartete ich auf Simones Schwester. Dann machte ich mich auf den langen Weg. Da wurde mir mitgeteilt, dass ich die nötigen Ampullen bekommen könne, wenn der behandelnde Arzt ein Rezept ausstellte. Es müsse nur eine schriftliche Erklärung von ihm beigefügt werden, dass er das Mittel auch verabreichen würde. „Sehen Sie, wir müssen uns auch absichern. Es kommt vor, dass die teuren Medikamente den Kranken nie erreichen, sondern auf dem schwarzen Markt verschwinden." Aber ich hatte keine Zeit, mir lange Erklärungen anzuhören. Das Mittel wollte ich. Weiter nichts. Mein nächster Weg war in die Praxis.

Zwei Stunden musste ich warten. Vordrängeln gab's nicht. Verständlich: Ich konnte ja viel erzählen, und wer in jenen Tagen beim Arzt wartete, hatte es ebenfalls bitter nötig. Endlich! Ich bat um das lebenswichtige Rezept. Er schüttelte den Kopf. „Ich kann nicht. Ich verliere meine Zulassung, wenn es herauskommt." „Aber wer soll davon erfahren?", warf ich hitzig ein. „Es ist Ihre Pflicht, das Risiko auf sich zu nehmen. Es geht um ein Menschenleben." Hatte er gemurmelt: Was ist heutzutage schon ein Menschenleben? Meinte er auch wie so viele, dass die Toten besser dran wären? Ich konnte und ich wollte es nicht fassen. „Es ist meine Pflicht, mich genau an unsere Bestimmungen zu halten. Sehen Sie, da sind meine Patienten. Ich will nicht auch eines Tages *verschwunden* sein." Dann wurde seine Stimme sehr leise: „Ich habe Kinder." „Und Sie können zusehen, wie hier ein Kind einfach wegstirbt? Und wenn es Ihr Kind wäre?" Ich war außer mir. „Es ist nicht mein Kind!" Jetzt war die Stimme hart und eisig. Ich hasste ihn! Erst Jahre später erkannte und verstand ich, warum Menschen so gleichgültig werden konnten. Wer bestehen wollte, musste sich an Bestimmungen, Verordnungen und Gesetze der neuen Zeit halten. Und mancher war bereit, seine Seele zu verkaufen.

Schweren Herzen ging ich zu Simone. Die Nachbarin schloss mir auf. Sie blickte mich kaum an und sagte leise: „Der Krankenwagen ist schon bestellt, aber es kann dauern, bis er kommt." Wieder saß ich am schäbigen Bett. Simone hatte die Augen geschlossen, aber ihre Hände glitten unruhig und verkrampft hin und her als würde sie etwas suchen. Ich wartete. Worauf? „Fräulein Sommer –" Die Hände lagen jetzt ganz still auf der Decke. Groß blickten mich Simones schwarze Augen an. „Fräulein Sommer, sind Sie es? Ich kann Sie nicht klar sehen." „Ruhig, Simone, ganz ruhig", flehte ich sie an. „Du darfst nicht sprechen, du bist sehr krank." „Ich weiß, aber ich muss mit Ihnen reden. Mein Kopf – nicht wahr? Ich habe den Arzt doch gehört." Sie versuchte, sich aufzusetzen. „Simone, nicht doch, du musst liegen, ganz still liegen" „Lassen Sie mich! Ich weiß, Sie meinen es gut. Sie meinen es immer gut."
Abwehrend versuchte sie, mir etwas klar zumachen. „Damals wollte ich nicht mehr. Aus – vorbei – nur das schien sinnvoll … Heute aber will ich leben. Gibt es wirklich eine zweite Chance? Sie sprachen so oft davon." Erschöpft sank sie mit geschlossenen Augen zurück. Ich dachte schon, sie sei erneut bewusstlos. Warum kam der Krankenwagen nicht? Da war sie wieder, diese leise Stimme, jetzt aber weich und hilflos. „Ich hasste mich und mein Leben – ich wollte nicht mehr. Dann waren Sie da. Mit Ihrer fast komischen Helferart wollten Sie uns wirklich helfen", Simone lachte heiser, aber mir kamen die Tränen. „Holen Sie das Medikament – bitte – versuchen Sie es …" „Ich habe es schon versucht, Simone, wirklich …" „Holen Sie es – bitte – bitte, holen Sie es – versprechen – versprechen –" Da kam der Krankenwagen.
Ich weiß nicht, was ich den Ärzten im Krankenhaus erzählt habe Ich habe gebettelt, ich habe gefleht, sogar Tränen vergossen. Nach zwei Stunden hatte ich die kostbaren Ampullen in der Hand. Umgehend eilte ich zum Ostberliner Krankenhaus und verlangte den

diensthabenden Arzt. Wieder warten. Endlich! Er hatte den gleichen gehetzten Blick, die gleiche müde Stimme. „Es ist nett von Ihnen, dass Sie sich bemüht haben, aber für Ihre Schwester – es ist doch Ihre Schwester – ist es leider zu spät. Wir dürfen solche kostbaren Medikamente nicht in aussichtslosen Fällen verabreichen. Zurückgeben kann ich es aber auch nicht", fuhr er fort, als er meine ausgestreckte Hand sah. „Es wandert zu viel auf den schwarzen Markt. Aber es war nett von Ihnen, sich bemüht zu haben. Ich werde die Ampullen für den nächsten Fall hier behalten, und der kommt bestimmt sehr bald. Also, trotzdem vielen Dank." Ich starrte ihn an. Ich begriff gar nichts: Nett von Ihnen – herzlichen Dank! Ja, war denn alle Welt irregeworden? Als ich endlich den Sinn seiner Worte begriffen hatte, war er schon längst fort. Simone starb zwei Tage später, ohne noch einmal das Bewusstsein erlangt zu haben.

Ich konnte nicht zur Beerdigung gehen. Für nur eine Schülerin bekam man nicht frei. Aber ich besuchte Simones Schwester. Sie war sehr verändert. Sie sprach kaum und in ihren Augen war auch dieser gehetzte Blick, den ich fürchten gelernt hatte, weil ich dagegen so machtlos war. „Sie war das Einzige, das ich noch hatte. Aber Sie werden das kaum verstehen. Sie war ja nur eine Schülerin von Ihnen. Eine unter vielen. Sie kann Ihnen ja im Grunde gleichgültig sein." „Sie war mir nicht gleichgültig – ich hab' doch getan, was ich konnte …!"

Weitere Worte blieben mir im Halse stecken. Ich drehte mich um und verließ den Raum, den ich nie wieder betreten würde und die gleiche bleierne Müdigkeit streckte ihre grausame Hand nach mir aus. Ich hatte mich doch gekümmert. War es nicht genug gewesen? Wann ist es denn genug? Simone hatte gewusst, dass ich mich eingesetzt hatte. Aber Simone war tot.

Heute machen sich so manche über meinen Einsatz für andere Menschen lustig. Sie ist gut zu gebrauchen, sagen die einen. Helfersyndrom spötteln die anderen. Ich kann aber nichts dafür, ich habe doch mein Versprechen damals bei Simone nicht gehalten. Ja, ich fühle mich schuldig. Ist es da verwunderlich, dass ich versuche, die *Schuld* bei anderen Mitmenschen gutzumachen. Kann ich deswegen Simone nicht vergessen – Simone, die nie kommen wird, wenn viele andere kommen?
Ach, Simone!

Maria Kleinrath

Wie meine Eltern den Krieg erlebten

Im Jahre 1943 musste Vater einrücken. Nach Bricvebeck in der Normandie hatte man ihn zur Grundausbildung einberufen und danach war sein erster Einsatzbereich das Offizierscasino in Griechenland.

Wenn mein Vater vom Krieg erzählte, begann er stets mit der Zeit, die er in der Nähe von Amaruson in Griechenland verbrachte, wo er als Ordonanz von Major Fröch der Diener der Offiziere war. Seine Arbeit bestand aus Einkaufen, Kochen Bedienen der Offiziere und dem Verwalten der Lagerbestände. Er hatte auch Zeit und Gelegenheit, mit einem Motorrad die Gegend und nahe gelegene Städte zu besuchen. Besonders viel erzählte er von der Stadt Thessaloniki, die nicht allzu weit von seinem Quartier entfernt war, und er träumte oft davon, noch einmal in Friedenszeiten diese Stadt zu sehen.

Er liebte dieses Land und seine Leute so sehr, dass er seinen Zugang zu den Lagerräumen nutzte, um heimlich übriges Essen, an die Kinder zu verteilen, die entlang des Zaunes bettelten. Ein kleiner Bub, sehr mager und kränklich aussehend, etwa im Alter seines jüngsten Kindes zu Hause, war ihm besonders ans Herz gewachsen. Mit ihm versuchte er auch, sich zu verständigen, und er bevorzugte diesen stets bei seiner Almosenverteilung. Eines Tages hörte er, wie Sakis einen anderen Jungen in brüchigem Deutsch am Betteln hindern wollte mit den Worten: „Das is meine Deits, du such dir andere Deits!" (Das ist mein Deutscher, du such dir einen anderen Deutschen.)

Im Herbst 1944 wurde die Einheit des Majors Fröch, der mein Vater angehörte, an die Front zu einem Einsatz abberufen. Weil mein

271

Vater aber an Malaria erkrankt war, organisierte der Major für ihn einen Heimaturlaub. Bevor er einen Transport in die Heimat finden konnte, musste er allein in Amaruson zurück bleiben. Jetzt konnte er die Dankbarkeit der Einheimischen in Form von Quartier und Versorgung erleben und Sakis war sein Dolmetscher. Die Eltern von Sakis halfen ihm, einen Transportschein für einen Gütertransport zu bekommen, mit dem er nach zwei Wochen die Heimreise antreten konnte. Im Casino waren Zigaretten zurückgeblieben, mit diesen gelang es ihm sich unterwegs so manche Hilfe zu erkaufen.

Vier Wochen später kam er, zwar krank, aber doch rechtzeitig für eine Behandlung zu Hause an. Nach seiner Genesung wurde er nach Fürstenfeld an der Spree einberufen und von dort im Jänner 1945 an die russische Front nach Posen geschickt. Am 2. Februar wurde er in diesem Kessel in russische Gefangenschaft genommen. Vater war zu allen Zeiten weichherzig und es tat ihm jedes Mal in der Seele weh, wenn er einen verletzten Kameraden zurücklassen musste. Das schlimmste Erlebnis war das Ausräumen einer Schule, in der sich eine deutsche Einheit verschanzt hatte. Nachdem alle von den Russen niedergemetzelt worden waren, musste er gemeinsam mit anderen Gefangenen, die Toten in einem Massengrab verscharren.

Im Frühsommer gelang es Vater mit einem Gefangenen, der früher entlassen wurde, eine Nachricht an Mutter zu schicken. Es war dies die letzte Nachricht die sie von ihm aus dem Krieg bekommen hatte. Im Gefangenenlager zu überleben war schwer, wenig Nahrung und harte Arbeit prägten den Alltag. An manchen Tagen gab es nur Brennnesselsuppe, an anderen nur gekochtes Getreide. Wenn es möglich war, meldete Vater sich für Arbeiten am Bau oder in der Landwirtschaft. So bekam er doch oft besseres Essen und konnte manchen Schikanen entgehen. Als der Sommer dem Ende zuging, erkrankte Vater an einem Abszess im Nacken, dieses erreichte die Größe eines Hühnereies. Eine russische Ärztin schickte ihn ins Lazarett. Durch die schmerzhafte Behandlung geschwächt wurde er dem nächsten Heimkehrertransport zugewiesen, der am 15. Oktober 1945 in Richtung Rumänien losfuhr.

Von Rumänien ging es zu Fuß mit zwei Kameraden in Richtung Heimat weiter. Seine schönen, dankbaren Kriegserinnerungen galten auch der rumänischen Bevölkerung. Durch dieses Land der Heimat entgegenschreitend wurden sie ausreichend mit Trinken und Essen versorgt. An manchen Tagen hatten sie sogar das Glück, ein Bett für die Nacht zum Ausruhen bereitgestellt zu bekommen. Die längste Reisezeit ohne Nahrung führte sie durch unbewohntes Gebiet und dauerte neun Tage. Mein Vater hatte während der Gefangenschaft Zuckerl in seinen Mantelsaum geschmuggelt, davon konnten sie sich zu Dritt notdürftig ernähren.

Beim ersten Bauern, den sie danach erreichten, bekam jeder drei Grammeln und einen Liter Milch. Vorsichtig, nur kleine Mengen essend, versuchten mein Vater und ein zweiter Kamerad langsam den Magen an Nahrung zu gewöhnen. Der Dritte aß und trank alles auf einmal, erkrankte schwer an Durchfall und musste schweren Herzens zurückgelassen werden. Vater sprach oft von diesem Kameraden und hoffte sehr, dass er überleben konnte.

Das letzte Stück von Ungarn nach Hause konnte er in einem Zug mitfahren und er schilderte ein unbeschreibliches Glücksgefühl, als der Schaffner an der Grenze ausrief: „Stein am Anger, wir sind in der Heimat."

Die ganze Familie war überglücklich als der Vater am 17. November 1945 überraschend und unverletzt in der Tür stand. Seine Kriegserzählungen waren immer von der Aussage: „Nie wieder soll es so etwas geben", begleitet.

Während Vater den Krieg in Frankreich, Griechenland, Deutschland und Russland als Soldat mit großen Strapazen und Entbehrungen miterlebte, musste Mutter sich zu Hause um die kleine Landwirtschaft bemühen und den Lebensunterhalt für sieben Personen organisieren. Es waren dies Großvater, Annatante, seine langjährige Haushälterin, der das Ableben im Haus zugesprochen war, meine vier älteren Geschwister, Mutter selbst und eine Ukrainerin Namens Tanja Orel aus Neprvadosk, die meine Mutter bei der vielen Arbeit tatkräftig unterstützte. Sie war auch im Umgang mit den Besatzungsmitgliedern eine echte Hilfe. Neben Tanja war ihr auch Großvater eine große Unterstützung, der ihr, wo immer er konnte, hilfreich zur Seite stand.

Weitere Hilfe erhielt sie von anderen in der Nachbarschaft wohnenden Männern, die für den Kriegsdienst zu alt waren. Während Vater im Offizierscasino war, schickte er oft Zigaretten nach Hause, die bei uns nur schwer zu bekommen waren, damit Mutter sie an helfende Hände verteilen konnte. Sämtliche Lebensmittel waren Mangelware und nur nach Lebensmittelkarten zu bekommen. Um das selbst gebackene Brot ergiebiger zu machen kochte sie einen großen Topf Kartoffeln und mischte sie unter den Brotteig. Gebacken wurde im Holzbackofen. Auch das selbst gezogene Gemüse war eine wertvolle Unterstützung in dieser von Mangel geprägten Zeit.

In der Karwoche 1944 erhielten sie Nachricht von der herannahenden Front. Die Bewohner entlang der Durchzugsstraße verließen ihre Häuser, versteckten sich in Bauernhöfen, die abseits lagen und von der Straße aus nicht einsehbar waren. Auch meine Mutter ging mit ihren vier Kindern zum hinter dem Wald gelegenen Hof eines Nachbarn. Großvater, Annatante und Tanja blieben zurück und versorgten Haus und Hof. Zeitig in der Früh ging Mutter mit meinem älteren Bruder nach Hause, um nachzusehen, ob alles in Ordnung war. Am Dienstag in der Karwoche fielen unweit unseres Hauses zwei Bomben. Die Menschen im Ort befürchteten, unser Haus sei von den Bomben getroffen, weil es stundenlang in einer Staubwolke verschwunden war. Durch die Detonation und die herumfliegenden Teile wurden alle Fensterscheiben an der Außenmauer zertrümmert, auch Dach und Mauerwerk waren stark beschädigt. Nicht weit vom Haus entfernt zeugten zwei riesige Bombentrichter von diesem dennoch glücklich ausgegangenem Ereignis. Am gegenüberliegenden Hang flog ein Militärflugzeug in den Berg. Der Rumpf steckte tief in der Erde und alle Passagiere waren tot. Der Mesner unserer Pfarre wurde vom Roten Kreuz beauftragt, die teilweise zerstückelten Leichen einzusammeln und zu beerdigen.

In der Nacht zum Karfreitag ließen vierzehn weitere Bomben unser Haus und die Häuser der Umgebung erzittern. Der Karfreitag brachte die Nachricht, dass die Rote Armee die Gemeindegrenze erreicht hatte. Hannes, mein älterer Bruder, war mit den Ratschenbuben unterwegs, aber Mutter wusste nicht genau, wo. In panischer Angst betete sie, wie sie es in allen gefahrvollen Situationen tat, um sein gesundes Heimkommen und gerade, als sie die Armee im oberen Schlattental kommen sah, kam er von der anderen Talseite her im allerletzten Moment nach Hause und sie konnte gemeinsam mit allen vier Kindern wieder durch den Wald zum Nachbarn gehen. Dort waren viele Menschen aus dem Schlattental versammelt und als die Russen auch dieses Haus stürmten, nahm manche alleinstehende Frau ein Kind meiner Mutter zu sich, denn Frauen mit Kindern blieben von Übergriffen der Russen verschont. Viele Häuser wurden von den Russen besetzt und einige Bekannte wurden von ihnen brutal erschossen.

Wenn Mutter vom Krieg erzählte, dokumentierte sie stets ihren Glauben an die Kraft des Gebetes, der die ganze Familie sicher durch diese schwere Zeit geleitet hatte.

Brigitte Lippmann

Nachkriegskindheit

Der Krieg war noch allgegenwärtig in meiner Kindheit. Meine ganze Familie war aus ihrer Heimat – Schlesien – vertrieben und über diverse Flüchtlingslager irgendwo in diesem fremden Land ausgespuckt worden. Da lebten sie nun, ganz verschreckt, zumindest die Generation meiner Großeltern, mein geliebter Großvater, meine Großmutter und zwei Großtanten, die eine, die immer nur im Bett lag, aber so unglaublich feine Häkelspitzen fertigen konnte und die andere, die wie meine Großeltern nicht fertig werden konnte mit den Erlebnissen vor der Vertreibung. Sie alle erzählten immer und immer wieder von den marodierenden Polen, wie sie gehaust hatten in ihrem geliebten kleinen Dorf, in dem nahen, zerstörten Städtchen, wie sie sie bedroht hatten, den Großvater nicht hatten rauslassen wollen, weil er die Maschinen in der Zuckerfabrik bedienen musste. Zusammen mit den Erzählungen meiner Mutter vom Bombenalarm in Berlin, den Leuchtbomben, den Bunkern, den Russen, den schreienden Frauen, dem Hunger und all der Zerstörung hatten sich sehr früh Bilder eines entsetzlichen Horrorszenarios in meinem Kopf zusammengefügt, Bilder, die mir die Brust zuschnürten, wenn abends die Sonne leuchtend rot unterging und ich dachte, es wären die Leuchtbomben, die den Himmel so färbten.

Mein Großvater war als junger Mann im ersten Weltkrieg einer der wenigen Überlebenden der Schlacht am Isonzo gewesen und er ist die Bilder sein ganzes Leben nicht losgeworden. Die Nächte waren am schlimmsten, wenn er schreiend und weinend aus dem Schlaf schrak.

Mein Vater war ebenso jung, als er in Russland sein Bein verlor. Auch er war tief traumatisiert. Sein Leben lang konnte er nicht aufhören, von den Umständen seiner Verwundung zu sprechen und von dem eisernen Willen, mit dem er sein Leben trotzdem durchgestanden hatte. Das hat seine ganze Kraft gekostet. Er hat ein aufrechtes, verantwortliches und sogar beruflich recht erfolgreiches Leben geführt, doch er war starr in diesem Äußerlichen verhaftet, es war ein Korsett. Andere konnte er nicht mehr wahrnehmen und ich hatte immer das Gefühl, ihn trösten, ihn tragen zu müssen.

An der lieben, großen Hand meines Opas habe ich den Wald lieben gelernt. Er wusste, wo die Hirsche standen, er zeigte mir die Spechte und Eichhörnchen, mit ihm fand ich die Pilze im Wurzelgeflecht der Bäume; wir sammelten Huflattich und Blaubeeren. Er saß stundenlang bei mir, wenn ich Zwergengärten und Futterstände für die Rehe baute, wenn ich den warmen weißen Sand fühlte oder Schachtelhalme auseinanderzupfte und zu langen Ketten wieder zusammensetzte. Später, nachdem wir weit weg gezogen waren und ich nur noch in den Sommerferien zu meinen Großeltern in das Dachgeschoss des kleinen Häuschens am Feldrand kam, ging ich mit ihm als erstes die kleinen Tannen in der Schonung begrüßen; jeder musste ich einen Ast schütteln und an meinem letzten Tag ging ich mich wieder von ihnen verabschieden. Dazwischen lagen wundervolle Tage im Wald oder zwischen den hohen Ähren der Felder, in denen Kornblumen blühten. Wir brachten den Müll im Leiterwagen zur Kippe, wir kauften ein schwarz-weißes Pepita-Regencape für mich, wir fanden nach den gruseligen Gewittern die Bäume, die der Blitz gespalten hatte, und ich weinte um sie.

Noch später kam die Nato in meinen Zauberwald, die Häuser-
flucht, in der auch meine Großeltern wohnten, wurde für die Offiziere beschlagnahmt und so wurden meine Großeltern noch einmal vertrieben. Den Umzug nach Braunschweig, wo auch meine
Tante wohnte, hat mein Großvater kein Jahr überlebt.

Als ich noch sehr klein war, zwei Jahre vielleicht, war da nur so ein
unbestimmtes Gefühl von Gefahr. Die Angst, dass es jetzt losginge,
die Bombenangriffe, die Sirenen, wenn sich abends der Himmel
verfärbte. Doch die Sirenen schwiegen, nie fielen Bomben oder
mussten wir in den Bunker. Der Krieg war seit neun Jahren vorbei.
In den Erzählungen meiner Eltern und vor allem meiner Großeltern war er immer noch Realität. Mein Gefühl von Gefahr blieb.
Später wurde mehr und mehr Angst daraus. Ich war noch so klein,
ich hatte noch so unübersehbar viel Leben vor mir, wie sollte ich
in dieser langen Zeit dem Grauen entgehen? Die Mitte des Jahrhunderts war noch nicht einmal um zehn Jahre überschritten und
doch hatten schon zwei Weltkriege darin stattgefunden. In den
Fernsehdiskussionen, die wir vor den Schaufenstern des Möbel-
hauses neben dem großen Trümmergrundstück anschauten, wo
der Ton nach draußen übertragen wurde und sich allabendlich
große Menschentrauben bildeten, wurde vom dritten Weltkrieg
gesprochen. Der erste hatte vier Jahre gedauert, der zweite, nur
einundzwanzig Jahre später, sechs Jahre, würde der dritte nun acht
Jahre dauern?

Acht Jahre, mein ganzes Leben. Wie sollte ich das überstehen, wie
ließ sich so etwas überhaupt überleben? Wie könnte ich dem ent-
gehen? Fliehen? Doch es war ja ein Weltkrieg! Vorher sterben?
Aber ich war ja noch so schrecklich jung! Jahre später, als meine
Mutter während der Kubakrise die Schlafzimmerschränke mit
Mehl und Zucker füllte und die Gänsehaut auf meinem Rücken

nicht mehr weggehen wollte, habe ich einen Trostpunkt gefunden. In Schweden, hatte ich gehört, hätte es schon über fünfhundert Jahre keinen Krieg mehr gegeben. Und auch in der Schweiz hatte es keinen gegeben. So etwas gab es also, dass ein Volk fünfhundert Jahre im Frieden leben konnte! Was für ein Vertrauen musste das schaffen!

Und erst sehr viel später, fast ein halbes Jahrhundert, als Worte wie Fulda-Gap oder Eiserner Vorhang für meine Kinder schon Fremdworte geworden waren, ist auch in mir ein Vertrauen gewachsen und ich wusste, die Zeit der großen Kriege war vorbei, es durfte sie nicht mehr geben. Ein neues Zeitalter war angebrochen, ein neues Zeitalter würde anbrechen, in dem es gar keine Kriege mehr geben würde.

Hans Marggraf

KREBS ...

Ein Tier, das, wenn Gefahr besteht, gern rückwärts geht!

KREBS ... eine Krankheit: Todesurteil oder Kampfansage? –
Ich werde kämpfen ...! –

Damals war's ... ist wörtlich gemeint, eine Formulierung, die absolut auf das Vergangene hinweist, ohne allerdings zu bestimmen,
wann diese Vergangenheit beginnt. Ich will heute von einem für
mich einschneidenden Erleben erzählen, das mir vor einigen Monaten wie aus „heiterem Himmel" (so sagt man ja umgangssprach-
lich), urplötzlich und drohend entgegentrat.

„Sie haben Krebs, Speiseröhrenkrebs ..."
Entgeistert und entsetzt blicke ich den Arzt vor mir an. Habe ich
richtig verstanden, meint der Professor wirklich mich?!
Nein, das kann nicht sein. Unmöglich. Bei meinem sprichwörtli-
chen Glück unmöglich!! Es darf nicht sein!! Ich will es nicht, bitte,
bitte, nicht bei mir.
Ich fühle mich wohl, habe keinerlei Schmerzen und Beschwerden.
Rein routinemäßig war ich zu dieser Untersuchung gegangen, die
ich allerdings in den letzten drei Jahren trotz meiner schweren ge-
sundheitlichen Vorgeschichte „vergessen" hatte. Vor über fünf
Jahren war es gewesen.
Nach einer schweren Vergiftung meines Körpers durch Durch-
bruch des sogenannten Blinddarms und Nichterkennen dieses
Umstands durch einen jungen Bereitschaftsarzt in der Notaufnahme lag ich fast zehn Wochen auf der Intensivstation des Kran-

kenhauses, davon längere Zeit im Koma bei künstlicher Beatmung und Ernährung.

„Sie haben großes Glück gehabt, und natürlich ein vorzüglich intaktes Immunsystem", erklärte mir damals der Chefarzt. „Wenn Sie das und vor allem auch nicht Ihren ungebrochenen, starken Willen zum Leben gehabt hätten – wir hätten Sie nicht sicherlich nicht durchbekommen. Sie müssen jetzt noch einige Wochen zu einer Reha. Dann denke ich, sind Sie weitgehend geheilt."

Kein Wort über ein Versäumnis oder eine Fehldiagnose der Notaufnahme seiner Klinik. Er selbst und sein Team hatten allerdings viel getan, um mich zu retten und ich bin dankbar dafür.

„Sie müssen in Zukunft aufpassen und sich regelmäßig untersuchen lassen. Die Vergiftung hat nicht nur die Milz, den Magen und Dünndarm angegriffen, vor allem die Speiseröhre war stark betroffen und der Zwergfellverschluss gebrochen."

Er formulierte mir gegenüber alles mit einfachen und verständlichen Worten und vermied die sonst in ärztlichen Berichten verwendeten lateinischen Ausdrücke. Üblich war das nicht. Das „Fachdeutsch" der Mediziner ist nun mal „Latein". Aber wir waren miteinander gut bekannt.

So bin ich regelmäßig zu dieser für mich „harmlos" erscheinenden Routineuntersuchung gegangen. Ergebnis immer für mich positiv: „Sie sind gesund!"

Dann bin ich als Witwer in einen kleinen Ort bei Goslar umgezogen und habe natürlich zwangsläufig meine Ärzte wechseln müssen. Niemand erinnerte mich fortan an diese verlangte, jährliche Untersuchung, obwohl die neuen Ärzte meine Krankheitsgeschichte alle kannten. Und ich hatte Vertrauen.

Hinzu kam, dass ich mich trotz meines hohen Alters noch einmal total verliebte. Ende 2009 habe ich meinen Liebling nach zweijähriger Lebensgemeinschaft geheiratet und bin rundum glücklich und zufrieden.

Meine Dagi ist neunundzwanzig Jahre jünger als ich. Aber ich fühle mich wie ein Sechzigjähriger, bin vital und voller Unternehmungsdrang.

Wir planen unser gemeinsames weiteres Zusammenleben, wollen viel sehen und reisen, wollen uns lieben und zärtlich sein.

Das sind wir und wollen es auch noch lange bleiben.

Sie hilft mir sehr, ist immer für mich da bei der Überwindung dieser oder jener kleineren altersursächlichen Schwächen und Gebrechen. Ich bin ihr sehr dankbar, obwohl sie immer wieder sagt: „Das ist doch selbstverständlich, als deine Frau."

So selbstverständlich ist das nicht. Zumal bei der Diagnose Krebs. Ich kenne viele andere Fälle. Wenn ich dabei nur an Frauen denke, die plötzlich an Brustkrebs erkrankten und eine oder gar beide Brüste verloren.

Nicht selten verloren sie nicht nur die für jede Frau wichtigsten äußeren Teile ihrer Weiblichkeit und körperliche Schönheit, sondern auch noch danach ihren Mann, der, egoistisch, diesen Verlust nicht verkraften konnte und wollte. Ihm fehlte plötzlich die wunderbare Fülle und Weichheit ihrer Brust und das harte sinnliche Aufrichten ihrer Brustwarzen im sexuellen Beisammensein. Als ob das allein die Liebe wäre!

Aber auch beim Mann nach einer Prostatakrebs-Operation, mit Bestrahlung und Chemo und deren oft einschneidenden Folgen auf die Männlichkeit und damit für das Zusammenleben der betroffenen Paare in sexueller Hinsicht war das oft so.

Auch da wurde der Partner häufig enttäuscht, wenn auch nicht in dem Umfang wie bei der weiblichen Erkrankung. Frauen sind in dieser Hinsicht standfester und verständnisvoller, nicht so egoistisch. Sie empfinden „Mein Mann braucht mich jetzt mehr als zuvor," und verhalten sich auch danach. Ihre Liebe ist verständnisvoller und beständiger.

Diese Gedanken gehen mir blitzartig durch den Kopf, als ich den Professor immer noch entgeistert ansehe.

Kopfschüttelnd und blass setze ich mich auf den mir angebotenen Sessel. Es darf nicht sein, gerade jetzt, wo ich mich so glücklich fühle. Ich schlucke und unterdrücke die Tränen, die bei mir hochkommen wollen.

Der Professor beobachtet mich und meint dann: „Ich weiß. Es ist sehr schwer für Sie, aber ich muss es Ihnen so hart sagen. Sie müssen in den nächsten Tagen entscheiden, was wir unternehmen sollen, welche Therapie wir einleiten können. Ihr Krebs ist gottlob noch im Anfangsstadium, Stag.uT1-2 … Eine Totaloperation mit Aufschneiden des gesamten Brustkorbs und allen dazu erforderlichen Eingriffen ist so schwer, dass ich sie in Ihrem Alter nicht empfehlen kann. Chemotherapie käme nur in Frage, wenn andere Organe von Metastasen befallen sind. Das erscheint mir in Ihrem Falle als sehr unwahrscheinlich."

Er macht eine kleine Pause und sieht mich prüfend an. Begreife ich seine Worte?

Ich höre zu und begreife in diesem Augenblick wirklich nichts. Vor allem, soll das alles mich betreffen? Es kann, es darf nicht sein.

„Sie sind jetzt verständlicherweise total durcheinander. Mir selbst würde es sicherlich nicht anders ergehen, aber trotzdem müssen Sie sich entscheiden. Die Zeit drängt. Ich würde Ihnen die dritte Möglichkeit empfehlen, die Bestrahlung. Wir sind in der ärztlichen Praxis und durch die technischen Geräte heute so weit, dass eine Bestrahlung ganz gezielt erfolgen kann, um den Krebs zu verkleinern und seine Entwicklung einzuschränken. Aber, um ehrlich zu Ihnen zu sein, heilen können wir den Krebs nicht, nur eindämmen."

„Ich bin also so gut wie zum Tode verurteilt", würge ich aus mir heraus. Und nun kommen mir doch die Tränen.

Wird Dagi die Kraft haben, mir in meiner verbleibenden Zeit tapfer beizustehen? Ich bin mir sicher, sie kann und will es. Aber, kann ich das überhaupt verantworten, sie in ihrem relativ jungen Alter mit meiner schweren Krankheit und den sicher noch auftretenden Gebrechen und Schmerzen zu belasten? Wie viel Zeit bleibt mir, bleibt uns noch?? Fragen über Fragen!

Oh, Gott! Warum mir das, warum uns das? Und warum jetzt, wo ich doch gerade anfange, ein neues und glückliches gemeinsames Leben mit ihr zu beginnen?

Keine Antwort, nur ungläubiges, nicht verstehendes vor mich Hinstarren.

Jeder Mensch hat bestimmt schon einmal darüber nachgedacht, wie er sich verhalten wird, tritt ihm plötzlich das Wort „KREBS" als drohendes Ungeheuer entgegen. Eine solche absolute Feststellung! Kein Begreifen, kein Empfinden, das betrifft ja mich! Niemand wird es sofort verstehen, die absolute Reichweite dieser Diagnose „Krebs" auf sich bezogen, einzusehen. Und dann wird die Angst kommen, die Angst vor den Schmerzen, der Ausweglosigkeit. Und immer wieder die Frage: „Warum ich, gerade ich?"

In meiner ganzen Familie ist nie Krebs aufgetreten und ich fühle mich rundum gesund, fit und für mein Alter viel zu unternehmungslustig. Ich bin nicht alt und ich will es auch nicht sein, so habe ich stets gedacht. Nicht wie manch anderer Altersgenosse, der schon am Morgen mit dem Gedanken aufwacht: „Oh, wie alt bin ich doch schon." So denke ich nicht und werde nie so denken.

Vom medizinischen Standpunkt aus wäre es falsch, sein Leben nur unter den Aspekt des „Alterns" zu betrachten.

Auch bei der Diagnose „Krebs" nicht, gerade da nicht.

„Du musst immer positiv denken und leben!", hat mir vor einiger Zeit mein bester Freund seit Jugendzeit, zuletzt Professor in Karlsruhe, gesagt, der plötzlich an Lymphdrüsenkrebs erkrankte.

„Wenn du positiv denkst, wird dein Körper auch positiv reagieren."

Ihm selbst hat es nichts mehr genützt. Er war zu spät diagnostiziert worden, aber er starb zumindest ruhig und gefasst. Ich werde positiv denken und leben!

Ich werde zusammen mit meiner jungen Frau kämpfen. Schon allein ihre Existenz, ihre Liebe, ihre Zärtlichkeit werden helfen, das schier Unmögliche zu erreichen.

Ich werde kämpfen um jeden Tag, der noch lebenswert ist. Nicht die Überlebenszeit ist wichtig, sondern die lebenswerte Zeit, die erkämpft wird und verbleibt, ist wichtig! Nach dem Motto: „Bin *ich* alt, ist auch mein Krebs alt!"

Wachse ich im Alter nicht mehr, wächst auch mein Krebs nicht mehr! Ich will noch leben, auch mein Krebs will sicherlich noch leben! Soll er leben, aber bitte in dem Umfang, wie ich es will! Wir Beide wollen leben, also müssen wir uns vertragen! Wir müssen uns akzeptieren, so wie wir sind und bleiben wollen.

Schließen wir einen Vertrag:

„So lange ich lebenswert lebe, sollst du auch leben. Sterbe ich, stirbst du mit! – So einfach ist das!!"

Diese positive eigene Einstellung hat psychosomatisch, nach meiner Meinung, viel mit dem Daseinsbefinden und dem Krankheitsverlauf zu tun, bei jeder Erkrankung und in jeder Lebenssituation. Ohne Kampf kein Sieg! Ohne den eigenen Willen und Glauben kein positives Ergebnis. Ich werde kämpfen und siegen, werde leben und lieben!

Zusammen mit meiner jungen Frau und dank ihrer Liebe und Sorgfalt. Der Wille und die Hoffnung sterben zuletzt!

Unser Wille und unsere Hoffnung sowieso. –

Wie gut ist es, einen lieben Menschen neben sich zu wissen, der standhaft ist und fest liebt, der für uns und für mich denkt und handelt.

Bruno Melchert

Tränen der Trauer und des Glücks
Der lange Weg zurück

Die „Erweiterte Kinderlandverschickung", kurz KLV, wurde 1940 eingerichtet. Mit ihr sollten Kinder aus bombengefährdeten Städten im ländlichen Bereich bei Bauern familiär untergebracht oder ab einem Alter von zehn Jahren in einem KLV-Lager erzogen werden. Diese Lager wurden von einem Lehrer oder einer Lehrerin als Lagerleiter geführt, unterstützt wurden sie von älteren Mädchen und Jungen als Lagermannschaftsführer. Schulklassen sollten eigentlich geschlossen verschickt werden. Das aber scheiterte daran, dass viele Eltern nicht mitmachten und ihre Kinder lieber bei sich behielten. Meinen Eltern aber war das genug Anreiz, einen wilden Knaben wie mich so oft wie nur möglich aus dem gefährdeten Köln zu verschicken. Auch meine Geschwister, bis auf die Kleinste, kamen zu fremden Leuten. Dort, wo wir wohnten, dem Reichsbahn-Ausbesserungswerk gegenüber, fielen die ersten Bomben und ich hatte bei einem solchen nächtlichen Angriff das Oberlicht eines Fensters auf den Kopf bekommen und war damit der erste Verletzte in der ganzen Straße.

Mit kurzen Unterbrechungen verbrachte ich fast die ganze Kriegszeit in KLV. Zuerst sechs Monate Mittelfranken, in der Nähe von Rotenburg ob der Tauber auf einem Bauernhof. Das war im Frühjahr 1941. Der erste Nachwuchs dort war gerade mal ein paar Monate alt. Auf den aufzupassen, wenn die Bauersleute ihrer Arbeit nachgingen, war meine erste Aufgabe. Das Füttern des auf dem Hof scharrenden Federviehs kam später noch dazu. Immerhin gab es reichlich zu essen. Zu Hause gab es nur Marmeladenbrote und Wurst allenfalls dann, wenn der Vater Hasenbrot heimbrachte, wenn er das zur Arbeit mitgenommene nicht gegessen hatte. Darum stritten sich dann allerdings drei ewig hungrige Mäuler. Hier bei der fremden Familie kannte ich keinen Hunger mehr. Ostern kam die nächste Überraschung, als ich einen ganzen Korb voller gekochter Eier erhielt. Die waren aber nicht zum sofortigen Verzehr gedacht, sondern dienten bestimmten Wettbewerben. Das Eierköpfen, wobei ein Ei mit der Spitze gegen das eines Konkurrenten zu schlagen war, war ein solches Spiel. Wessen Ei kaputtging, der verlor und musste es aushändigen. Das wurde verzehrt. Auch Eier einen Abhang hinunterrollen gehörte dazu. Wessen Ei am weitesten rollte, der gewann. Mit gleichaltrigen Buben schloss ich schnell Freundschaft. Wir turnten gern auf den am Dorfplatz im Halbkreis gepflanzten Bäumen herum, telefonierten von einem Baum zum anderen mit Blechdosen, deren Leitung aus normalem Bindfaden bestand. Ein Bach mit einem kleinen Weiher lud dazu ein, ein Floß zu bauen und sich als Schiffer zu versuchen. Da das Wasser nur kniehoch war. Bestand da keine Gefahr. Bald sprach ich die fränkische Mundart besser als die kölnische. Nach einem halben Jahr zurück in Köln verstand mich zunächst kaum jemand von den Kindern auf der Straße.

Erneute Bombenangriffe, die wir bangend im Luftschutzkeller erlebten, trafen auch einige Häuer in unmittelbarer Nachbarschaft. Phosphor-Granaten setzten die Gebäude in Brand. Um die Ecke brannte das Vorderhaus oben lichterloh. Weit und breit keine Feuerwehr. Die war anderswo im Einsatz. Eifrige Leute waren dabei, noch Sachen aus dem Hinterhaus in Sicherheit zu bringen. Ich half, Sachen auf die Straße zu tragen, bis mich die Erwachsenen wegscheuchten. Da hätten Kinder nichts zu suchen. Als ob Krieg jemals Rücksicht auf Kinder genommen hätten.

Allzu bald ging es wieder auf Reisen. Drei Tage war der Zug unterwegs bis ins ferne Westpreußen. Dort auf dem Bahnhof in Graudenz wurden wir Kinder verteilt. Auf mich wartete bereits ein

Bauer mit einer Pferdekutsche. Ich kam auf den Hof, auf dem schon meine um zwei Jahre ältere Schwester untergebracht war. Welch ein Unterschied! Es gab kein elektrisches Licht, nur Petroleumlampen. Das Radio wurde mit einer großen Batterie betrieben. Die Schuhe kamen sofort in den Schrank. Kinder hatten dort barfuß zu laufen. Schließlich war Sommer. Und es gab sofort Arbeit. Die Fütterung des Geflügels wurde mir sofort übertragen und die Obhut über die Kücken, eine beliebte Beute für Greifvögel, aber auch Raben. Der Schulweg war lang, sechs Kilometer hin und wieder zurück. Die Lehrerin hatte eine gemeine Art, zu strafen. Mit einem dünnen Stöckchen pflegte sie auf die Fingerspitzen zu hauen.

Ein Knecht und zwei Mägde dienten am Hof, alle drei polnischer Nationalität. Als Frühaufsteher fuhr ich häufig mit dem Knecht gegen fünf Uhr morgens auf die Felder, wo Grünfutter für die Milchkühe zu schneiden war. Auch einen ersten Freund fand ich sofort. Vor dem Hofhund, der wütend an seiner Kette riss, sollte ich mich nur in Acht nehmen, der sei sehr bissig, warnte die Bäuerin mich. Schon am nächsten Tag waren der Hund und ich dicke Freunde. Mit Tieren hatte ich es ohnehin. Da war Ruth, eine alte Stute, wohl hoch im Blut stehend. Deren Wirbelsäule stand auf dem Rücken wir ein versteinertes Fossil. Trotzdem führte ich das Tier unter einen Baum und kletterte auf den knochigen Rücken. Das Reiten durch den Garten ging bestens. Nur musste ich anschließend auf dem Bauch schlafen, denn das Reiten ohne Sattel auf so einem Knochengestell scheuert das Hinterteil wund.

Das Leben auf diesem Bauernhof war rustikal. Ein Plumpsklo auf dem Hof über der Jauchegrube und eine alte Milchkanne im Schlafzimmer für nächtliches Pinkeln, daran musste man sich gewöhnen. Gebadet wurde alle zwei Wochen in einer länglichen Zinkwanne. Zuerst die Bäuerin, dann der Bauer, danach meine Schwester und dann ich. Anschließend durften auch die Mägde ins Wasser, wohlgemerkt alle in das gleiche. Da es Sommer war, gab es dafür Gelegenheit, im nahe gelegenen See zu baden. Es ging sparsam zu auf diesem Hof. Auch das Essen war dementsprechend. Abend gab es grundsätzlich Milchsuppe mit Spätzle, aber gesalzen. Süßes gab es nur selten. Ein älterer Junge, mit dem ich mich anfreundete, nahm mich ab und zu mit zu seinem Onkel, der eine Imkerei betrieb. Dort durften wir nach dem Schleudern der Waben und dem Abfüllen des Honigs die Schleuder sauber schlecken. Dann kam der Herbst. Erntemaschinen gab es schon. Gedroschen wurde auf dem Hof durch einen von einer Dampfmaschine angetriebenen Drescher. Das hinter der Scheune aufgestapelte Stroh bot uns Wagemutigen Gelegenheit, vom Dach der Scheune ins Stroh zu springen. Für solche Mutproben war ich immer zu haben.

Anfang Oktober die Kartoffelernte; die Temperatur näherte sich der Nachtfrostgrenze. In einer langen Reihe waren die Helfer eingeteilt, darunter auch wir Kinder. Die von Pferden gezogene Auswurfmaschine schmiss unerbittlich die Knollen aus dem Acker und kam in der nächsten Furche zurück. Nicht nur der Rücken schmerzte, auch die Finger wurden durch die feuchte Erde klamm. Das war wahrlich keine Freude. Dann kam unsere Mutter zu Besuch, die den Vater im Lazarett in Gumbinnen besucht hatte. Bei unserem Anblick, verdreckt und immer noch barfuß, wo doch schon Reif auf den Feldern lag, bekam die Mutter einen Schreikrampf. Sie nahm uns sofort wieder mit nach Hause in die neue Wohnung. Die Eltern waren in einen vermeintlich sichereren Bereich umgezogen. Aber die Luftangriffe nahmen zu. So kam ich mit zehn Jahren in das erste KLV-Lager, ein Ferienhotel in Wölfelsgrund, das im Glatzer Schneekessel gelegen war.

Für uns Zehnjährige war das kein Zuckerschlecken. Hier herrschte militärische Disziplin und mangelnde Ernährung. Der Lehrer, immer in SA-Uniform herumlaufend, hielt auf Strenge. Bettnässer wurden vor versammelter Mannschaft mit dem Koppel auf den blanken Hintern geschlagen. Regelmäßige Übungen in der Kälte der Bergwelt, zum Beispiel Deckung gegen Tiefflieger zu suchen, waren an der Tagesordnung. Dem Drill entging ich weitgehend durch freiwillige Küchenarbeit. So mussten drei von uns Buben alle zwei Tage hinunter ins Dorf zum Bäcker, Brot kaufen. Nach ein paar Tagen bestellten wir immer ein Brot mehr und teilten das unterwegs auf. Wir hatten dadurch weniger Hunger als die anderen, dafür bangten wir, das könnte auffallen. Es wurde aber nie bemerkt. Angenehme Erinnerungen waren lediglich Wanderungen mit dem Förster durch den verschneiten Wald, wobei wir Fährten lesen und Orientierung lernten. Trotzdem war es schlimm. Die Eltern wussten von nichts, denn die Post wurde im Lager zensiert und jede Beschwerde sofort bestraft. Aber wenigstens wir drei Burschen, die einkaufen mussten, waren zeitweilig der Aufsicht entrückt. So konnte ich eine Karte an der Zensur vorbei nach Hause schicken, wo ich die Zustände im Lager schildern konnte. Zwei Wochen später kam mein Vater mich abholen. Er sorgte über eine Beschwerde an das Ministerium auch für bessere Verhältnisse für die anderen Jungen. Später erfuhr ich, der Lagerleiter wäre an die Ostfront versetzt worden.

Nur kurz in Köln, dann wieder auf Reisen. Das neue Lager befand sich im Gasthaus Lindenhof im schlesischen Bielwiese. Dort war eine Vorbereitungsklasse für die Oberschule eingerichtet. Neben dem Unterricht halfen wir bei den Bauern aus. Lindenblüten pflücken, Erbsen kivvern und Hilfe bei der Fütterung. Dafür litten wir keine Not. Nach der Abschlussprüfung kam ich mit fünf weiteren Jungen ab dem 30. August 1944 an die Breslauer Oberschule am Zwinger. Diese war nach Zibelle, in die Nähe von Bunzlau in ein Barackenlager, das früher dem Reichsarbeitsdienst gedient hatte, verlegt worden. Erinnerungen an Schlittschuhlaufen auf zugefrorenen Fischteichen und Ausflüge nach Bunzlau blieben in der Erinnerung haften.

Im Dezember 1944 in den Weihnachtsferien wurden die Oberschüler nach Hause entlassen. Die fünf Kölner Jungen aber, die als Rheinländer unter den Breslauern nicht allzu viel zu lachen hatten, schickte man zurück in den Lindenhof nach Bielwiese, von wo sie gekommen waren. Der dortige Lehrer und Lagerleiter war den Jungen wirklich nicht nur Pädagoge, sondern auch ein fürsorglicher Vaterersatz. Ihm ist es zu verdanken, dass seine Jungens nicht in den Wirren des Kriegsendes untergingen und immer genung zu essen hatten.

Im Januar 1945, als der Unterricht in Zibelle wieder beginnen sollte, kam zuerst die Nachricht, dass der Beginn des Unterrichts verschoben wäre. Dann klang in der Ferne andauerndes Grollen, wie von einem Gewitter, das auf einer Stelle verharrte. Noch ahnten wir Knaben nichts, doch Lagerleiter Hauer wusste Bescheid. Die Russen kamen näher und näher und hatten Breslau schon erreicht. Er handelte. Ein sorgsamer Vater sorgt für seine Kinder.

Am 23. Januar 1945 stand ein alter, klappriger Lastwagen vor dem Lindenhof. Auf den luden Kinder und Lehrer ihre Habseligkeiten. Die Schulranzen wurden geleert, alles Entbehrliche blieb da. Dafür wurden Wurst und Butter in die Ranzen gestopft und jedes Kind bekam zusätzlich ein ganzes Brot mit auf die Reise. Ich hatte ohnehin nicht allzu viel bei mir. Der größte Teil meiner Sachen lag noch unerreichbar in Zibelle, die Schlittschuhe und ein paar Skier, mein ganzer Stolz. Doch gab es nicht allzu viel Gelegenheit dem Vergangenen nachzutrauern.

Durch den tiefen Schnee stiefelten wir Buben hinter dem Lastwagen her. Unterwegs wurden wir erstmalig gewahr, dass wir nicht allein unterwegs waren. Viele Leute mit Handkarren, Pferdefuhrwerken oder auch nur so mit ihrem Bündel stapften mit besorgten

Gesichtern mit uns durch den Schnee, einer ungewissen Zukunft entgegen. Endlich erreichten wir einen Bahnhof. Es dauerte lange, ehe Lagerleiter Hauer, der dauernd die Dienstgebäude der Reichsbahn und der örtlichen Parteileitung belagerte, eine Möglichkeit zum Abtransport fand. Aber dann konnten wir inzwischen hundemüden Knaben zwei Abteile eines Waggons belegen und uns abwechselnd ausruhen. Der Beginn einer zeitlich begrenzten Odyssee begann. Zunächst wurde Glogau angefahren, dann ging es weiter über Nebenstrecken bis Görlitz. Der Zug brauchte von Glogau bis Görlitz vier Tage. Auf dem Nebengleis eines kleinen Bahnhofs abgestellt, wartete man auf eine Lok. Natürlich war es kalt, im Zug und draußen. Mit viel Bewegung und allen möglichen Kleidungsstücken sowie den mitgeführten Decken, versuchte man sich zu wärmen. Dank der eifrigen Hilfe von emsigen Frauen der Bahnhofsmission funktionierte wenigstens die Versorgung mit Lebensmitteln. In Zwickau verließ die Jungengruppe den Zug und stieg um in eine andere Bahn, die sie nach Schwarzenberg an der tschechischen Grenze brachte. Müde, erschöpft und hungrig hofften alle Buben und ihre Betreuer nun auf eine gute Unterkunft, in der sie sich satt essen und ausschlafen konnten. Aber zunächst stand noch ein längerer Fußmarsch bevor. Ein Pferdeschlitten nahm diesmal die Habseligkeiten und die erschöpftesten Buben auf. Alles andere musste laufen.

Das Quartier oben auf dem Kamm des Erzgebirges, in Oberwiesenthal war spärlich. Zu essen gab es nur das, was wir mithatten. Zu hungern brauchten wir nicht. Die mitgenommene Verpflegung reichte noch. Aber es war nicht das Ende der Flucht. Offensichtlich waren wir auch da nicht in Sicherheit. Berichte von Überfällen tschechischer Räuber auf Deutsche sorgten für Beunruhigung. Schon deshalb ging es zwei Tage später weiter, diesmal auf einem offenen Lastwagen nach Annaberg-Buchholz, wo bereits ein Zug unter Dampf stand. Immerhin gelang es unserem Lagerleiter, einen

Waggon zu reservieren. Nach einigen Stunden konnten wir uns in den überfüllten Regionalzug quetschen. Am 13. Februar 1945, gegen Mittag, landete unsere Gruppe auf dem Dresdner Hauptbahnhof. Doch hier konnten wir nicht bleiben. Dresden war mit Menschen vollgestopft und hatte nicht einen Quadratmeter Unterkunft mehr frei. Auf Bahnsteigen, in den Wartesälen und Straßen knubbelten sich die Leute zusammen und versuchten, sich gegenseitig zu wärmen. Lagerleiter Hauer war dauernd auf Achse. Abends gegen acht Uhr wurden wir Buben mit den Betreuern in einen Verwundetenzug des Roten Kreuzes geladen und mussten uns zwischen die kriegsversehrten Soldaten quetschen. Verwundungen kannten wir schon, sangen oft in nahe gelegenen Lazaretten Wanderlieder, aber auch die Lieder der Edelweißpiraten und das in den Uniformen des Jungvolkes.

Um neun Uhr abends setzte sich der lange Transport von Dresden aus in Bewegung, nachdem er längere Zeit auf einem Güterbahnhof warten musste. Als der Zug, in dem alle Lichter bis auf eine Notbeleuchtung gelöscht waren, in gemäßigter Fahrt Dresden hinter sich ließ, gingen über der dunklen Stadt die Lichter an. Ich kannte solche Leuchtschirme noch aus Köln, wenn sich ein Bombardement ankündigte. Zum Glück waren wir dem Inferno rechtzeitig entronnen, hatten aber unterwegs einen Tieffliegerangriff zu überstehen. Auch der richtete, dank einer Drillingsflak, auf einem vorderen Wagen, keinen Schaden an. Ein Angreifer wurde abgeschossen, was uns Buben zu lauten Hurra-Schreien inspirierte. Einer der Verwundeten sagte darauf, wir würden uns noch wundern, was auf uns noch alles zukäme. Den Sinn verstanden wir noch nicht. Die Fahrt ging diesmal zügig bis Werdau in Sachsen, wo wir den Verwundetentransport verließen, um dann mit einem Personenzug weiter nach Langenhessen transportiert zu werden, wo wir Schützlinge von Lagerleiter Hauer am 15. Februar 1945 eintrafen und in der Volksschule untergebracht wurde. Hier war vorläufig Endstation.

Durch den Lagerleiter wurden, soweit wie möglich, die Eltern der Knaben benachrichtigt. Es war schon eine besondere Leistung, der Leute von Post und Bahn, dass trotz des nahen Zusammenbruchs und der Bombardierung den Bahnstrecken die allgemeine Beförderung noch verhältnismäßig gut funktionierte.

Ich wusste, dass meine Mutter mit der kleinen Schwester nach Herges-Hallenberg in Thüringen evakuiert worden war. Nichts jedoch wusste ich von dem jüngsten Geschwister, meinem kleinen Bruder Udo, der inzwischen geboren war. An die Adresse in Thüringen schrieb auch der Lagerleiter und verlangte zudem eine Bescheinigung des örtlichen Bürgermeisters, dass ich Unterkunft und Schulunterricht am Ort vorfinden würde. Das Schreiben kam an. Die Mutter unterrichtete erst noch meinen Vater, der in Köln als Sicherheitsbeamter der Reichsbahn noch ausharren musste. Der nutzte seinen Einfluss und ließ sich nach Meiningen versetzen. Von dort aus konnte er Amt und Gelegenheit nutzen, um die drei mit der KLV verschickten älteren Kinder einzusammeln. So stand plötzlich mein Vater im Schulhaus und holte mich ab. Die Fahrt von Sachsen nach Thüringen verlief spektakulär genug. Eine ordentliche Strecke fuhren wir im Führerhaus einer Dampflok mit. Das war Abenteuer pur, zumal ich zeitweilig auf dem Sitz des Lokführers Platz nehmen durfte und die Funktionen des Regulators und der Bremsen erklärt bekam. So kamen wir glücklich bei der Mutter an.

Mein Vater verabschiedete sich gleich wieder auf der Suche nach dem jüngsten Sohn, der auf einem Bauernhof gewesen war und nun mit einem Flüchtlingstreck irgendwo im Chaos der vor den Russen flüchteten Menschen steckte. Er fand ihn letztlich aber doch noch rechtzeitig und brachte die Familien wieder zusammen. Die älteste Schwester war schon da. Die kam von allein an.

Nur wenige Tage später rollten die Panzer der Amerikaner an. Uns trieb man zusammen in die örtliche Schule, wo wir in kalten Räumen zwei Tage kampieren mussten. Dabei erkrankte unser Baby an einer so schweren Lungenentzündung, dass es in das Krankenhaus nach Schmalkalden musste und dort am 23. April an den Folgen der Krankheit starb. Immerhin durften sich die deutschen Zivilpersonen mit Genehmigung der US-Militärverwaltung bereits wieder frei bewegen. Es galt allerdings, sich an andere Uniformen und andere Gesichter zu gewöhnen. Echte Neger! Und die verteilten sogar Schokolade und vor allem Kaugummi an uns neugierig gaffende Kinder.

Aber es gab auch Traurigeres zu tun. Mit einem Särgelchen auf einem kleinen Leiterwagen machte sich meine Mutter auf in das einige Kilometer entfernte Schmalkalden, um den Leichnam des Bruders zurückzuholen. Vorsorglich hatte mein Vater zwei dieser Wagen und den Sarg gegen ein neues Dienstfahrrad eingetauscht. Ich begleitete die Mutter. Mit der traurigen Last im Kinderwagen kamen wir auf dem Rückweg durch Springstille, wo meine Mutter feststellte, dass es auf andere Lebensmittelmarken-Abschnitte als in Herges-Hallenberg Brot zu kaufen gab. Also kauften wir ein und verstauten die Lebensmittel rund herum um den kleinen Sarg.

Alle Radiogeräte waren von den Amis beschlagnahmt und mitgenommen worden. An Informationen erhielt man nur, was ein eingesetzter Ortskommandant durch Aushänge bekannt gab. Schließlich dauerte der Krieg noch an und man war Feind. Aber die Informationen genügten meinem Vater nicht. Er bastelte sich aus einem Stückchen Quarz, dass er sich aus Kohlen suchte, einer Spule, die er sich aus einem Stück Leitungsdraht selbst zusammendrehte, zusammen mit einem Kopfhörer einen Detektor, mit dem er die Nachrichten der Militärsender abhören konnte. Die Nachrichten machten den Vater erheblich unruhig. „Wir müssen sobald wie möglich hier weg, die Russen kommen her!", sagte er.

Kaum jemand wollte ihm glauben, dass die Amerikaner das einmal besetzte Land den Russen überlassen wurden, wo doch Flüchtlinge von furchtbaren Gräueltaten, Vergewaltigungen und Morden durch die sowjetischen Truppen berichteten. Aber mein Vater wusste es besser und blieb wachsam. Und so begann er schon früh mit den Vorbereitungen und meldete sich und uns am 6. Mai 1945 offiziell in Herges-Hallenberg ab. Mit zwei Handwagen machten wir uns am 8. Mai 1945, dem Tag der offiziellen Kapitulation von Nazideutschland auf den langen Weg zurück in das heimatliche Köln. Wir waren nicht die einzigen Heimziehenden, wie wir unterwegs feststellten. Und es wurden bei allen Treffen Nachrichten ausgetauscht. In Herford schickten die Amerikaner alle Flüchtlinge zurück. Also hieß es, auf Nebenwegen die Hauptorte zu umgehen. Wir schliefen in Scheunen, im Stroh, aber mit dem eigenen Bettzeug und hatten Hunger. Thüringen war ein armes Land.

Dann aber, im Hessischen, kamen wir in ein Schlaraffenland. Bauersfrauen brachten uns Brot, Eier, Wurst und Butter auf die Straße, ohne dass wir betteln mussten. Zweimal wurden wir zum Mittagessen in Häuser geholt. In Leusel bei Alsfeld suchte meine Mutter wie gewohnt den Bürgermeister auf, um eine Scheune zugewiesen zu bekommen, in der wir übernachten konnten. Der aber meinte, dass kein Christenmensch beim Vieh schlafen müsse, solange es im Ort noch eine Matratze gäbe. So wurden wir aufgeteilt und schliefen nach einigen Wochen wieder einmal richtig in Betten. Wir blieben dort zwei Tage. In Alsfeld ließ mein Vater uns bei der amerikanischen Verwaltung registrieren. Die stellte uns einen Passierschein bis Köln-Kalk aus: „Travelity to Foot to Cologne-Kalk with four Children."

Nach dem Lahntal lagen noch das Rothaargebirge und vor allem der Heiligenhauser Berg vor uns. Aber auch diese Hindernisse schafften wir, obwohl mein Vater mit schweren Nierenkoliken zu kämpfen hatte. In Bensberg, unterhalb des Priesterseminars, sahen wir im gleißenden Sonnenlicht endlich Köln, das ersehnte Ziel unserer Reise, vor uns liegen. Der Dom stand noch, gewissermaßen Symbol unseres unbeugsamen Willens. Aber er stand inmitten einer apokalyptisch anmutenden Trümmerwüste. Wir vergossen Tränen der Trauer und des Glücks. Und dann hatten wir es eilig. Es ging nur noch bergab. Wir liefen stellenweise. In Kalk sagten uns Leute, dass wir nach Poll müssten. Dort war eine Pontonbrücke errichtet. Am 19. Mai, gegen achtzehn Uhr trafen wir dort ein, wurden entlaust und bekamen eine Sondergenehmigung, wegen der vier Kinder noch nach einundzwanzig Uhr, der Sperrstunde, über die Brücke und nach Nippes gehen zu dürfen.

Ein Stück ging es die Rheinuferstraße entlang, dann war sie gesperrt. Wir mussten über die Gürzenichstraße und Schildergasse zu den Ringen. Über die Hohe Straße ging nichts mit Fahrzeugen. Dort liefen nur Trampelpfade über ein Gebirge von Schutt. Auf dem Kaiser-Wilhelm-Ring kontrollierte uns eine Militärstreife. Ein Schwarzer gab uns übermüdeten Kindern Kaugummi. Dann konnten wir weiter nach Nippes ziehen. Unsere Wohnung stand noch. Sie war aber von meiner Tante und den Ihren belegt. Es hieß zusammenzurücken und zunächst auf der Erde schlafen. Egal. Wir waren wieder daheim. Und wie wir strömten bald Hunderttausende zurück in die Domstadt. Es wartete der Hungerwinter 1946 auf die Kölner. Maggelei und Brikettklau wurden zur wichtigsten Aufgabe. Als Kardinal Frings in einer Predigt dafür Verständnis äußerte, wurde das von den Kölnern als Freibrief verstanden. Aber das ist eine andere Geschichte.

Erich Nessel

Anekdoten aus der Nordpfalz
Nach Erzählungen und Selbsterlebnissen niedergeschrieben
– meinem Heimatort Obermoschel gewidmet –

Der Rittmeister Heinz

Es geschah Anfang der fünfziger Jahre. In der Nacht von Karfreitag auf Ostersamstag wachte der Bauer Karl Deubel aus der Entengasse auf, gleichzeitig auch seine Tochter Gertrud. Sie hörten Pferdegetrappel vor ihrem Haus. Beide gingen ans Fenster und sahen im Dämmerschein der Nacht unten in der Gasse ein Pferd, das gleich darauf mit einem Reiter auf dem Fußweg Richtung Friedhof verschwand. „Schau mal den Gaul an", sagte Deubel zu seiner Tochter, „der hat eine Blesse wie unser Max." Schnell angezogen, gingen beide nach unten. Das Hoftor war ausgehängt, im Stall fehlte der Max. „Wir müssen den Gaul suchen, der ist gestohlen worden!", waren sich beide einig. Gertrud rannte zum Schwager und alarmierte auch diesen, er solle beim Suchen helfen. Karl Deubel lief über den Fußpfad Richtung Friedhof, weil er in der nächtlichen Stille dort das Pferd traben hörte. In der Friedhofstraße angekommen, kam ihm sein Gaul mit einem unbekannten Reiter wieder entgegen. Als der Reiter den Bauern Deubel bemerkte, sprang er ab und verschwand im Dunkel der Nacht, das Pferd lief wiehernd auf seinen Herrn zu und ließ sich widerstandslos festnehmen. Karl und sein Max marschierten gemeinsam heimwärts. Beim Festbinden im Stall bemerkte Deubel, dass in der Krippe eine etwa vierzig Zentimeter lange Jagdwurst lag. Was war geschehen?
Der Frisör Heinz Meyer, ein Unikum besonderer Art, hatte im Gasthaus „Zum Ratskeller" wieder mal einen über den Durst gehoben. Seine Stammtischbrüder wollten mit ihm eine Wette ab-

schließen, dass er nicht den Mut habe, einem Bauern ein Pferd aus dem Stall zu holen. „Das wollen wir mal sehen", sagte Heinz, „die Wette gilt." Zu später Stunde verließ er das Lokal. Nun lief er erst durch den Hof von Metzger Ranßweiler in der Friedrichstraße. Weil dieser die Wurstküche nicht abgeschlossen hatte, ließ er von dort eine Jagdwurst mitgehen und lief damit zum Anwesen vom Bauern Karl Deubel. Dort hob er das verschlossene Hoftor aus der Halterung, band im Stall ein Pferd los und ritt mit ihm Richtung Sitters, einem Nachbarort. Der „Max" war nicht dumm. Scheinbar hatte er geahnt, dass hier was nicht mit rechten Dingen zuging. So verweigerte er auf halbem Weg an der Schafsbrücke den weiteren Ritt nach Sitters und drehte gegen den Willen seines Reiters um. Heinz war – ohne Sattel und Zaumzeug – nicht in der Lage, den Widerspenstigen zu zähmen. Max wollte wieder zu seinem Herrn in den Stall.

Quellen: Gertrud Deubel; Heinz Meyer, beide Obermoschel, 1998

Der Hinkelstein

Für uns Kinder war es immer ein Erlebnis, mitzudürfen, wenn Holz abgefahren wurde. Nun war es mal wieder so weit. Der Vater hatte im etwa zweihundert Hektar großen stadteigenen Bauwald zwei Ster Holz gesteigert, die mit unserem Kuhfuhrwerk geholt werden mussten. Mein sieben Jahre älteres Bruderherz Karl, spitzbübisch wie er war, erzählte mir von dem geheimnisumwitterten Hinkelstein, einem Menhir, der im Volksmund als Hinkelstein bezeichnet wird. Der solle in diesem Wald ganz in der Nähe der „Ludwigstreue", einem kleinen Jagdhaus, stehen. „Das ist ein ganz besonderer Stein", machte mich Karl neugierig. „Wenn man das Ohr an ihn hält, hört man die Hinkel gackern (Hinkel ist pfälzisch für

Hühner). Wir kommen heute noch daran vorbei." Als es dann so weit war und wir etwa zehn Meter davor standen, blieb Vater mit dem Fuhrwerk schmunzelnd stehen. Nun sagte mein Bruder: „Wir müssen jetzt ganz vorsichtig an den Stein herantreten und langsam das Ohr zum Stein hin führen, sonst gackern die Hinkel nicht."

Ich wollte ja die Hinkel gackern hören und tat deshalb, was mein großer Bruder gebot. Wir näherten uns, mein Bruder hinter mir her schleichend, ganz langsam dieser sagenumwobenen Stätte. Mein Herz klopfte voller Spannung spürbar bis in die Schläfen. Als ich mein Ohr fast am Stein hatte, geschah es: Von hinten unbemerkt, schubste Bruder Karl mit seiner Hand meinen Kopf gegen den Stein.

„Au!", rief ich.

Karl konnte das Lachen nicht verbergen und fragte mich unschuldig: „Hast du die Hinkel gackern gehört?"

Jetzt ging mir ein Licht auf. Die Hinkel hatte ich zwar nicht gackern gehört, doch ich war um eine Lebenserfahrung reicher.

Quelle: Erich Nessel, Obermoschel, 1947

Die Kuh im Wirtshaus

Es war Anfang der siebziger Jahre. Wieder einmal saß man in der Wirtschaft „Zum Ratskeller" am Marktplatz in froher Runde und zechte. Auch die Turnerfrauen waren unter den Gästen. Aus guter Weinlaune heraus entwickelte sich mit den Turnerfrauen folgende Wette: Karl Boppel bot an, er würde eine Kuh aus dem Stall holen, wenn eine der Turnerfrauen den Mut habe, diese in den Gastraum zu führen. Ein Viehhändler aus Kalkofen, der mit von der Partie war, erweiterte die Wette: „Wenn eine der Frauen den Mut hat, spendiere ich allen Turnerfrauen ein Rumpsteak."

301

Anne Remdt, eine Metzgersfrau und ebenfalls Turnerin, sagte: „Den Mut hab ich wohl." „Gut, und wer macht den Kuhfladen weg, wenn sich die Kuh entleeren sollte?", fragte Karl Boppel. Manfred Wächter, gerufen „Männe", wurde dazu im Voraus verpflichtet, und zwar mit bloßen Händen, wenn es denn soweit kommen sollte. „Die Wette gilt", sagte Karl Boppel und verließ mit Anne den Gastraum, die Runde zechte fröhlich weiter. Plötzlich ging die Tür auf und Anne Remdt, die mutige Metzgersfrau, kam mit der Kuh am Strick zur Tür herein, hinterher trapste Karl Boppel und schmunzelte verschmitzt. Die drei marschierten durch den engen Gang zwischen den Tischen und Stühlen hindurch bis zur Theke. Das Hallodri kann man sich vorstellen. Die Kuh schaute ganz verstört in die Runde und wusste nicht wie ihr geschehen war. Vor Aufregung hob sie bald den Schwanz und „platschte" eine saftige Ladung auf den Boden. „Männe" war tapfer, krempelte die Ärmel hoch, „schöpfte" mit beiden Händen den Kuhfladen in einen bereitstehenden Eimer und löste so seine Wette ein.

Nun stand sie da, die Kuh. Ein Zurück gab es nicht. Eine Umkehr war in dem engen Durchgang zwischen den Tischen auch nicht möglich. Jetzt lautete die große Frage nicht: „Wie kriegen wir die Kuh vom Eis", sondern: „Wie kriegen wir die wieder aus der Gastwirtschaft?" Der Wirt Werner Pretorius hatte die Lösung: Er schloss die Tür zum hinteren Ausgang auf, dann schob man das Tier zwischen den Gästen hindurch zum engen Flur nach hinten. Störrisch, wie eine Kuh sein kann, wollte sie nicht mehr weiter, weil sie zum Ausgang vier Treppentritte nach oben gemusst hätte. Das wollte sie mit dem besten Zureden nicht machen. Karlheinz Remdt, ein Metzger mit „tierischen Erfahrungen", sagte dann: „Lass mich mal machen, das kriegen wir schon", ging hinter die Kuh und drehte dieser den Schwanz ganz fest um, dass es der Kuh weh tat. Daraufhin machte sie zwei Sätze die Treppe hoch und stand in der Hofeinfahrt vom Nachbarn Leibrock. Von dort marschierte das verstörte Tier mit seinem Herrn wieder in den heimischen Stall. Der Wirt Pretorius nahm das alles mit Humor und spendierte noch einige Schoppen Wein für die mutigen Akteure. Der Viehhändler löste seine Wette ein und spendierte jeder Turnerfrau ein Rumpsteak.

Quelle: Anne Remdt, Obermoschel, 1998

Die Elf-Uhr-Glocke

Es war im Jahr 1948. Willi Henrich fuhr als vierzehnjähriger Junge mit dem Ochsen-Gespann zum Eggen in die Gewann „Auf dem Reinhard". Zunächst lief alles nach Plan. Nur noch ein Mal hatte er hin- und herzufahren, dann wäre der Acker fertig gewesen. Doch jetzt geschah etwas Merkwürdiges: Vom Kirchturm der evangelischen Kirche zu Obermoschel läutete die Elf-Uhr-Glocke. Nicht nur Willi, auch die Ochsen hörten das. Sie waren gewohnt, zu dieser Zeit in die Mittagspause zu gehen. Schnurstracks drehten sie ab auf die Ausfahrt des Ackers, passierten diese und liefen schnellen Schrittes, die Egge hinterherziehend, den steilen Reinhard-Weg hinunter. Der vierzehnjährige Willi hängte sich mit aller Kraft in die Führungsleine und versuchte, sie aufzuhalten, doch ohne Erfolg. Die Ochsen streckten die Köpfe nach vorn, die Schwänze nach hinten und wurden immer schneller. Das Unheil nahm seinen Lauf. Glück im Unglück: Philipp Henrich, der Onkel von Willi, hatte das Geschehen vom Fuße des gegenüberliegenden Selberg aus beobachtet, lief eilig den Ochsen entgegen, stoppte sie kurz vor der Landstraße, die nach Hallgarten führt, ab und war somit Retter in höchster Not.

Quelle: Willi Henrich, Obermoschel, 1998

Der durstige Zugochse

Wir schreiben 1946/47, die Zeit nach dem Zweiten Weltkrieg. Willi Henrich und sein Onkel Philipp wollten nach der Mittagspause mit zwei Gespannen auf den Acker fahren. Philipp spannte erst seine zwei Pferde ein und fuhr schon vor. Willi sollte mit dem zweiten Gespann, einem Pferd und einem Ochsen, nachkommen. Es handelte sich um einen außergewöhnlich großen Zugochsen, der später beim Schlachten 1.200 Kilogramm auf die Waage brachte. Der Kopf des Ochsen war so groß, dass er aus einem normalen Tränke-Eimer nicht getränkt werden konnte. Die so genannten Selbst-Tränken gab es damals noch nicht. Man tränkte ihn deshalb aus einer Bütte, die in einer Ecke des Stallganges abgestellt war.

An besagtem Tag fütterte Willi die Tiere in der Mittagsstunde wie immer mit Heu, vergaß jedoch, sie vorher zu tränken. Heu macht durstig. Als er nach der Mittagspause den Ochsen losband um ihn einzuspannen, suchte sich dieser mit Nachdruck den Weg zur mit etwa achtzig Liter Wasser gefüllten Tränke-Bütte und soff diese ratzeputz leer. „Jetzt reicht es aber", sagte Willi und wollte ihn zum Stall hinausführen. Die Brust des Ochsen hatte die Stalltür schon passiert, da gab es plötzlich einen Halt. Willi gab dem Ochsen gute Worte: „Alleh hopp! Jetzt komm doch!", aber der Ochse stöhnte nur und konnte nicht weiter. Alle guten Worte nützten nichts. Bei näherem Hinsehen kam Willi die Erleuchtung: Das Tier steckte in der Türlaibung fest. Sein Bauch war von dem vielen Wasser so dick, dass er durch die ein Meter breite Stalltür nicht mehr hindurchpasste.

Willi blieb keine andere Wahl, er hufte ihn zurück in den Stall, band ihn wieder an und wartete eine gute Stunde, bis das Tier uriniert hatte. Dadurch wurde der Bauch wieder dünner. Mit unfreiwilliger Verspätung erreichte er dann doch noch den Acker. Sein

Onkel Philipp hatte schon missmutig genörgelt, weil Willi so spät kam, bis dieser ihn aufgeklärt hatte warum.

Quelle: Willi Henrich, Obermoschel, 1998

Der Elfer Deutz

Früher wie heute war die Jugend auf dem Lande darauf aus, in der sogenannten „Mainacht" vom 30. April auf den 1. Mai irgendwelchen Leuten einen Streich zu spielen.

So trug sich Ende der dreißiger Jahre Folgendes zu: Philipp Müller, wohnhaft in der Baumgartenstraße, kaufte den ersten Traktor von Obermoschel, einen elf PS starken Deutz. Ernst Arnold bekam bald darauf auch einen solchen. Mit einem leichten Rivalitätsgedanken beschloss in einem der folgenden Jahre Ernst Arnold, dem Philipp Müller in der „Mainacht" einen Streich zu spielen. So geschah es. Eine Rotte von Buben ging in besagter Nacht zum Hof von Müller, das Hoftor war nicht verschlossen. Jetzt schoben sie den Traktor lautlos aus dem Hof und fuhren ihn zum Marktplatz. Dort stellten sie ihn neben anderen Geräten, die andere Jungs zusammengetragen hatten, zur Schau. Am Morgen des 1. Mai konnte man das Gefährt auf dem Marktplatz bestaunen, der Coup war gelungen.

Bestärkt durch diesen Erfolg beschloss Ernst Arnold im Jahr darauf, diesen Streich zu wiederholen. Wieder mobilisierte er seine Kameraden, die diesmal – warum wohl? – nicht alle mitziehen wollten. Mit einigen zog er los zu besagtem Gehöft. Philipp Müller, durch den Streich vom vergangenen Jahr gewarnt, passte in diesem Jahr hinter der Haustür auf. Im richtigen Moment trat er mit einem langen Stock, den er sonst für die bei ihm stationierten Deckbullen verwendete, hinter der Tür hervor, Ernst und seine

305

Kameraden ergriffen die Flucht. Anschließend sammelten sie sich wieder und beschlossen, nach geraumer Zeit noch einmal einen Versuch zu starten. Der zweite Versuch misslang, weil Philipp Müller zwischenzeitlich das Hoftor mit einer Kette und Vorhängeschloss verrammelt hatte. Die jugendliche Horde zog unverrichteter Dinge wieder ab. Am Marktplatz angekommen, kam Ernst Arnold nicht mehr aus dem Staunen. Dort stand nämlich jetzt sein eigener Elfer Deutz mit angehängtem Wagen, auf dem noch ein Pfuhlfass aufgelegt war. Die Kameraden, die anfangs nicht mitziehen wollten, hatten gute Arbeit geleistet und den Traktor von Ernst auf dem Marktplatz zur Schau gestellt. Der Ernst hat ganz schön verdutzt geschaut, als er sein Gespann dort stehen sah.

Quellen: Christel Roth geb. Müller; Karl Nessel,
beide Obermoschel, 1998

Die Lott

Es war am Anfang des Zweiten Weltkrieges. Julius Klein hatte zwei schöne Pferde, auf die er ganz stolz war: Die Liss und die Lott. Eines Tages mussten die Pferde zur Musterung, sie wurden requiriert für Kriegszwecke und traten mit dem Heer den Feldzug nach Frankreich an. Auf dem Rückzug kamen deutsche Truppen mit Waffen und Kriegsgespannen durch Obermoschel zurück. Als diese Kolonne durch die Friedrichstraße fuhr, blieb eines der Pferde stehen, wurde unruhig, wieherte und drehte unverhofft nach rechts ab, das zweite Pferd mit sich ziehend, in die Badegasse. Der Gespannführer war von der Blitzaktion des Pferdes so überrascht, dass er den Vorgang nicht verhindern konnte. Er hatte alle Mühe, sein Gespann auf der abschüssigen Straße abzubremsen. Vor dem Stall von Bauer Klein machte es Halt. Bauer Klein, der das Geschehen von seiner Haustür aus beobachtete, sagte plötzlich zu seiner Tochter Lydia: „Schau mal da, das ist doch unsere Lott." Betroffenheit machte sich breit. Das Rätsel war schnell gelöst: Es war seine Lott. Sie wollte in ihren heimischen Stall. Doch das Schicksal wollte es anders. Lott musste weiterziehen und ist nie wieder zurückgekommen. Sie hat wohl den Krieg nicht überlebt.

Quelle: Lydia Imfang geb. Klein, Obermoschel, 1998

Schwarze Milch?

Es war im Jahre 1933. Philipp Nessel, wohnhaft an der Schleife, ging zu seinem Bruder Fritz, der in der Bergstraße wohnte, um etwas zu besprechen.

Der dreijährige Sohn Karl durfte an diesem Sonntagmorgen mit gehen. Fritz führte die beiden in seinen Kuhstall, dort war gerade in der Nacht zuvor ein Kälbchen geboren worden. Das wollte er dem kleinen Karl nicht vorenthalten.

Während dieser aus dem elterlichen Stall nur hellbraune Kühe kannte, sah er dort neben braunen eine ganz schwarze Kuh, die nur einen kleinen weißen Fleck auf der Stirn hatte. Ganz erstaunt darüber, schaute Karl hinter seiner Schirmütze an seinem Onkel hoch und fragte ganz treuherzig: „Onkel Fritz, gibt die farz Kuh auch farz Milch?" („Gibt die schwarze Kuh auch schwarze Milch?")

Quelle: Karl Nessel, Obermoschel, 1998

Im Doppelgalopp

Es war im Jahre 1954. Wieder einmal hatte man in der Wirtschaft „Zum Ratskeller", fröhlich gezecht. Man sprach über stramme Pferde und böse Hunde. Auch der damals dreiundzwanzigjährige Heinz Meyer, von Beruf Frisör, saß dabei. Bauer Karl Boppel, der ebenfalls mit von der Partie war, sagte provozierend zu Heinz: „Meine Pferde holst du nicht aus dem Stall, ich habe einen scharfen Hund, der lässt niemanden rein, der würde dich zerreißen!"
„Das werden wir mal sehen", sagte Heinz, „vor deinem Hund habe ich keine Angst. Dir hole ich irgendwann die Pferde mit samt dem Hund aus dem Stall."
Boppel schlug ein: „Die Wette gilt!" In dieser Nacht blieb es ruhig.
Eine Woche später zechte man im „Gasthaus Vetter". Heinz hatte wieder in einer langen Nacht tief ins Glas geschaut. Im Dunkel der Nacht verließ er das Lokal, gedachte seiner Wette und lief zum Gehöft Boppel. Mutig wie er war, band er im Stall beide Pferde los, führte sie, wie sich später herausstellte, durch den Garten und die Gartentür nach hinten zur Landsbergstraße, setzte sich auf eines drauf und ritt davon, das zweite Pferd neben sich nachziehend. Selbst der Hund, der Heinz zerreißen sollte, lief erst mal circa fünfzig Meter mit, dann drehte er um und lief zurück zum Hof, ohne je gebellt zu haben. Eine ältere Nachbarin, die in dieser Nacht gerade zufällig zum Fenster hinausschaute und das Treiben beobachtete, wunderte sich noch über diesen nächtlichen Ritt.
Wie sich später herausstellte, ritt Heinz über die Bahnhofstraße und die Mühlstraße den Pfad hinauf zur Weißen Halde, von dort hoch Richtung Waldhaus und wieder zurück zur Weißen Halde.
Auch Bauer Adolf Ranßweiler aus der Nachbarschaft wurde vom Pferdegetrappel wach. Er kannte die Pferde und alarmierte seinen Kollegen Karl Boppel, der nichts von diesem Spektakel mitbekommen hatte, weil sein Wohnhaus auf der anderen Straßenseite

in der Wilhelmstraße gestanden hatte. Nun alarmierten die beiden noch den Gendarmen Horch und gingen zu dritt auf die Suche nach den Gäulen. Unterhalb der Weißen Halde, in der Gewann „Am Hahn", wurden sie bei Tagesanbruch fündig. Die Pferde hatten vom strapaziösen Ritt noch weißen Schaum auf sich. Sie weideten friedlich auf einem angrenzenden Kleeacker. Heinz Meyer lag am nahen Waldrand und schlief seinen Rausch aus. Als ihm die drei näher kamen, erwachte er, sprang auf und verschwand im Wald. Am nächsten Tag musste er beim Gendarmen Horch antreten und den Hergang der Tat schildern. Weil dieser das Unikum kannte, ließ er ihn schmunzelnd wieder laufen. Für Heinz blieb die Tat ohne Folgen.

Quellen: Gertrud Böhler geb. Boppel; Heinz Meyer;
Karl-Adolf Ranßweiler, alle Obermoschel, 1998

Arznei für ein krankes Schaf

Es war so Ende der vierziger Jahre. Ein kalter Herbsttag drückte hartnäckig die Nebelschwaden über die Felder. Der Schäfer Ostertag hütete seine Herde in der Gewann „Wolfershütt", knapp zwei Kilometer vom Ort entfernt. Bauer Wilhelm Dick kam auf dem Heimweg zur Mittagspause dort gerade vorbei und hielt mit dem Schäfer ein kleines Schwätzchen. Ostertag bat den Bauern Dick, er möge doch bei seiner Frau, die zu Hause einen kleinen Krämerladen betrieb, vorbeigehen. Diese solle ihm eine Flasche „Arznei für ein krankes Schaf" schicken, sie wisse schon Bescheid.
Ohne sich dabei Gedanken zu machen, sagte Dick zu, ging beim Kolonialwarengeschäft vorbei und überbrachte der Katharina den Auftrag.

„Ist recht, Wilhelm, ich weiß Bescheid, danke dir!", sagte die Krämer-Frau selbstbewusst.

Wilhelm verabschiedete sich und ging heimwärts. In diesem Moment betrat ein Jüngling namens Eugen – von seinen Alterskameraden „Iseroll" genannt – das Geschäft. Katharina, die Krämerfrau, nutzte die „Gunst der Stunde" und fragte den Jungen:

„Eugen, mein Mann hütet auf der Wolfershütt. Würdest du ihm eine Flasche mit ‚Arznei für ein krankes Schaf' bringen?"

Eugen sagte spontan zu. Er wusste, die Katharina ist eine gemütvolle, herzensgute Frau, da fallen ein paar Himbeer-Bonbons für ihn ab. Katharina ging zur Küche und mixte eine Flasche voll von der ihr bekannten „Mischung", und Eugen machte sich damit auf den Weg.

„Du weißt ja, wo die Wolfershütt ist, Eugen, dort wirst du meinen Mann mit der Schafherde schon finden."

„Ja, ja, ich weiß schon Bescheid", ereiferte sich der „Iseroll" und zog los. Unterwegs wurde er neugierig. Er öffnete die Flasche und roch daran – es roch sehr gut. Dann nippte er daran – es schmeckte auch vorzüglich. Dann nippte er nochmals – und nochmals – bis die Flasche leer war. Auf halbem Weg drehte er nun um, lieferte die leere Flasche bei Katharina wieder ab und setzte sich nieder mit den Worten: „Ich bin so müde!"

Die Geschäftsfrau merkte ihm gleich an, dass hier was nicht stimmen konnte und fragte ihn, schon ahnend, was da kommen könnte: „Eugen was ist geschehen?"

Lallend gestand Eugen: „Ich habe die Flasche leergetrunken."

Weil Eugens Mutter Lena kein Telefon hatte, schickte die gutmütige Katharina nun jemand bei ihr vorbei, sie solle doch ihren Sohn bei ihr abholen. Lena kam, sah ihren Eugen und fragte empört: „Was ist denn mit dir los, Eugen!?"

Wortlos schaute Eugen mit trübem Blick seine Mutter an. Katharina erzählte Lena die Anekdote und lüftete das Geheimnis mit der Arznei:

„Nichts Schlimmes, Lena. In der Flasche war starker Bohnenkaffee mit Schnaps gemischt. Mein Mann trinkt das gerne mal, wenn so ungemütliches Wetter ist wie heute."

Lena stammelte noch einige Worte der Entrüstung dahin, verabschiedete sich und schleppte ihren schwankenden Eugen nach Hause. Der Schäfer Ostertag wartete an diesem Tag vergeblich auf seine „Arznei".

Quelle: Helmut Neu, Obermoschel, 1998

Deggmols merci

Der Apotheker Johann David Erlenbach war ein Spaßvogel und hat auch gern mit seinen Kunden mal ein bisschen geflachst. Der alte Müller Gintz von der Unteren Mühle kaufte eines Tages Arznei ein und legte dem Apotheker das Geld auf die Theke. Erlenbach kassierte den Betrag und sagte in seinem Dialekt: „Deggmols merci" – das heißt soviel wie: „Vielmals danke schön".

Gintz, der mit diesem Ausdruck nichts anfangen konnte, fühlte sich von Apotheker Erlenbach verschaukelt und antwortete ihm verärgert: „Ihr seid auch lauter merci!"

Quelle: Anita Lehr geb. Dick, Obermoschel, Jan. 1999

311

Der „Zebadoh"

Der Sohn vom Untermüller, Ludwig Gintz, ging bei Oberlehrer Jung in die Schule. Im Religionsunterricht wurde das Lied: „Ein' feste Burg ist unser Gott" durchgesprochen. Ludwig sollte den zweiten Vers aus diesem Lied auswendig vortragen. Er hatte das nicht recht gelernt und kam ins Stottern. Nachdem er sich bis zu der Stelle durchgestottert hatte, wo es anschließend heißt: „Fragst Du, wer der ist? Er heißt Jesus Christ. Der Herr Zebaot, und ist kein andrer Gott …", wollte ihm sein hinter ihm sitzender Schulfreund soufflieren. Ludwig hatte das verkehrt verstanden und schoss dann los mit den Worten: „Sprich's, wer ist's, der Zebadoh!" Oberlehrer Jung, der normalerweise sehr streng war, musste wie seine Schüler herzhaft lachen – und Gintz ging straffrei aus. Aber Gintz hatte von da an seinen Spitznamen weg. Er war von jetzt an der „Zebadoh".

Quelle: Anita Lehr geb. Dick, Obermoschel, Jan. 1999

Die Ratte

Es geschah in den fünfziger Jahren auf dem Bauernhof von Philipp Nessel. Das Rübenlager neben der Futterküche mit Schweinestall war durch eine Holztür getrennt. Diese Tür hatte seitlich ein Loch. Die Ratten hatten es durchgefressen, um nachts in die Futterkammer zu gelangen und aus den Trögen der danebenliegenden Schweineställe die letzten Futterreste herauszufressen. Eines Abends ging Erich noch einmal spät in die Futterkammer. Dort erspähte er oben an der Wand auf einem Joch sitzend eine Ratte, die ihn frech anschaute und beobachtete. Erich griff beherzt nach einem Besen und wollte die Ratte totschlagen. Diese sprang in ei-

312

nem Satz herunter auf den Boden. Dort wollte er sie nun mit dem Fuß tot treten. Dabei kam er mit dem Fuß etwas zu früh vor der Ratte auf den Boden und bevor er sich versah, war sie in seinem rechten Hosenbein und kletterte innen an seinem Bein hoch bis zur Hosentasche. Zwischen Hosenbein und Hosentasche blieb sie stecken. Dort packte er nun von außen mit der rechten Hand kräftig zu und drückte so lange, bis kein kchchch… kchchch mehr zu hören war. Das zog sich so circa drei Minuten hin. Jetzt hatte er sie offenbar erstickt, aber sicher war er noch nicht, bis er sie wieder unten aus dem Hosenbein herausgeschüttelt hatte. Man kann sich vorstellen, was das für ein Gefühl war, bis die Ratte unten lag und er sicher wusste: Jetzt ist sie tot.

Quelle: Erich Nessel, Obermoschel, 1952

Die Kuh Gretel

Es war in den fünfziger Jahren. Erich Nessel fuhr auf seinem kleinen Bauernbetrieb mit Fahrkühen. Wenn eine Kuh alt und abgängig war, musste sie durch eine junge Kuh ersetzt werden. Man konnte das junge Tier aber nicht gleich in den Wagen spannen, es musste für seine Aufgabe mit einer leichten Belastung vorbereitet werden. Dazu benutzte der Bauer die Hälfte eines längs gespaltenen Holzstammes von etwa vierzig Zentimetern Durchmesser und etwa zweieinhalb Metern Länge, den das Tiere dann hinter sich herziehen musste. Eines Tages war es wieder einmal so weit. Vater gab Erich und Bruder Karl, der in der Schreinerei arbeitete, den Auftrag: „Nach Feierabend fahrt ihr beide zusammen die Gretel ein." Vater war in dieser Zeit noch zu Feldarbeiten unterwegs. Als Karl heim kam, zogen die Brüder dem Tier das Joch auf, spannten es ein und fuhren los. Auf einem Feldweg, der seitlich an einem

Bach entlangführte, passierte es: Die Färse Gretel fing an zu rennen und hüpfte voller Wohllust hinten seitlich nach rechts über die Stränge. Dabei kam sie vom Weg ab, verlor das Gleichgewicht und kullerte die Böschung hinunter in den munter fließenden Bach. So lag sie nun da, schaute sich ganz verstört um und wusste nicht, wie ihr geschehen war. Auch Karl und Erich waren geschockt. War es doch eine hochtragende Färse mit einem Kalb im Bauch, wenn das nur gut gehen würde. Jetzt kletterten die beiden nach unten, befreiten das Tier von den Strängen und gaben ihm Hilfestellung, damit es wieder aufstehen konnte. Das gelang auch, doch ein Zurück zum Ausgangspunkt war nicht möglich, die Böschung war zu steil.

Auf der anderen Seite des Baches grenzte der Garten einer Nachbarin an. Durch den führten sie nun die Kuh zu einem anderen Weg, der leicht erreichbar war, und von dort zurück zum halben Stamm, mit dem sie wieder nach Hause fuhren. Vater hatten sie an dem Abend noch nichts verraten von diesem Vorfall. In der folgenden Nacht schliefen die beiden Brüder nur sehr schlecht. Was würde passieren, wenn die Färse, die in wenigen Wochen ihr erstes Kalb erwartete, jetzt durch den Sturz verkalben würde? Gott lob, es ging gut. Vater hatten sie am folgenden Tag von diesem Missgeschick erzählt und Gretel hatte Wochen später ein gesundes Kalb zur Welt gebracht.

Quelle: Erich Nessel, Obermoschel, 1953

Heinz Schneider

Erlebnisse in der Sowjetunion 1980 und 1986

Armlos, harmlos und trotzdem gefährlich?

Am 24. April 1980 wurde meine Frau Thea vierzig Jahre alt. Aus diesem Anlass wollten wir, zusammen mit meinen Schwiegereltern, in Moskau ein paar schöne Tage verbringen. Reisen in die Sowjetunion waren in der DDR meist sehr preiswert. Tatsächlich erhielten wir kurz vor der Olympiade in dem neu erbauten Hotel „Kosmos" in der Nähe der Fernsehturmes „Ostankino" eine sehr schöne Unterkunft, konnten im Kreml die sehr gut ausgestattete Schatzkammer besuchen und in Moskau zahlreiche orthodoxe Kirchen sowie die Allunionsausstellung besichtigen. Während der Rückfahrt in der Metro trafen wir auf einen sowjetischen Rentner, dem der rechte Arm fehlte. Mein damals neunundfünfzigjähriger Schwiegervater hatte während eines Gefechts im Zweiten Weltkrieg in den Höhen des Kaukasus seinen linken Arm verloren. In der Mitte armlos – saßen beide Kriegsveteranen sehr dicht beieinander und unterhielten sich – jeder in seiner Landessprache – über den Zweiten Weltkrieg und das Unglück, das er ihnen persönlich gebracht hatte. Ich bemühte mich, etwas holprig, zu dolmetschen. Der Russe hatte in der Nähe von Berlin – offenbar im Oderbruch – 1945 seinen Arm eingebüßt. Beide waren sich darin einig, dass der Krieg das Allerdümmste war, was beiden Nationen je widerfahren konnte. Es war ein typisch pazifistisches Gespräch, politisch völlig harmlos. Zwei Metrostationen später wurde der russische Kriegsveteran von einem hinzugekommenen Vertreter der Miliz gezielt aus dem Wagen der Metro gezerrt und ziemlich rüde behandelt, sodass er – nach mehreren unsanften Stößen in den Rü-

315

cken – beinahe auf dem Bahnsteig hinfiel. Irgendjemand hatte ihn bereits nach der ersten gemeinsamen Metrostation bei der Polizeistation denunziert. Was später aus ihm wurde, haben wir natürlich nie erfahren. In dem Abteil herrschte eine eisige Stille. Niemand protestierte auch nur im Ansatz gegen diese unmenschliche Behandlung eines Kriegsveteranen durch einen uniformierten Vertreter seiner eigenen Staatsmacht. Es herrschte damals – zweiundsechzig Jahre nach der Oktoberrevolution – in der Sowjetunion noch immer ein typischer Kadavergehorsam, der mich nur allzu sehr an die unrühmliche Hitlerzeit erinnerte. Ein Kontakt der einfachen Sowjetbürger zu Ausländern war offensichtlich nicht erwünscht, wurde von offizieller Seite als gefährlich angesehen und war vermutlich sogar streng verboten. Unter einem Staat der Arbeiter und Bauern, der uns als Touristen aus der DDR eigentlich freundlich entgegenkam und wirklich viele seiner Kulturschätze wie die besagte Schatzkammer des Kreml oder die Eremitage im Winterpalast in Leningrad zeigte, hatten wir uns eigentlich etwas anderes vorgestellt. Im Vergleich zum auch nicht immer einfachen Leben in der DDR benahm sich die Sowjetunion zu ihren Staatsbürgern ja noch viel, viel schlimmer. Geradezu boshaft. Mir taten die stillen, extrem schweigsamen Sowjetmenschen mit ihrem unsichtbaren Maulkorb wirklich leid. Die uns ständig gepredigte Vorbildwirkung der Sowjetunion, dem „Lande Lenins" war – wieder einmal – dahin.

In der „Mezhdunarodnaja Kniga" (Internationales Buch) in Baku 1986

Sechs Jahre später fragte mich in einer internationalen Buchhandlung in Baku, in der zu Hause kaum zu erhaltende deutschsprachige Bücher missliebiger DDR-Autoren billig zu haben waren, eine junge, höchstens fünfundzwanzigjährige Verkäuferin: „Möchten

Sie in der Sowjetunion leben?" Ich sagte: „Nein, aber ich schätze Ihre Kulturvielfalt, komme gerne hier her, fühle mich zu Hause aber am wohlsten." Sie erzählte mir, dass sie ein halbes Jahr bei einem deutschen Lehrerehepaar in Rostock zugebracht und dort ihre Deutschkenntnisse deutlich verbessert hätte und selbst auch eine Pädagogin sei, aber in der Aserbaidschanischen Sowjetrepublik als Russin keine Arbeit als Lehrerin gefunden hätte. Die DDR betrachte sie hingegen als ein „wahres Paradies". Sie verstünde nicht, warum aus diesem schönen Land so viele junge Leute „abhauen" wollten. Sie kannte tatsächlich den Inhalt des Begriffs „abhauen". Ich versuchte ihr klarzumachen, dass wir neben dem sozialen Problem, das bei uns befriedigend gelöst sei, auch noch nationale Probleme hätten und dass wir fast alle auch Verwandte in der Bundesrepublik Deutschland besitzen, die wir seit Jahrzehnten nicht gesehen haben und gerne einmal wiedersehen möchten, aber nicht dürften. Deshalb habe man auch 1961 eine Mauer gebaut, um eine Flucht von DDR-Bürgern in den Westen zu verhindern. Offiziell gelte sie als ein „antifaschistischer Schutzwall". Doch das glaube kein Mensch. Dass uns die Bundesrepublik ökonomisch bei Weitem überlegen war, habe ich ihr bewusst verschwiegen. Ebenso die drakonischen, völlig ungerechtfertigt hohen Strafen für gefangene „Republikflüchtlinge". Ich sagte: „Sie haben doch den Genossen Michail Gorbatschow, der auch bei uns als Hoffnungsträger gilt und sicher bald vieles zum Besseren verändern wird." Sie und zwei inzwischen hinzugekommene, etwa gleichaltrige ebenfalls gut Deutsch sprechende Mitverkäuferinnen glaubten mir kein Wort, meinten, es würde sich in der Sowjetunion gar nichts verändern, bedankten sich aber für das aus ihrer Sicht offene Gespräch. Meine Frau und ich waren mit den drei Verkäuferinnen allein und ich hatte nicht den Eindruck, dass sie KGB – Spitzel (KGB = Komitee für Staatssicherheit) waren, doch Thea war etwas ängstlich und zog mich laufend am Arm zurück. Sie wünschte offenbar, dass ich

317

die Unterhaltung sofort beende. Sie fürchtete, dass es sich um politische Zuträger handle und ich zu Hause Schwierigkeiten bekommen könnte. Ich glaubte ihr nicht und freute mich über das in der Sowjetunion völlig ungewohnte freie Gespräch mit jungen Menschen. Genau wusste ich allerdings nicht, ob Theas Verdacht nicht doch begründet war, denn eine internationale Buchhandlung, in der viele Ausländer verkehren, wäre eigentlich der ideale Platz für einen solchen Job. Und die doch etwas verblüffende Frage an einen Ausländer stellte sicher auch kaum ein gewöhnlicher Sowjetbürger in der Öffentlichkeit. Hatte Thea doch Recht? Oder hatte sich die Sowjetunion wider Erwarten in den letzten sechs Jahren, zuletzt unter dem Generalsekretär Michail Gorbatschow, der erst kurz im Amt war, wirklich zu ihrem Vorteil verändert? Ich wusste es nicht, war aber erstaunt und gleichzeitig etwas glücklich über erste erkennbare Vorzeichen einer beginnenden Umstellung. Mit einem Stapel neuer preiswerter Bücher aus der DDR, die im eigenen Land kaum zu haben waren, darunter „Nachdenken über Christa T" und die „Kassandra" von Christa Wolff sowie einem Originalbuch aus Österreich verließ ich erfreut den Buchladen.
Fünf Jahre danach hatte auch die despotische Sowjetunion – etwas später als die DDR – ihr Existenzrecht verloren. Darüber habe ich mich – sicher im Gegensatz zu vielen anderen „DDR-Bürgern" – sehr gefreut. Niemand hätte das damals für möglich gehalten. Michail Gorbatschow sicher am allerwenigsten.
Was aus den damals jungen Russinnen in Aserbeidschan geworden ist, weiß sicher bei uns kein Mensch. Heute könnte ich ihnen ihre Frage klarer beantworten. In der Sowjetunion hätte ich nie leben wollen.

Wer Religion hat,
redet Poesie

Marion Bettenhausen

Gott

Als Kind liebte ich
den Altar
dort lebte Gott
jeden Sonntag
Ich fragte ihn
immer
ob er mich aufnahm
Er sagte es nie
Glaube
Ich wurde zornig
dass er mir den
Glauben
selbst überließ
Ich verließ Ihn

Der Existentialismus und Gott

Nicht ihr Fleisch
Sein Blut
ergießt die Welt
Wort aus Gottes Ohr

Sartres Wort
ohne Gott scheint
gleich. Der Sinn
dieser Welt ist
sein.

SEIN

Sein oder Nichts
Sein Wort ist Glaube
der Zeit gewandelt

Schöpferisches Wortspiel

die Welt ist unerschöpflich
gut zu ihren Geschöpfen
sie lässt sie schöpfen aus
dem Schoß des Schöpfers.

auch wenn ich erschöpft bin
neige ich meinen Schopf
dem Schöpfenden zu und
schöpfe neue Kraft

Gott

Was passierte,
wüchse plötzlich das Gras blau?
Die Wissenschaft suchte
nach neuen chemischen Rätseln
während der Meister
lachte
über seinen kosmischen Witz.

Der Geist Gottes
funkelt mich an
aus den blau-grün
bunten Fensterbildern
des Altares
sonntags
wenn die Sonne scheint
von draußen
hinein

Er lebt also wirklich
von Licht

Wolfram Eberbach

Gebet

Bitte Herr, vergib, verzeih
Wesen mir und Wandeln.
Steh Du meiner Seele bei,
segne Du mein Handeln.

Herr, hilf allen meinen Lieben,
hilf auch allen, die mich hassen,
lasse mich Dein Wort erfassen,
das Du in die Welt geschrieben.

Herr, vergib mein irres Tun,
reich mir bitte Deine Hand,
lass an Deinem Herz mich ruhn,
segne unser Heimatland.

Tischgebet

Herr, wir brauchen Dich mehr
als Speise, Brot und Trank.
Du nur gibst Kraft und Mut.
Gibst Du uns Essen,
gib bitte den Segen.
Was immer von Dir kommt, ist gut.

Gedanken am Meer

Welle wächst, wogt, bäumt sich,
donnert tosend, wild,
und was bleibt von allem?
nur ein flüchtig bild.
jede welle einmal
irgendwann verrinnt,
weil die wellen alle
eben wellen sind.

Wenn dein ich einst donnernd
oder leis zerbricht,
ob dein bild aus büchern
leuchtet oder nicht,
hat der himmel gnädig sich dir aufgetan,
einer kleinen welle
auf dem ozean.

Vergebung

Schicksal, bist du gerecht?
Ich hoffe, nein.
Denn ich bin schwach und schlecht,
oft feig und klein.
Ich tadle andre gern ob ihrer Fehle
und trag dieselbe Schuld in meiner Seele.

Schicksal, sei nicht gerecht,
Gott steh mir bei!
Ich weiß, ich soll und doch.
Oh, großer Gott verzeih!

jenseits

– – – dann ist alles vorbei.
wir sind jetzt frei
im ewigen all.
ohne zeit, ohne raum.
wie ein traum.

unser gewissen
ist noch mit allem verflochten,
was geschah, was geschieht.
ein ruf, ein lied
führen uns durch das endlose
zu einer christrose
am straßenrand.

heimatland
ist dort für uns alle.
auch für dich
und für mich.
heimatland – – –

84 Jahre

Die Abenddämmerung erlischt.
Vor mit steht schwarz die Nacht.
Zig Jahre hab' ich nun allhier
auf unserm Stern verbracht.
Was habe ich in dieser Zeit
mit meinem Tag gemacht?
Gelebt, gelitten und geliebt,
oft zweifelnd nachgedacht,
geflucht, geweint, trotz allem dann
auch wieder oft gelacht.

Ich glaub's nicht nur.
Ich weiß, die Nacht vergeht.
Ein neuer Tag ersteht.
Nie stirbt das helle, warme Licht,
denn Liebe prägt das ew'ge Weltgericht.
Die Dunkelheit bringt nicht das große Aus.
Im All da finden alle,
die suchen, ein Zuhaus.

Zapfenstreich

Von der Schippe oft gesprungen,
doch jetzt springe ich nicht mehr,
überlasse das den Jungen.
Mein Glas ist schon beinah leer.

Narvik, Oslofjord, Paris,
Stalingrad, Sevastopol,
Hürtgenwald und Budapest,
Monte Casino, Tarnopol
Warschau, Dresden, und Berlin.
Dort seid ihr gefallen,
fandet ihr Ihn.

Golgota und Holocaust.
Brach die Welt entzwei?
Anfang – Ende – Wiederkehr.
Macht der Tod erst frei?

Nimm auch mich in Deinen Arm,
in Dein Reich, Dein Wir,
wo ich meine Freunde find,
die seit damals bei Dir sind,
und das heil'ge Jesuskind.
Nimm mich auf bei Dir.

Lieselotte von Eltz

Die Schöpfung
Eine Dichtung Gottes

„Am Anfang schuf Gott Himmel und Erde ...", so heißt es in der
Bibel. Man könnte aber auch sagen, Gott war der Urheber aller
Poesie. Aus dem Nichts schuf er die Welt. „Die Erde war wüst und
leer und es war finster auf der Tiefe. Und der Geist Gottes schwebte auf dem Wasser." Er hob das Dunkel ins Licht und verwandelte
das Chaos in Harmonie. Der Wohlklang der Sphärenmusik durch-
drang alles Sein. Das war die Melodie, die er seiner Dichtung gab.
Sodann ging er an die Ausführung seiner Idee. Er erfüllte die Erde
mit Pflanzen und Tieren aller Art, mit Vögeln als Segler der Lüfte,
mit Fischen in der Tiefe des Meeres, mit Gewürm für das Erdreich
und mit Tieren des Feldes auf dem Lande. So entstand die erste
Strophe seines Gedichtes.
Gottes Phantasie war unendlich und unerschöpflich. Den Löwen
schmückte er mit einer goldenen Mähne und legte sie wie ein
Sonnenrad um sein Haupt. Der Tiger erhielt ein geflecktes Fell wie
ein Stück vom Sternenhimmel. Dem Wolf gab er Augen, die in
der Dunkelheit flimmerten wie der Schimmer des Mondlichtes.
Das Zebra bekam Streifen, wie Tag und Nacht, die Giraffe erhielt
einen Hals so hoch wie ein Leuchtturm und der Elefant einen Rüs-
sel wie eine Posaune. Die Schildkröte versah er mit einem Panzer
wie eine Kuppel, der Fliege gab er Flügel so durchsichtig wie die
Luft, der Tausendfüßler bekam tausend Füße und den Schmetter-
ling bemalte er mit den Farben der Morgenröte und dem Blau des
Himmels.
Gott betrachtete sein Kunstwerk mit Wohlgefallen und sah, dass
es gut war. Dann hauchte er allen diesen Figuren seinen Odem ein

und erweckte sie zum Leben. Da tummelten sich die Rosse mit flatternder Mähne, da sprang die Gazelle über Berg und Tal, der Hirsch streifte majestätisch durch den Wald und das Eichhörnchen hüfte munter von Ast zu Ast, der Fuchs kam voll Neugier aus seiner Höhle, die Libelle schwirrte über dem Wasser und die Echse kroch auf einen Stein und ließ sich von der Sonne bescheinen. Gott hatte seine Freude daran, denn seine Schöpfung war voller Poesie. Die ganze Welt war beseelt. Welche Wonne, in diesem Garten im kühlen Hauch des Abendwindes zu lustwandeln.

Der Mensch aber begriff nichts von Gott dem Poeten. Er erblickte nur Erde und Wasser, Stock und Stein, Fluss und Flur. Begierlich griff er nach der schönsten Frucht am Baum. Er riss die Blätter von den Büschen, um sich mit ihnen zu bedecken. Er wagte es sogar, Tiere zu töten und bekleidete sich mit ihrem Fell. Das ärgerte Gott, denn der Mensch zerstörte das Werk seiner Hände. Ihm fehlte jede Ehrfurcht vor der Schöpfung. Gott, der Herr, wollte nichts mehr zu schaffen haben mit diesem Geschlecht. Deshalb jagte er die Menschen aus seinem Paradies.

Wenn er aus seiner Höhe herabblickte auf sie und ihr Tun, sah er, dass sie nichts anderes im Sinn hatten, als zu herrschen und sich die Erde zu unterwerfen, angetrieben von unersättlicher Gier nach Gut und Gewinn. Da entdeckte er Jakob, den Israeliter, der mit seiner Herde durch die Lande zog. Er war nicht besser als die anderen, betrog und wurde betrogen. Er übervorteilte den älteren Bruder und erschlich sich für ein Linsengericht das Erstgeburtsrecht. Doch alle diese Händel kümmerten Gott nicht. Mochten die Menschen zusehen, wie sie ohne ihn zu Rande kamen.

Und doch hatte dieser Jakob noch eine andere Seite. Er erspürte in seinem Inneren, dass die Welt voller Geheimnis war. Nachts, wenn alles schlief und Stille ihn umfing, hob er seinen Blick zum Sternenhimmel empor. Er sah die Plejaden und die Andromeda, die Wega, den Sirius und den großen Wagen und eine Ahnung überkam ihn von einer Macht jenseits dieser Welt. Überwältigt von diesem Anblick, legte er sein Haupt auf einen Stein und hing seinen Gedanken nach, bis er entschlief. Da erblickte er im Traum die Himmelsleiter, auf der die Engel auf und nieder stiegen Es war eine Sternstunde seines Daseins. Nie vergaß er diesen Traum.

Es musste etwas hinter den Dingen liegen, das ihren tieferen Sinn verbarg und zugleich enthüllte. Das war die Erfahrung seines Lebens. Vielleicht war der Mensch selbst ein Gedanke Gottes. Eines Tages kam er auf der Wanderschaft mit seiner Herde nach Haran, wo die Frauen aus dem Brunnen Wasser schöpften. Da fiel sein Blick auf Rahel. Es war wie eine höhere Fügung. Sein Herz entbrannte in Liebe zu ihr und dieser Zauber verklärte ihre Schönheit. Sieben Jahre warb er um sie und sie erschienen ihm nur kurz angesichts ihrer Anmut und ihres Liebreizes. Als er sie gewann, war er selig vor Glück und bis in ihr hohes Alter erschien sie ihm wie ein Juwel. Der Sohn, den sie ihm gebar, galt ihm als ein Geschenk des Himmels und er schmückte ihn mit einem Mantel, so prächtig, wie ihn nur Könige trugen.

Zu den großartigsten Schöpfungen der göttlichen Poesie zählte der Regenbogen, der in allen Farben schillerte. Gleich einer schimmernden Brücke umspannte er Himmel und Erde. Voll staunender Bewunderung sahen die Menschen auf dieses überirdische Schauspiel. Gott hatte seine eigene Weise, sich den Menschen zu enthüllen. So offenbarte er sich dem Moses in einem brennenden Dornbusch. Zutiefst ergriffen von der Gegenwart einer höheren Macht, empfand Moses die Heiligkeit dieser Stätte. Voll Wissbegier fragte er nach dem Namen dessen, der ihm in diesem flammenden Leuchten begegnete. Doch Gott ließ sich sein Geheimnis nicht entreißen und antwortete ihm: „Ich bin, der ich bin." Das war gleichsam die Überschrift des göttlichen Gedichtes.

Gottes Antlitz aber blieb dem Menschen verborgen. Unermesslich in seiner Hoheit konnte man ihn nicht begreifen noch erfassen, sondern nur erfahren im Wunder seiner Werke. Der blühende Mandelbaum, die Sterne am Himmel, der Duft der Rose im Garten, die Quelle im Wiesengrund, das Raunen des Wassers, das Plätschern des Brunnens, das Fließen der Ströme … Das war seine Art, sich zu bekunden. Im Menschen lebte jedoch ein göttlicher Funke, der ihn die Herrlichkeit Gottes erahnen ließ. Es waren Poeten, die ihn priesen in hymnischen Versen: „Herr Gott, du bist herrlich, schön und prächtig. Licht ist dein Kleid. Du breitest den Himmel aus wie einen Teppich."

Die Erde war seine Pflanzung, dem Menschen anvertraut, damit er sie hege und pflege, auf dass sie Frucht bringe, und sie sangen das Lied vom Weinberg mit seinen köstlichen Reben und Ranken voll süßer Trauben. Der Fromme und Gerechte aber war ihnen wie ein Baum, „gepflanzt an Wasserbächen, dessen Blätter nicht verwelken".

Die Welt aber war voll Hass und Hader, Krieg und Gewalttat, Mord und Totschlag. Die Mächtigen und Reichen entrissen den Armen, den Witwen und Waisen das letzte Gut und erbauten sich Häuser, Gärten und Paläste von großer Pracht. Sie tafelten an Tischen aus Elfenbein, tranken aus goldenen Bechern und zechten bei ihren Gelagen bis in die frühen Morgenstunden. Sie meinten, die ganze Welt gehöre nur ihnen allein. Eines Gottes bedurften sie nicht, denn sie hatten sich selbst an seine Stelle gesetzt. Gott, der Allmächtige, aber ließ sich nicht spotten. Er berief Propheten, ihnen das Gericht anzukünden …

Von seiner Stimme getroffen und seinem Geist beflügelt, erschauten sie in Visionen und Gesichten die Macht und Majestät des Allerhöchsten. Gewaltig und unnahbar in seiner Hoheit erblickten sie in ihren Schauungen nur den Saum seines Mantels, der die Erde streifte. Ein Hofstaat umgab ihn und sein Thron war umstanden von geflügelten Wesen, die als Wächter mit funkelnden Augen Ausschau hielten nach allen Himmelsrichtungen. Ein

Lichtglanz umgab ihn und sein Erscheinen war begleitet von Feuerflammen, Donner und Blitz.

Die Welt erschauderte, erfüllt von Angst und Schrecken, und das Seufzen aller Kreatur stieg zum Himmel. Da gedachte Gott, seiner Dichtung wie einer Ballade eine unerwartete Wende zu geben. Er sandte seinen eingeborenen Sohn, Licht von seinem Lichte, Geist von seinem Geiste, eines Wesens mit dem Vater. Seine Sprache stand ebenso im Zeichen göttlicher Poesie: „Sehet die Vögel unter dem Himmel und die Lilien auf dem Felde. Sie säen nicht und ernten nicht und unser himmlischer Vater ernähret sie doch." Die gesamte Welt ist durchdrungen von Gottes Sein. Kein Sperling fällt vom Dache ohne den Willen des Herrn.

Die letzte Strophe bildete die Vollendung und zugleich den Höhepunkt des göttlichen Poems. Anfang und Ende berührten einander und standen im Einklang, von Sphärenmusik begleitet. Gottes Herrlichkeit beglänzte die Welt und alles Dunkel wandelte sich zum Licht. Das ganze Universum in seiner Unendlichkeit ist Gottes Dichtung und Poesie.

Marion Gitzel

Amokfrau

Religion und Wissenschaft haben dieselben Wurzeln. (M. Gitzel)

Sie ist Rechtsanwältin. Sie ist klug. Sie ist schön. Rechtsanwältinnen sind immer klug und schön. Von Frauen wird das so erwartet. Außerdem gibt es Schönheitschirurgen zum Nachbessern. So einfach kann vieles sein. Sie hat alles erreicht in ihrem Leben. Im Schnelldurchlauf.
Fast alles.
Sie wird schwanger. Fehlgeburt. Bisher waren es stets die anderen. Sie leidet entsetzlich. Eine Mutter leidet immer unter einem Kindsverlust. Außerdem: So ein Fehlschlag passt nicht in ihr Leben. In das vieler anderer gewiss, doch in ihres: nein, niemals! Psychisch angeschlagen, lebt sie weiter, liebt sie weiter, dient sie weiter, schießt sie weiter. Irgendwann illegal. Sie wird wieder schwanger. Ein Junge. Traumziel vieler Ehepaare.
Vater und Mutter freuen sich, doch nicht lange gemeinsam. Bittere Trennung. Erfolg kann sehr einsam machen. Kind wird dem Vater zugesprochen. Wunschkind-Mutter allein zu Haus. Mit sich. Doch zunehmend auch gegen sich. Erfolgreich als Anwältin, versagt als Mutter. Ob sie sehr weint? Und wenn, wer trocknet ihre Tränen? Oder staut sie ihre Gefühle auf, um nicht weinen zu müssen? Schießt sie sich frei?
Ja, vielleicht, ein bisschen schon. Zumindest eine Zeit lang. Dort, im Sportverein, in dem sie eigentlich nichts mehr zu suchen hätte nach ihrer Kündigung vor Jahren. Trauer und Wut sitzen tief, sehr tief, zu tief. Wühlen zerstörerisch bis zur Ohnmacht.
Ihren Job macht sie nach wie vor gut. Sie kann das eine vom anderen gut trennen. Doch wie lange noch?

Außerdem sind die, für die sie ihr Plädoyer macht, eben nur die anderen, doch auch sie sind Menschen. Menschen wie sie, die Anwältin. Und haben Sorgen wie sie und Probleme. Das geht ihr manchmal schon durch den Kopf, während sie so sitzt und hört oder schreibt. Scheiße! Warum ich auch? Erfolgsverwöhnt. Hoch geachtet. Doch privat?

Katastrophe!

Mein Kind ... mein lieber Junge ... wie mag es ihm nur gehen?

Ich will ihn haben, das Sorgerecht steht mir zu, nur mir, ich bin die Mutter. Warum ist das Kind nicht von Anfang an bei mir? Was sind das für Gesetze in unserem sogenannten Rechtsstaat? Bin ich etwa keine gute Mutter? Habe ich versagt? Ausgerechnet ich?

Wollte deshalb vielleicht schon das andere Kind, die Fehlgeburt, nicht zu mir? Nein, das kann nicht sein, das ist unmöglich. Ich bin doch kerngesund. Und er auch, der Vater meines Kindes.

Sie schießt und schießt. An den Gedanken vorbei. An den Gefühlen vorbei auf die Gefühle.

Doch wird sie dadurch frei? Wirklich? Kann sie es überhaupt unter diesen Umständen noch sein?

Depressionen gehören schon lange zu ihrem Leben. Niemand weiß davon. Es passt nicht zu ihr, so etwas zu haben. Deshalb gehört auch eine therapeutische Sitzung nicht in ihr Denkschema. Es gibt gute Therapeuten. Doch auch sie können ohne die Mitarbeit ihres Klienten keine ordentliche Arbeit machen.

Sie könnte Gott um Hilfe bitten. Dann bliebe das Ganze anonym. Sie tut es aber nicht. Er kommt nicht vor in ihrem Leben, sie würde sich schämen, nun plötzlich vor ihn zu treten. Wie überhaupt? Was sollte ich ihm sagen? Ach, ich lasse es lieber, er würde mich sicher sowieso nicht verstehen. Niemand versteht mich, nicht einmal ich mich selbst. So weit bin ich gekommen.

Ich kann alles selbst. Wirklich?

Sie schluckt Tabletten. Doch die helfen nicht wirklich, betäuben nur die angeschlagene Seele. Jedes Mal ist alles viel zu schnell wieder da. Zurück wie ein Bumerang. Sie fasst einen Plan, einen mörderischen Plan. Er muss weg, er, der ihr das Kind weggenommen hat. Und das Kind auch, denn das steht ihm nicht zu. Das habe ich geboren. Sie beschließt Rache. Fürchterliche Rache. Und sie kalkuliert ein, im Gemetzel selbst erschossen zu werden. Dann braucht sie sich anschließend für nichts mehr zu rechtfertigen. Amok laufen.

Warum nicht mal eine Frau? Warum eigentlich nicht? Bisher war das eine Männerdomäne, wie so vieles andere auch.

Doch heute gibt's fast nichts mehr, wo nicht Frauen mitmischen. Das haben die Amazonen einst mit Pfeil und Bogen, als sie statt ihrer Männer in den Krieg zogen, auch schon getan. Frauen durchbrechen heute also nach längerer Zeit des Nur-am-Kochtopf-Stehens, Kinderkriegens und besserer Lebensbedingungen wieder einmal einstige Männerdomänen. Scheinbar mühelos. Seit Jahrzehnten tragen Frauen lange Hosen, und sie haben die Hosen auch an im übertragenen Sinne. Seit es die sichere Verhütung gibt, starten sie so richtig durch in allen Bereichen des Lebens. Wenn Frauen nicht Mutter werden wollen, dann werden sie es auch nicht, ihr Leben lang. Männer kommen nicht mehr vor in dieser Planung. Diese natürliche Lücke schließen Frauen mit anderen Aktivitäten, zum Beispiel mit ungeheurem Fleiß am Arbeitsplatz. Das wird ja von ihnen auch erwartet, wenn sie Männern auf dieser Strecke Paroli bieten wollen. Die Überalterung der Gesellschaft ist die sichtbare Folge dieser dramatischen Veränderungen.

Die Frau im Wandel – und schon wieder gibt es eine Tragödie, gerade erst geschehen, bei der eine Frau der Auslöser war mit ihrem Auto. Dreizehn Tote und viele Verletzte – die Bilanz des jähen Endes einer Busfahrt mit polnischen Menschen darin. Gesetz der Serie?

Amok.

Patronen hat sie immer noch genug, die Rechtsanwältin. Waffen auch. Vier an der Zahl. Auch für's Zündeln hat sie vorgesorgt. Wenn schon, dann richtig. Sie ist voller Hass. Sie kann und will nicht mehr lieben. Doch hat sie es überhaupt je gekonnt?

Ihr ist alles egal. Alles. Der verbitterte Streit um's Sorgerecht indes geht weiter – in eine neue Runde. Doch die will sie nicht mehr. Sie hat sich umorientiert, ja, alles soll anders werden. Ganz anders. Auch das kriegt sie hin.

Und bald macht es die Runde.

„Eine Rechtsanwältin lief Amok." Wie tragisch. Einundvierzig Jahre alt oder jung? Egal. Das spielt jetzt sowieso keine Rolle mehr. Nach drei Toten durch ihre Schüsse musste sie von der Polizei auch erschossen werden. Diese muss nun ausführlich Bericht darüber erstatten, warum dies nötig gewesen sei. Vielleicht hätte ja ein Armschuss auch gereicht oder einer ins Bein? Arme Polizisten. Die sind nun in Erklärungsnot. Wie so oft. Einen beißen die Hunde immer.

Sie ist Sportschützin. Schreibt die Presse zunächst. Wirklich?

Doch: Sie ist es tatsächlich gewesen, wie sich nun herausstellt. Doch seit ihrer Kündigung ist sie keine mehr, sondern, wenn überhaupt: Sportschützin illegal. Doch was ist hier los? Wo sind die Kontrollen geblieben, wo ist die Verschärfung des Waffenrechts bei dieser Frau zum Tragen gekommen? Oder hatte sie vielleicht Privilegien? Wie so viele? Viel zu viele im Lande? Vielleicht genügt es ja, wenn man die vielen Ehrlichen unter Kontrolle hält und einschüchtert, dann können die anderen weitermachen wie bisher.

War sie Schützin aus Leidenschaft? Die Leiden schafft? Über dreihundert Schuss ließ die Anwältin zurück. Mann und Kind sind tot. Brutale Rache. So wollte sie es, nicht teilen, auf gar keinen Fall. Auch einen völlig unbeteiligten Pfleger aus der Klinik, in der sie einst gebar, erschießt sie in der Frauenabteilung. Vielleicht so nicht geplant. Doch Wut und Aggressionen fragen nicht danach. Fragen nicht nach Richtung, nicht nach Erklärung.

Ihre Wohnung hat die Rechtsanwältin zuvor angezündet. Mit Brandbeschleuniger. Das tut nur jemand, der andere für sein sogenanntes Scheißleben verantwortlich macht.

Sie kannte sich aus, ihr Beruf machte es möglich. Es gibt noch mehr Tragödien unter Gottes Himmel. Das erfährt sie jeden Tag.

Ganze Arbeit. Das ist sie, das war sie so gewöhnt. So wurde es von ihr erwartet. Immer in ihrem schicksalhaften Leben.

Was bleibt, ist ein Schrei. Ein Signal an die anderen, die bleiben. Die geschockt sind, dass es so etwas immer einmal wieder gibt. Und nun sogar die Bluttat einer Frau mitten im Frieden in unserem nun wieder vorwärts strebenden Land.

Mögen die Toten in Gott ihre Ruhe finden und die vielen Verletzten Heilung erfahren. Vor allem möge das unschuldige Kind, das von der Mutter regelrecht gemetzelt wurde, um dann erstickt zu werden, in Gott gut und sicher aufgehoben sein. Als kleiner unschuldiger Engel. Ich werde für sie alle heute Abend betend singen, auch für die zu Tode erschreckten Zufälligen. Und vor allem für die Polizisten.

Die Zeitungen und Zeitschriften werden noch monatelang immer wieder von diesem Ereignis zu berichten wissen. Immer wieder gibt es neue Erkenntnisse, die Licht ins Dunkel bringen sollen, ein Licht, das für die Täterin schon lange keines mehr war, nur noch trostlose Dunkelheit.

Ein Glück für die Presse. Je größer die Tragödie, desto größer der Umsatz. So einfach kann Geldmachen sein.

„Rechtsanwältin läuft Amok."

Hört sich doch spannend an oder?

Ach so, ja, schärfere Waffengesetze. Die müssen her. Mal wieder. Gegen alle Tragödien der Welt, auch die ganz kleinen im stillen Kämmerlein. Wie blöd sind wir eigentlich?

Nein, natürlich zur Sicherheit der Bürger, sagen die Politiker und glauben wohl sogar daran, an diese Sicherheit, die es nirgends auf Erden gibt. Wessen Sicherheit eigentlich wirklich?

Wie kaputt muss eine Gesellschaft sein, die sich nur mit der Verschärfung ihrer ohnehin reichlich vorhandenen Gesetze gegen alle Unbilden dieser Welt wappnen will? Selbst gewählte Tode, auch die DDR tat sich schwer damit, sind natürlich nicht gerade ein Aushängeschild für ein System, und spektakuläre Amokläufe sind es schon gar nicht, auch wenn sich mit ihnen pressemäßig gute Geschäfte machen lassen wie überhaupt mit geschürter Angst. Und in der Statistik mit so einem weiteren „Fall" gleich hinter den USA zu rangieren, ist auch nicht gerade erstrebenswert. Doch Deutschland hat ja immer dorthin geschielt, warum also nicht auch in diesen Fällen?

Übrigens, wie aktuell erwähnt, könnte man auch mittels einer Geisterfahrt ohne größere Vorbereitungen Amok „laufen" und im eigentlichen Drama völlig unschuldige Menschen mit in den sinnlosen Tod reißen. Auto wird ja genug gefahren, gerast wird auch genug ohne Waffenschein, obwohl – wie gesagt – so ein Gefährt durchaus als gefährliche Waffe im missbräuchlichen Fall benutzt werden kann. Alle Autofahrten deswegen verbieten oder zwangsweise einschränken wollen gegen den Willen des mündigen Bürgers? Den Rausch des Schnellen, des Risikos, des wenigstens einmal am Tag Straßenking-Seins gegen den Rest der Welt? Wohl kaum. Geschäft ist Geschäft. Rein wirtschaftlich gesehen, wird das Rasen sogar unterstützt, indem der Druck auf die Menschen im Arbeitsleben permanent steigt und die Tendenz zu immer größeren, schnelleren Autos geht. Des Deutschen liebstes Kind ist nun mal das Auto. Es ihm wegzunehmen, hieße, ihn amputieren zu wollen. Doch wer will das schon trotz permanent verstopfter Straßen, des Ozonlochs, ungeliebter Kernkraftwerke und nervender Dauer-Baustellen, deren Zahl immer größer wird? Und deshalb: Augen zu und durch. Gegen alle mitgeführten körperlichen und seelischen Leiden der Welt, die als permanente Dauerbrenner in Autos und LKWs lauern. Keine Gesetzesverschärfung kann all diese menschlich unausgewogenen Aspekte erfassen oder in Verordnungen pressen.

Doch: In Gott gibt es sie zu unser aller Trost und Glück, die Sicherheit, von der wir alle träumen, in ihm wird es sie immer geben. Doch der kann warten, bis er schwarz wird. Wirklich?

Frauen auf der Überholspur.

Denn, so sind sie nun einmal, wenn sie etwas tun, dann mit Perfektion oder gar nicht. Man denke zum Beispiel an die, die einst als Grenzkontrolleurinnen den bundesdeutschen Besuchern beim Passieren der DDR-Grenze voller Zynismus das Fürchten beigebracht haben, frustrierte, vom Sozialismus „durchdrungene" Frauentypen mit SED-Parteiabzeichen, mehr Mann als Frau, rauchige Stimme vom vielen Qualmen, männliches Vokabular.

„Einst konnten Frauen kochen wie ihre Mütter, heute können sie saufen wie die Väter." Das stammt nicht von mir, könnte es aber gut sein. Und dieser Spruch hat trotz seines witzigen Charmes traurige Aktualität.

Die Amokfrau ein Einzelfall? Vielleicht. Doch eher nicht, denn: Es gibt Dunkelziffern. Zahlen, die nirgendwo erscheinen, aber doch immer wieder kursieren. Frauliches ist im Arbeitsalltag von heute nicht gefragt trotz vieler Anstrengungen und Verbesserungen. Die Schönheitschirurgie boomt wie noch nie bei Mann und Frau gleichermaßen gegen Krankheit, Schwäche und andere unerwünschte Alterungszeichen. Es bliebe noch viel zu tun gegen Burnout und Jugendwahn und …

… gegen alle Unehrlichkeiten dieser Welt. Denn mit diesen fängt alles an und hört alles auf.

Doch zum Glück nicht in Gott. Nein, dort nicht.

„Das glaube ich nicht, sprach der Ungläubige und versuchte, die Welt wissend zu sehen. Es dürfte ihm nicht gelungen sein, denn er versucht es noch immer." (M. Gitzel)

Irene Schleske

Lebensplan (Fragen an Gott)

Sag, lieber Gott, ist's wirklich richtig:
Jeder einzelne Mensch ist Dir wichtig?
Hast einen Plan für jedermann?
Man wünscht sich, dass man den einsehen kann!
Wie sonst soll man den erfüllen
bei all der Hektik, all dem Zumüllen?
Und dann: Gibt's nur einen einzigen Plan für jeden?
Das ist mir nicht klar; darüber müssen wir reden!

Sag! Gibt's Lebensabschnittspläne?
Ich fühle, dass ich mich nach so was sehne.
Das Leben sei kurz, das sagt man meist.
Ich find's dann lang, wenn's um Probleme kreist.
Und lang wär's auch, wenn's nur Bewährung ist,
Du danach unser Leben nach dem Tod bemisst.
Hat's, wie's bisher lief, nicht recht getaugt,
fühlt man sich ganz schön ausgelaugt,
und dann wär's gar nicht so daneben,
'nen andren Plan würd's jeweils geben,
dass wir mutig Neues wagen,
anstatt das Alte zu beklagen.

Die Großen haben Dich deutlich vernommen
und genaue Aufträge von Dir bekommen.
Warum aber nur mit Eliten verkehren?
Dagegen möchte ich mich wehren.
Oder könnte der Durchschnittsmensch Dich nicht verkraften,

müsste sich schließlich selbst verachten?
Sogar Prophet Jona bekam einen Schreck,
als Deinen Plan er erfuhr, lief einfach weg.
Nach Ninive sollte er sich begeben,
die Menschen dort abbringen von sündigem Leben;
bestieg ein Schiff, das woanders hinfuhr.
Du schickst einen Sturm, der bewirkt Riesenaufruhr.
Man wirft Jona ins Wasser; ein Fisch kommt geschwommen,
der hat ihn tatsächlich in seinem Bauch aufgenommen.
An Land gespuckt erreicht er sein Ziel,
erfüllt Deinen Auftrag, der ihm zunächst missfiel.

Überall wirkst Du – man kann es seh'n.
Hinschau'n muss man, um zu versteh'n,
betrachten auch das eig'ne Leben;
da kann's schon 'ne Menge zum Staunen geben.
Da flüstert's im Herzen – doch oft recht leise.
Wie gesagt: Du sprichst zu den Großen auf andre Weise,

Da war Mose. Wie war der verstört,
als er auf einmal Deine Stimme gehört.
Dem hast Du gesagt, wie's weitergeh'n sollte,
ganz egal, ob der das wollte!
Ihn hast Du ganz schön energisch behandelt,
den Zauderer in einen Aktivisten verwandelt!

Zunächst wächst der auf in Pharaos Palast,
tötet einen Ägypter, macht sich verhasst,
flieht, wird beherbergt von einem Mann,
dessen Schafherden er jetzt hüten kann.
Heiratet dessen Tochter – ist normal –
Doch dann triffst Du für ihn die Wahl.

Für Dich, lieber Gott, ist er der Mann,
der Dein Volk nach Kanaan zurückführen kann.
Das zeigst Du ihm deutlich – er wirkt entrückt,
ist aber von dem Auftrag zunächst nicht entzückt.
Doch der ist deutlich – daran ist nicht zu rütteln –,
erst recht ist er nicht abzuschütteln.
Er wird sein neuer Lebensplan,
wie's dann alle um ihn herum sah'n.

Deutlich hat Mose Dich wohl stets vernommen,
hast ihn gelenkt – doch macht manches beklommen:
Er soll sein Sklavenvolk befrei'n
und fortan dessen Anführer sein.
Doch Pharao fand dieses schlecht,
Verlust des Volkes war ihm nicht recht,
denn auf jedem Gebiet ist es tüchtig,
schlecht für Ägypten, wird's plötzlich flüchtig.
Das kann man versteh'n, das musst Du so seh'n.
Warum nicht raten, geschickt vorzugeh'n?

Auf welche Weise, das weiß ich zwar nicht.
Doch die Plagen schicken? Welch ein Gericht!
Als Strafe der Tod von lauter Kindern!
Das kann nur den Glauben an Deine Güte behindern.
Passt doch – so denk ich – gar nicht zu Dir.
Die Lehre Jesu – und Rache Hier!
Bist doch der Gott für die ganze Welt.
(In der Bibel erscheinst Du bisweilen entstellt.)

Und wenn ich nun an Mose denke,
mein Augenmerk auf die Gebote lenke,
zehn an der Zahl hast Du ihm gegeben,
als Weisung für unser irdisches Leben,
so heißt's unter and'rem: Du sollst nicht töten!
Musst Du da nicht gewaltig erröten?
Bist – so sagst Du – der Gott für alle,
Tappst Du nicht auch in die Elitefalle?
Hast das wohl später eingeseh'n,
man sieht's am ganzen Christusgescheh'n.
Jesus hat seinen Auftrag klar erkannt,
sich nie auf falscher Fährte verrannt.
Auch Mose hat Deinen Auftrag verstanden.
Nähe zu Dir war wohl immer vorhanden,
und trotzdem hat's viele Pannen gegeben.
Erfüllung des Auftrags durft'er selbst nicht erleben.

Ist nun mal so mit manchem Ziel:
Man kann's nicht erreichen, 's ist eben zu viel.
Doch kommt's auch vor, ein andrer steigt weiter
auf der vom Vorgänger verlassenen Leiter.
Deinen Plan führt Josua, nicht Mose zu Ende.
Reichen nicht beide sich hier die Hände?

Schlaf

Du gabst uns den Schlaf. Das ist schon gut,
dass in uns alles, was müde ist, ruht.
Nicht nur der Körper, auch Seele und Geist,
der Unruhe schafft zu allermeist.

Im Schlaf sich erholen von allen Problemen,
die einem die Freude am Leben nehmen,
und denen man tagsüber aufgesessen.
Am Morgen sind die nicht selten vergessen,
sofern wir den Schlaf nicht künstlich verkürzen,
uns nachts in Aktivitäten stürzen.

Er kann Wunden heilen wie Medizin,
und die hast Du, lieber Gott, uns verlieh'n!
Und doch hab ich da an Dich eine Frage:
Die muss ich Dir stellen, 's ist mehr eine Klage:
Warum denn schlaf ich bisweilen ganz schlecht?
Ich brauche den Schlaf – Ist doch nicht recht!

Wache auf, hellwach, Probleme im Sinn,
hab nicht den Eindruck, dass ich ausgeruht bin.
Kämpfe – mit wem? – mit mir? mit Dir?
Was geht in mir vor? Was fühle ich hier?
Man sagt, lieber Gott, ein gutes Gewissen,
das sei so was wie ein Ruhekissen.

Hab' ich mich richtig danebenbenommen,
dann bin ich natürlich ganz schön beklommen.
Kopfkissen hart, ich fühle mich schlecht.

Ich kann nicht schlafen, doch find ich's gerecht.
Hab genug Muße zum Überlegen, Denken.
Bist dann wohl da, mir Einsicht zu schenken?

Für manches fühlt man sich aber nicht schuldig
wie Krankheit, Unfälle, erträgt's geduldig.
Warum da zum Grübeln die Nacht missbrauchen?
Soll einem denn ständig der Schädel rauchen?

Kraft, Energie immer wieder auftanken,
das möchte ich nachts, will Dir's auch danken.
Und dennoch kommt mir da ein Bild:
Jakob eines Nachts und Du: Ihr kämpft wild!

Und Jakob erfrischt – wie befreit am Morgen –
gekämpft, erlöst, fühlt sich geborgen!
Hast gekämpft wie ein Vater im Spiel mit dem Sohn?
Ihn zu ertüchtigen? Versteh das jetzt schon!
Als dann Jakob am Morgen auf den Bruder stößt,
versöhnen sich beide, wirken gelöst.

Um das Gute kämpfen – so ist's wohl gedacht –
oft um den Preis einer schlaflosen Nacht.
Es wird sich schon manches zum Rechten wenden,
kann ich den Kampf in mir beenden.
Das Leben ein Kampf! Das ist nichts Neues.
Nur: Kämpf ich allein: Ich glaub, ich bereu es!

Ein Traum

Ich träumte kürzlich vom Paradies,
wo mich der Todesengel ließ.
Ich schwebte leicht, hatte Flügel
und landete sanft auf einem Hügel.
Ich schaute mich um, war erstmal allein,
dann strömte es luftig auf mich ein.
Es erschienen Gestalten – engelgleich,
war eben gelandet im Himmelreich!

Oh weh! Es näherte sich Annemarie.
Mir klopfte das Herz, es zitterten die Knie.
Zu der war ich nie recht nett gewesen,
die wollt mir gewiss die Leviten lesen.
Doch tut sie sich nur zu mir runterbücken,
streicht mit dem Flügel mir über den Rücken.
Und mit dem andren droht sie mir leicht,
will mir klar sagen: Du, es reicht!
Keine Verletzung! Wir sind im Himmel.
Da gibt's keinen Krach, nur Glockengebimmel!
Ein Winken, Schweben, von Freunden, Bekannten.
Stirnrunzeln, Lächeln von nahen Verwandten.
Ich bin im Himmel mit schlechtem Gewissen;
bin trotzdem nicht hin- und hergerissen.

Ich wache auf, bleib erstmal liegen.
Wohin hat sich mein Geist verstiegen?
Ich hab im Traum den Himmel geschaut.
Man war nicht so ganz von mir erbaut.
Doch der Himmel war's – die Hölle nicht!

Kein Feuer brannte – überall Licht!
Von Verdammung keine Spur,
Freundliche Ermahnung nur.
Ich werd's bedenken, es wird wohl schlecht klappen.
Es geht mir einfach zu viel durch die Lappen.

Lisa Simon

Kreuzwege

Wege kreuzen sich,
Menschen begegnen sich.
Blicke kreuzen sich,
Menschen erkennen sich.
Es sind Sekunden,
verbunden durch Zeit und Ewigkeit.

Aus Einsamkeit
wird Zweisamkeit.
Aus Fremdheit wird Nähe.
Aus Kälte wird Wärme.
Aus Freundschaft wird Liebe.
Wenn es doch für immer so bliebe.

Es gibt immer einen Weg!

In der größten Dunkelheit,
in der tiefsten Einsamkeit
strahlt noch immer Gottes Licht,
das dir sagt: Ich vergesse dich nicht.
Auch wenn du denkst es geht nicht weiter
kommt unsichtbar auf Himmelsleiter ein Engel herab,
der dir sagt: Mach nicht schlapp,
ich helfe dir und stehe dir bei.
Du bist bald wieder frei von Sorgen und Leid,
weil Gott dir verzeiht und an dich denkt.
Er ist es, der von jetzt an deine Schritte lenkt
und dir Frieden schenkt.
Verlier den Glauben, die Hoffnung und die Liebe nicht.
Schau auf sein himmlisches Licht.
Gott unser Herr, der alle Tränen von dir wischt,
vergisst dich nicht.
Es gibt immer einen Weg!

Tief in dir

Tief in dir
liegen die ungelösten Fragen
das Wagen und Verzagen,
die Wut und das Versagen,
die ungeweinten Tränen
das Frohsein und das Schämen.

Zuviel ist schon zerschunden,
Geist und Körper voller Wunden.
Die Seele weint.
Käme doch einer,
der es gut mit mir meint.

Gott ist schon da.
Er wartet schon
auf die verlorene Tochter.
Geh auf ihn zu,
dein Heimweh kommt zur Ruh.
Jetzt bist du endlich DU.

Dankbarkeit

Danke für dich und für mich
und für den Nächsten
und für die Welt,
wo Gottes Liebe und Güte zählt.
Gott hat uns erwählt,
weil für ihn die Liebe zählt.

Aus allem Erlebten sollen wir sein
die Stimmen der Herzen,
für die Menschen die leiden an Not
und an Schmerzen.

Höre und spüre die Engelschöre.
Sie verstummen nie.
Sie tanzen um uns her.
In ihrer Leichtigkeit lehren sie:
das Leben mit Gott ist nicht schwer.

Denk an das Kind in Bethlehem,
es wurde geboren im Stall und lag auf Stroh,
es macht uns bis heute leicht und froh.
Gottes Liebe ist ebenso.

Elisabeth Susanne Stahl

Über die Natur als Vorbild für Religion und Poesie

Die Natur ist ja im religiösen Denken durchaus zweiwertig besetzt. Zum einen hat sie als Teil der Schöpfung Gottes Anteil an der Idee des Göttlichen. Sie stellt uns Fragen, Fragen nach dem Urheber des natürlichen Geschehens, Fragen nach dem Sinn, der dem natürlichen Geschehen zugrunde liegen mag. Aber sie stellt uns nicht nur Fragen. Sie kann uns auch ein religiöses Gefühl vermitteln. Angesichts ihrer Schönheit oder ihrer Erhabenheit bekommen wir ein Gefühl oder Ahnung von der Größe der göttlichen Idee. Auch im Kleinen lässt uns die Natur die göttliche Nähe spüren. Wenn Vögel im Frühjahr singen oder der Schnee leise auf die Felder und Wiesen fällt. Andererseits stellt die Natur eine Verführung oder Versuchung dar. Wenn wir nicht bereit sind, die Natur im Hinblick auf eine Idee des Guten zu transzendieren, stellt die Natur eine sinnliche Versuchung dar.

Man sieht schon, man kommt ohne die Idee des Guten oder Bösen unter dem Aspekt der Natur in der Religion nicht aus. So zeigt uns die Natur auch Aspekte der Gewalt und Brutalität. Die Hässlichkeit der Natur, ihre Disharmonie und unvollendete Spannung wären ein Thema für die Poesie. Die Natur spielt in der Poesie ja eine große Rolle. Nicht immer muss das lyrische Bild auf ein Geistiges hin übertragen werden. Dichtung kann auch ganz innerhalb des sinnlichen Bildes verbleiben. So könnte man auch das Alte und Neue Testament als Dichtung begreifen, bestünde nicht ein Anspruch auf Wahrheit. Dichtung stellt diesen Anspruch ja in erster Linie nicht.

Hat die Natur Phantasie oder kommt die Phantasie ihr nur durch unseren betrachtenden Blick zu? Dichtung spielt mit den Formen der Natur und versucht, sie auf ein Neues hin zu transzendieren. Auch die Natur kann spielerisch sein. Aber letztendlich überwiegen doch die Gesetzmäßigkeit und die Regeln, nach denen das natürliche Geschehen abläuft. Die ästhetische Qualität der Natur ist das Schöne oder das Hässliche. Die Natur braucht den Betrachter, so wie die Dichtung nicht ohne ein Gegenüber denkbar ist. Vielleicht wird sich die Natur erst im Menschen bewusst und wird erkannt in ihrer ganzen Fülle und unendlichen Schönheit. Dichtung richtet sich an ein Gegenüber, an den Menschen, den Leser und erzählt von der Liebe zu den Dingen. Vielleicht lebt Dichtung vor allem von der Liebe, in deren Blick sich alles verändert.

Kommt der Natur eine ethische Qualität zu? Kann sie von sich aus böse oder gut sein? Oder kommt ihr diese ethische Qualität nur im religiösen Denken zu. Die gleiche Frage stellt sich auch in Bezug auf die Dichtung. Soll Dichtung belehrend sein und unterrichten oder soll sie gleich wie die Natur nur vorstellen und andeuten? Vielleicht kann Dichtung vermitteln. Kommt ihr selbst keine ethische Qualität zu, kann sie doch versuchen, eine solche im Betrachter, im Leser hervorzurufen. Die Natur als Prinzip des Lebens könnte sowohl im Bereich der Lyrik wie der Religion von Interesse sein. Wie sich die Natur in immer neuen Formen entwickelt und Leben hervorbringt, wie die Lyrik mit immer neuen Formen spielt und immer wieder Neues und Anderes hervorbringt, das könnte sie gottähnlich erscheinen lassen. Aber auch die Endlichkeit des Natürlichen, die die Erinnerung und die Sehnsucht hervorruft, ihre Unvollkommenheit, macht sie zu einem vorwiegenden Thema der Poesie.

Ich sagte, die Natur kann spielerisch sein. Aber kann sie, so wie das lyrische Ich mit Worten, Sätzen und Bildern spielt, wirklich spielerisch sein? Ist sie nicht eher an gleich bleibende Gesetze gebunden und entwickelt sie sich nicht eher zweckgebunden. Das „als ob" spielt in der Poesie ja eine große Rolle. Immer wieder neue

Formen entstehen aus Wörtern, Sätzen und lyrischen Bildern nach eigenen, erfundenen Gesetzen. Hat das Spielerische denn in der Religion Platz? Ist ein Gott vorstellbar, der mit den Formen der Natur, der mit uns spielt? Sind wir der Einsatz, durch den die Natur als Schöpfung Gottes erlöst werden könnte? Die Natur schenkt uns Bilder, mit denen wir die Botschaften des Alten und Neuen Testamentes versinnbildlichen können. Sie vermittelt zwischen dem göttlichen Wort und uns. Oder sind es wieder wir, unser Blick und unsere Perspektive, die uns das göttliche Wort in der Natur suchen lässt. Braucht die Natur unseren Blick, den menschlichen Blick, die menschliche Perspektive, um verstanden zu werden. So wie die Lyrik der lyrischen, ästhetischen Subjektivität bedarf, so braucht die Religion den Menschen, um die Natur zu verstehen und auf ein Geistiges hin zu transzendieren.

Das Wort, das die sinnliche Bildlichkeit der Natur entdeckt und übersetzt, könnte ein religiöses oder auch poetisches Wort sein. Worin aber unterscheidet sich das religiöse Wort vom poetischen Wort, das lyrische Naturverständnis vom religiösen Naturverständnis. Wie ich bereits erwähnt habe, stellt das religiöse Naturverständnis den Anspruch auf Wahrheit, das lyrische nicht. Vielleicht lässt das lyrische Naturverständnis der Natur einen größeren Spielraum und verpflichtet die Natur nicht so sehr auf das Wort wie das religiöse. Man könnte ein allegorisches Naturverständnis von einem symbolischen Naturverständnis unterscheiden. Die allegorische Naturauffassung bezieht das sinnliche Bild der Natur zurück auf den Begriff, die symbolische Naturauffassung verbleibt innerhalb der Grenzen des sinnlichen Bildes und richtet sich mehr an das Gefühl als an den Verstand. Die Natur zeigt sich uns als ein Symbol, das der Übersetzung und der Interpretation bedarf. Die Natur braucht den Menschen, so wie der Mensch die Natur braucht, um sehen und verstehen zu lernen.

Lyrik könnte sich auch selbst genügen. Mit ihren eigenen Mitteln sieht sie die Natur, befragt sie und versucht sie auf ein Anderes, Unbekanntes hin zu transzendieren. Das religiöse Naturverständnis sucht Gott in der Natur und bezieht diese Suche auf eine bestimmte religiöse Botschaft zurück. Dichtung dagegen ist frei, ungebunden sucht sie das Unbekannte auf und nähert sich ihm auch in den Bildern der Natur. Das Bild der Natur ist eine Aufforderung, auf die Suche zu gehen und Neues und Unbekanntes zu entdecken. Dichtung lebt ja vielleicht auch von der Fiktion. Das heißt, sie hat auch die Möglichkeit, Neues und Unbekanntes in den wahrscheinlichen Bildern der Natur auszudrücken. Aber weniger als das Wahrscheinliche zählt die Phantasie, nach deren Regeln sich das Bild der Natur neu ordnet. Die Phantasie spielt ja im religiösen Denken nur eine untergeordnete Rolle. Wie phantastisch es ist, sich einen weltenschöpfenden Gott vorzustellen, so geringfügig ist die Bedeutung, die der Phantasie im religiösen Denken zukommt. Das Wort bleibt auf die Sätze der Heiligen Schrift und ein Dogma verpflichtet und stellt den Anspruch auf Wahrheit.

Entfernen sich so beide, Poesie wie Religion, von der Natur, so ist die Rolle, die ihr in Religion wie Poesie zukommt, gleichwohl eine große. Man denke sich eine Dichtung ohne die lange Tradition der Naturlyrik. Ist die Natur in der Religion etwas, das erklärt werden muss, kann die Dichtung voraussetzungslos von der Natur ausgehen. Dichtung kann auch revolutionär sein. Während in der Natur eine gesetzmäßige Beständigkeit überwiegt, kommt es in der Lyrik häufig zu Brüchen mit den Traditionen und abrupten Änderungen. Es fragt sich, inwieweit Lyrik auch einen politischen Charakter haben kann und inwieweit sie sich dann vom Naturvorbild entfernen muss. Eine politische Naturlyrik erscheint in sich widersprüchlich und wäre ein gewagtes Unterfangen. Auch das religiöse Denken kann ja durchaus politisch werden. Man denke nur an

Martin Luther oder Franz von Assisi. Seltsamerweise scheint jedoch hier die Rückbesinnung auf die Natur einen geradezu revolutionären Charakter anzunehmen. Das sinnliche Bild der Natur kann herangezogen werden, um Sätze aus der Heiligen Schrift zu verdeutlichen beziehungsweise zu versinnbildlichen. Es kann erklärend herangezogen werden, um Grundsätze der Lehre zu vermitteln. Die Dichtung dagegen ist ungebunden und kann sich mit der Natur und ihren sinnlichen Bildern auf die Suche nach Neuem und Unbekanntem begeben.

Autorenspiegel

Günter Aigner, geb. 1939 in Berlin. Der verheiratete Autor wohnt in Bad Soden und ist ehramtlicher Vorstand im Bürgerverein der Stadt. Der pensionierte Bankdirektor hat zwei Söhne und vier Enkel. Bisher keine Veröffentlichungen.

Monika Barmann, geb. 1954 in Mannheim. Die Autorin arbeitete zunächst als Erzieherin und Leiterin einer Kindertagesstätte. Nach einem Auslandsaufenthalt in Libyen entschloss sie sich zu einem Studium der Sozialpädagogik und absolvierte gleichzeitig eine Ausbildung in Gesprächspsychotherapie. Heute lebt Monika Barmann in Lampertheim. Dort setzt sie sich schon seit vielen Jahren für die Belange von Kindern und Jugendlichen ein. Mitzuhelfen die Welt eine wenig lebens- und liebenswerter zu gestalten, ist hier ihre Motivation. Veröffentlichungen: Diverse Anthologieveröffentlichungen u.a. „Das Gedicht lebt", 2006-10, R.G. Fischer Verlag, Frankfurt/Main; „Die Lyrik- Bibliothek", Bde. 3-10, Utz Verlag München; „Liturgischer Kalender: 2006-10", Kühlen Verlag, Mönchengladbach; Lyrikband „Trage die Worte durch dein Herz", Utz Verlag, 2008.

Thomas Berger, geb. 1952 in Magdeburg. Der Autor ist Theologe. Er war zunächst als Archivleiter am Institut für Demoskopie Allensbach tätig, seit 1980 ist er Gymnasiallehrer für Latein und Religion. Veröffentlichungen: zahlreiche Beiträge auf den Gebieten Kurzprosa, Lyrik und Essays in über 40 Anthologien; mehrere eigene Buchpublikationen.

Jürgen Bennack, geb. 1941 in Köln. Der pensionierte Hochschullehrer (Pädagogik) verfasst wissenschaftliche Texte und Essays (zu Kölner Humor und Mentalität) und hält dazu Vorträge. Außerdem schreibt er Gedichte und Geschichten (Kölner Mundart und Hochdeutsch), die er samt anderen Texten rezitiert.

Wolfgang Borgmeyer, geb. 1939 in Bochum. Der Autor, der den Bombenkrieg im Ruhrgebiet miterlebte, war nach seinem Abitur zunächst als Offizier in der Luftverteidigung tätig. Später studierte er Sprachwissenschaften, Geschichte, Pädagogik und Völkerkunde an den Universitäten Marburg, Bonn, Köln, Bern und Heidelberg. Es folgten Lehrtätigkeiten in Luzern, Sinsheim, Eppingen und Heilbronn, bevor er ab 1978 als Fachleiter in der gymnasialen Oberstufe des Südwestdeutschen Rehabilitationszentrum Neckargemünd in der Körperbehindertenpädagogik tätig war. Der Autor ist Vater von drei Töchtern und Großvater von drei Enkelsöhnen. Veröffentlichungen: zahlreiche Aufsätze zu Sozialgeschichte, Pädagogik, Militär- und Friedensgeschichte sowie Landeskunde; u.a. „Behinderte Jugendliche auf dem Weg zum Studium"; „Der deutsche Sprachraum heute – Eine Umfahrung des deutschen Sprachraums an den Außengrenzen".

Dr. phil. Margot Braunleder, geb. 1957 in Aachen. Die Autorin ist Lehrerin und Philosophin. Veröffentlichungen: „Selbstbestimmung, Verantwortung und die Frage nach dem sittlich Guten", Königshausen & Neumann, Würzburg, 1990; „Vorfrühlingsabend", Beitrag in *Gedicht und Gesellschaft 2010*, „Irgendwo", Beitrag in *Gedicht und Gesellschaft 2011*, jeweils Brentano-Gesellschaft Frankfurt/M. mbH, Frankfurt/Main; „Ich liebe" Gedichtzyklus in der Anthologie *Neue Literatur*, Frühjahr 2010, August von Goethe Literaturverlag, Frankfurt/Main; „Slawonische Tänze" Gedichtzyklus in der Anthologie *Neue Literatur*, Herbst 2010, August von Goethe Literaturverlag, Frankfurt/Main.

Gudrun Clemen, geb. 1929 in Schmalkalden. Die Autorin ist zweifach promovierte Sprach- und Geschichtswissenschaftlerin. Ihr waren das Wort und die Wörter, Sprache und Sprachen, Historie und Epochen stets wichtig und sind es bis heute geblieben. Veröffentlichungen: Diverse fachrelevante Publikationen; autobiographisch geprägtes Werk „Nunu – Ein Mädchen hat Freude am Malen", SWB Verlag, Stuttgart, 2010.

Hubertus Deick, geb. 1935 in Schlochau/ Pommern. Der Autor studierte Bauingenieurwesen in Dresden und Darmstadt und beschäftigte sich später als Ingenieur der Bauwirtschaft mit vielfältigsten Aufgaben: Von der Statik über die Bauleitung für Brücken und U-Bahnbauten bis zur Leitung einer Niederlassung und Mitglied der Geschäftsführung. Im Ruhestand nach einer schweren Krankheit schrieb er sein erstes Buch. Veröffentlichungen: „Depression: Das Erlebnis einer Heilung", Projekte-Verlag, Halle, 2007; „Eine Flucht 1945: verschüttete Erinnerungstatbestände", Projekte-Verlag, Halle, 2010.

Wolfram Eberbach, geb. 1924 in Esslingen. Der Autor ist seit 1945 verheiratet und hat zwei Kinder. Nach seiner Schulzeit in Stuttgart, Berlin, Schwerin und Bamberg war er ab Mai 1941 Kriegsfreiwilliger in der Luftwaffe. Es folgten eine Ausbildung zum Offizier, Flugzeugführer und Aufklärungsbeobachter und ein Fronteinsatz im Südabschnitt/ Ostfront. Im April 1945 lieferte ihn die US-Army an die Rote Armee aus.
Nach seinem Architekturstudium von 1946-52 an der TH Stuttgart trat er 1956 in die Luftwaffe der Bundeswehr als Oberleutnant ein. Zuerst war er im Ministerium in Bonn bei Graf Baudissin (Innere Führung), von 1958-61 im Ministerbüro bei F.J. Strauß, danach in Leipheim, Karlsruhe, Heidelberg, Memmingen, Mons/ Belgien und Köln tätig. 1981 wurde der Autor als Oberstleutnant

pensioniert. Veröffentlichungen: Seit 1946 zahlreiche lyrische Beiträge in Zeitungen, Zeitschriften, Gedichtsammlungen; „Flug durch die Dämmerungen", Roman, Fouqué Literaturverlag, Egelsbach, 2001.

Prof. Dr. Lieselotte von Eltz, geb. 1921 in Wien. Die Autorin studierte Geschichte, Germanistik, Kunstgeschichte und evangelische Theologie an der Universität in Wien, promovierte und habilitierte in Philosophie. Sie machte eine Ausbildung als Bibliothekarin und war von 1949 bis 1985 als Leiterin der Büchereistelle für das Bundesland Salzburg tätig. Zudem arbeitete sie als freie Mitarbeiterin unter anderem für den Österreichischen Rundfunk und die „Salzburger Nachrichten". 1972 wurde sie Leiterin des „Theologischen Studienkreises" in Salzburg und hielt Gastvorträge in England und Deutschland. Seit 1986 veranstaltet sie Vortragsreihen an der Salzburger Volkshochschule. Veröffentlichungen: zahlreiche Biographien, Erzählungen, Essays, darunter „Die Kirchen Salzburgs", „Kirchenfrauen" und „Das Hündchen des Tobias"; zuletzt „Vom anderen Sein" August von Goethe Literaturverlag, 2009, Frankfurt/ Main. Sie ist Mitglied des P.E.N.-Clubs und des Österreichischen Schriftstellerverbandes. 1975 erhielt sie den Förderungspreis des Landes Salzburg für Erwachsenenbildung. Sie ist Vizepräsidentin und Ehrenmitglied des Tierschutzvereins für Stadt und Land Salzburg.

Marion Gitzel, geb. 1947 in Dessau (Sachsen-Anhalt). Die Autorin ist Diplom-Ingenieurin für Maschinenbau, zurzeit in Altersteilzeit. Veröffentlichungen: Zahlreiche Beiträge in: *Die besten Gedichte* 2007/08 und 2008/09, Frankfurter Literaturverlag, Frankfurt/ Main; Frankfurter Bibliothek deutschsprachiger Gedichte Ausgewählte Werke, Bde. VIII 2005 - XIII 2010; Beitrag in der Anthologie *Das besondere Ereignis*, August von Goethe Literaturverlag,

Frankfurt/Main, 2008; Beitrag in der Anthologie *Neue Literatur*, Frühjahr 2010, August von Goethe Literaturverlag, Frankfurt/Main; zuletzt Buchveröffentlichung „Ich bin. Wer noch? Sprüche zum Mitmachen für (fast) jeden Tag", August von Goethe Literaturverlag, Frankfurt/Main, 2010.

Uwe Volker Grenz, geb. 1944 in Halle/Saale. Der Autor, der heute als selbständiger Immobilien- und Unternehmensberater arbeit, lebt in Berlin. Zurzeit arbeitet er an einem mehrsprachigen Lyrikprojekt. Bisher keine Veröffentlichungen.

Lena Heimhilger, geb. 1952 in Inzell (Oberbayern). Die Autorin ist Mutter eines erwachsenen Sohnes und lebt in München, wo sie auch seit fast 20 Jahren als Dipl. Chef-Assistentin an der Universität mit Traditioneller Chinesischer Medizin (TCM) arbeitet. Zu ihren Hobbies gehören neben Schreiben und graphischer Gestaltung Fotografieren, Skifahren, Wandern und Klettern. Veröffentlichungen: „Überdosiert", Anthologiebeitrag, Novum Verlag, Herbst 2007; „Ich verliere mich", Anthologiebeitrag, Novum Verlag, Frühjahr 2007 und als Buch 2008 sowie wiederum als Anthologiebeitrag, Karin Fischer Verlag „Lyrik und Prosa", Frühjahr 2009; Anthologiebeitrag „Leni" *Neue Literatur*, Frühjahr 2010, August von Goethe Literaturverlag, Frankfurt/Main. Fotoausstellungen und Lesungen. Weitere Informationen zur Autorin unter www.heimhilger.pageonpage.eu.

Christa Held, geb. 1929 in Riga/Lettland. Die Autorin verbrachte Ihre Kindheit in Südafrika. 1944 nach Deutschland repatriiert, erlebte Sie das Kriegsende in Berlin. Die Lehrerin außer Dienst und Mutter von drei Kindern veröffentlichte unter dem Pseudonym Ruth Flensburg. Heute ist Sie zudem bei der kirchlichen Kinder- und Frauenarbeit aktiv. Veröffentlichungen (gekürzte Titel):

Nachtwache; Dodo; Pardon – ich komme etwas überraschend; diverse Erzählungen; auch Rundfunkarbeit und Übersetzungen aus dem Englischen. Lit.: Wer ist wer? The Berliner, Kürschners Deutsches Literaturlexikon.

Michaela Heukrodt, geb. 1969 in Frankfurt/Main. Die Autorin ist gelernte Chemielaborantin und Mutter von drei Kindern. In jungen Jahren verfasste sie unter anderem für eine Theatergruppe Sketche und Einakter, die mit großem Erfolg aufgeführt wurden. Auch heute spielt sie in einer Laienspielgruppe Theater. Bisher noch keine Veröffentlichungen.

Andrea Christine Hopf, geb. 1967 in Wien. Die Autorin ist „Magistra der Philosophie". Sie hat zunächst neben einer Lehre zur Bürokauffrau berufsbegleitend Abitur gemacht. Dann folgte ein Diplomstudium der Geschichte. Hauptberuflich ist die Autorin bei der Gemeinde Wien beschäftigt. Veröffentlichung: Beiträge in der Anthologie *Neue Literatur*, Frühjahr 2007 bis Frühjahr 2010, August von Goethe Literaturverlag, Frankfurt/Main; „Zwerg Apfel und seine Freunde", Kinderbuch, Books on Demand GmbH, Norderstedt, 2008; Kurzgeschichten in der Anthologie Querschnitte Herbst und Winter 2008, Novum Verlag.

Lothar Hutz, geb. 1947 in Herdecke an der Ruhr. Der Autor lebt in Zwingenberg an der Bergstraße und ist Oberstudienrat in Lampertheim (Hessen). Er studierte Anglistik und Geographie in Frankfurt/Main. Während seiner Studienzeit war er als Lehrer an einer Schule in Wiltshire (England) tätig. Auslandsaufenthalte an Schulen in Wisconsin (USA) und Victoria (Australien) folgten. Seit 2007 schreibt er Kurzgeschichten. 2009 nahm er am Schreibwettbewerb „Schlaflose Nächte" teil. Veröffentlichungen: Beiträge in der Anthologie *Neue Literatur*, Herbst 2008 - 2010, August von Goethe Literaturverlag, Frankfurt/Main.

Roger Kaysel, geb. 1938 in Baden (Schweiz). Der Autor gründete auf der Basis kulturgeschichtlicher, volkskundlicher und pädagogischer Interessen 1983 mit seiner Frau Sonja Kaysel-Henriksen das Schweizer Kindermuseum in Baden. Er ist Verfasser von Fachpublikationen und Ausstellungskatalogen zu Kinderkultur. 1997 wurden er und seine Frau mit dem Ehrendoktor der Universität Bern ausgezeichnet. Veröffentlichungen: „Arboretum – Bäume tragen den Himmel", August von Goethe Literaturverlag, Frankfurt/Main, 2008; im Frühjahr 2011 erscheint im gleichen Verlag das Buch „Vom Weinen und Lachen".

Josef Kilian Kainz, geb. 1940 in Passau. Der Autor war in der Finanzverwaltung tätig. Veröffentlichungen: „Dear Jeffrey", Gedichte und Prosa, 2001/2002, Cornelia Goethe Literaturverlag, Frankfurt/Main; „Passacaglia für einen unreinen Geist", Beitrag in der Anthologie *Neue Literatur*, Frühjahr 2007, August von Goethe Literaturverlag, Frankfurt/Main; „Mein Traum vom Jüngsten Gericht", Beitrag in der Anthologie *Neue Literatur*, Herbst 2007, August von Goethe Literaturverlag, Frankfurt/Main; „Hommage an Stephen King", Beitrag in der Anthologie *Neue Literatur*, Frühjahr 2008, August von Goethe Literaturverlag, Frankfurt/Main; „Zwei Konzerte für zwei Trompeten als musikalisches Lösegeld", Beitrag in der Anthologie *Neue Literatur*, Frühjahr 2009, August von Goethe Literaturverlag, Frankfurt/Main; „Atemzug der Ewigkeit", Gedichtbeitrag *Die besten Gedichte 2008/2009*, Frankfurter Literaturverlag, Frankfurt/Main; „Von der Etsch bis an den Belt", Beitrag in der Anthologie *Neue Literatur*, Herbst 2009, August von Goethe Literaturverlag, Frankfurt/Main; „Panikmache auf Patmos oder Engel verspüren kein menschliches Rühren", Beitrag in der An-

thologie *Neue Literatur*, Frühjahr 2010, August von Goethe Literaturverlag, Frankfurt/Main; „Weißt du, wie das wird?", Beitrag in
der Anthologie *Neue Literatur*, Herbst 2010, August von Goethe
Literaturverlag, Frankfurt/Main.

Maria Kleinrath, geb. 1949 in Bromberg/Niederösterreich, wo sie
auch heute lebt. Die Autorin wurde als fünftes von sechs Kindern
in eine Bergbaufamilie hineingeboren und konnte in der Geborgenheit einer Großfamilie aufwachsen; 1970 heiratete sie in einen
anderen Bauernhof ein und erlebte die Höhen und Tiefen des
Bauerndaseins. Später interessierte sich die Autorin für das Leben
ihrer Vorfahren. Um ihren Kindern den Bezug zu ihren Wurzeln
zu ermöglichen, hielt sie die Erzählungen ihrer Mutter in einem
Buch fest. Bislang keine Veröffentlichungen.

Ute Kreibich, geb. 1970 in Lutherstadt Eisleben. Die Autorin ist
Apothekenfacharbeiterin und Hochschulabsolventin (Erziehungs-
wissenschaft, Neuere deutsche Literaturwissenschaft, Psychologie,
Russistik und Anglistik), zurzeit Erwerbsminderungsrentnerin.
Veröffentlichungen: Gedichtbeiträge im *Jahrbuch für das neue Gedicht*, Frankfurter Bibliothek, Brentano Gesellschaft Frankfurt/M.
mbH, Frankfurt/ Main; „Aus unerfüllter Liebe" Beitrag in der Anthologie *Neue Literatur*, Herbst 2005, August von Goethe Literaturverlag, Frankfurt/Main.

Johanna Kurschus, geb. 1931 in Budweis (Tschechien). Die verheiratete Autorin ist Mutter zweier erwachsener Kinder. 1947
wurde sie nach Bayern ausgewiesen. Bis 1990 war sie selbständig;
jetzt ist sie in Rente. Veröffentlichungen: „Die Maus auf der Butter" (Erinnerung an Johanna), Roman, Eigenverlag, 2002; Beiträge
im *Jahrbuch für das neue Gedicht*, Frankfurter Bibliothek, 2004 und
2005, Brentano-Gesellschaft Frankfurt/M. mbH, Frankfurt/Main;

Beiträge Anthologie *Neue Literatur*, Frühjahr 2005-2007, 2009 und 2010 sowie Herbst 2005, 2009 und 2010, August von Goethe Literaturverlag, Frankfurt/Main; Anthologiebeiträge *Ich habe es erlebt*, 2005 und 2006, August von Goethe Literaturverlag, Frankfurt/Main; Beitrag Weihnachtsanthologie *Besinnliches zur Weihnachtszeit*, 2006, August von Goethe Literaturverlag, Frankfurt/Main; Beitrag in *Die besten Gedichte 2007*, Frankfurter Literaturverlag, Frankfurt/Main; „Blick durchs Zeitfenster", Haiku-Kalender 2008; „Einfach tierisch", Anthologiebeitrag, 2008, Wendepunkt-Verlag, Weiden.

Daniela Lorenz, geb. 1967 in Cham. Die Autorin ist Mutter eines Sohnes und war als Bürokauffrau und EDV-Systemberaterin tätig. Die heutige Frührentnerin, die in einer neuen glücklichen Beziehung lebt, ist am Schreiben, an Musik und an Filmen interessiert. Bislang keine Veröffentlichungen.

Hans Marggraf, geb. 1926 in Stadtilm (Thüringen). Der Autor lebt jetzt nach seiner Hochzeit mit einer wesentlich jüngeren Frau in Halberstadt. Nach Kriegsdienst und Gefangenschaft kehrte er 1946 seine Heimatstadt zurück und arbeitete wieder in seinem erlernten Beruf als Verwaltungsangestellter in der staatlichen Verwaltung. Nach den Ereignissen des 17. Juni 1953 wurde er wegen des Verstoßes gegen die antifaschistische Ordnung aus dem Staatsdienst und dem Hochschulstudium entlassen. Mehrmalige Berufs- und Arbeitsstellenwechsel folgten. 1958 gelang es ihm, in einem privaten Handwerksbetrieb unterzukommen, den er 1969 als Handwerksmeister übernahm. Nebenbei engagierte er sich in der evangelischen Kirche seines Wohnorts. Veröffentlichungen: „Im Schatten des Lichts – im Zwielicht", Erinnerungen eines Thüringers, Frieling-Verlag, Berlin, 2007; verschiedene Anthologiebeiträge.

Gut auch zu wissen, dass ich mich voll und ganz auf die Hilfe meines Hausarztes, Herrn Dr. Koellner, verlassen kann. Er war es, dem ich die Früherkennung des Krebses verdanke.

Brigitte Martin-Russo, geb. 1947 in Kiel. Die Autorin lebt seit 40 Jahren in Neumünster. Nach ihrer Scheidung vor 11 Jahren fand sie zurück zu ihrer Schreibleidenschaft. Veröffentlichungen: „Das Schönste im Leben", Gedichtbeitrag für Bertelsmann-Club, 2009; „Viele gemalte Herzen", Gedichtbeitrag für die Klassische Edition der Frankfurter Bibliothek, 2010; Beitrag in der Anthologie *Neue Literatur Frühjahr 2010*, August von Goethe Literaturverlag, Frankfurt/Main; Beitrag *Die besten Gedichte* 2010/2011 der Frankfurter Bibliothek „Viele gemalte Herzen"; Beitrag Bibliothek Deutschsprachiger Gedichte XIII, „Kirschblüten im Schnee", 2010.

Christina Meffert, geb. 1975 in Köln. Die Autorin studierte Psychologie und Germanistik an den Universitäten Freiburg i. Brsg. und Frankfurt am Main. Nach einer Anstellung als Wissenschaftliche Hilfskraft am Institut für Jugendbuchforschung der Goethe Universität Frankfurt/M. und spätere Marketingassistentin lebt und arbeitet sie heute als Inhaberin einer Agentur als freischaffende Grafikerin, Dozentin für Gestaltung, Germanistin und Autorin mit ihrer Familie in Starnberg.

Bruno Melchert, geb. 1933 in Köln. Der Autor ist in Köln-Nippes aufgewachsen und seit 1953 verheiratet. Nach der Volksschule machte er eine Lehre zum Stuckateur, arbeitete nach dem Besuch der Technikerschule als Bauleiter. Seit 1980 ist publizistisch tätig und studierte zudem von 1981-89 unter anderem Philosophie und Soziologie. Veröffentlichungen: Melchert/Klersch; „AJUJA - Karneval in Köln", Bachem 1988; Hörspiele (WDR) „En Belder stich

Vergangenheit" (25.03.1984), „Moore die uns trenne" (21.04.1986); zudem Beiträge in Anthologien: Gérard Schmidt (Hrsg.), „Karneval trotz Krieg", Köln, 1991; Jahrbuch für das neue Gedicht, Frankfurter Bibliothek, Brentano-Gesellschaft Frankfurt/M. mbH, 2009; Das ungewollte süße leben (Diabetes), Norderstedt, 2009; Das Zeitkarussell (Lyrik, Satire), Norderstedt, 2009; Dräume un opwaache (Mundart), Norderstedt, 2009, diverse Beiträge in Mundart-Anthologien.

Erich Nessel, geb. 1937 in Obermoschel. Berufliche Stationen: Landwirtschaftskammer, Bäuerliche Hauptgenossenschaft Raiffeisen, Kreisverwaltung. Veröffentlichungen: Mitautor bei Chronik: „650 Jahre Stadt Obermoschel" (1349-1999); Autor von „Eechi – Die Lebensgeschichte eines Kleinbauernbuben – mit (fast) unglaublichen Begebenheiten", August von Goethe Literaturverlag, Frankfurt/Main (erscheint 2011).

Heike Peters, geb. 1977 in Rostock. Die Autorin studierte zunächst in Berlin und arbeitet als Rentenberaterin. Die zweifache Mutter lebt heute Winsen (Luhe). Ihr literarisches Leben begann bereits im Teenageralter. Die ersten Texte entstanden aus Liebeskummer. Bislang keine Veröffentlichung.

Regina Rocznik, geb. 1942 in Rückers/Niederschlesien. Die Autorin ist geprüfte Sekretärin und Bibliotheksfacharbeiterin, hat Pädagogik studiert und ist als Korrespondentin für Zeitungen tätig. Sie hat im Juli 2007 das Schriftstellerdiplom nach erfolgreichem Abschluß des Fernstudiums Literarisches Schreiben an der Cornelia-Goethe-Akademie Frankfurt/Main erhalten. Veröffentlichungen in verschiedenen Zeitungen, Beiträge in Fach- und Zeitschriften, Anthologien und den Jahrbüchern für *Das Neue Gedicht* 2002,

2003, 2004 und 2005 sowie 2008 und 2009 der Frankfurter Bibliothek.

Hans-Georg Rudzinski, geb. 1953 in Bleckede an der Elbe. Der Autor studierte Biologie und Chemie an der Hochschule Lüneburg und war von 1982 bis 2010 als Lehrer an der KGS Schwanewede tätig. Veröffentlichungen: zahlreiche biologiedidaktische und entomologische Beiträge zur Taxonomie und Faunistik der Dipteren (Fliegen und Mücken); „Delirius", Roman, 2009, Verlag Neue Literatur, Jena; Beiträge in der Weihnachtsanthologie *Besinnliches zur Weihnachtszeit*, 2009, August von Goethe Verlag, Frankfurt/Main; „Die Liebe: verlieren – suchen – finden", Beitrag in der Anthologie *Neue Literatur* Frühjahr, 2010, August von Goethe Literaturverlag, Frankfurt/Main; „Der Schlaf ist mein Frisör", Beitrag in der Anthologie *Neue Literatur* Herbst, 2010, August von Goethe Literaturverlag, Frankfurt/Main; Anthologiebeiträge im *Jahrbuch für das neue Gedicht*, Frankfurter Bibliothek, Brentano-Gesellschaft Frankfurt/M. mbH, Frankfurt/Main, und im Frieling-Verlag, Berlin; Beiträge aus den Sammlungen „Immer am Rande eines Abgrunds stehen" und „Frei und doch gefangen", Anthologie *Querschnitte*, Herbst 2010, novum-Verlag, Neckenmarkt.

Dorothee Sargon, geb. 1942 in Kassel. Die Autorin erlernte den Beruf der Bürokauffrau und arbeitete in verschiedenen Firmen als Stenotypistin und Kontoristin. 1963 ging sie als Au-pair-Mädchen in die USA, um die Sprache zu lernen. Nach ihrer Rückkehr erwarb sie 1965 ihr Sekretärinnendiplom und arbeitete viele Jahre als Sekretärin. Im Dezember 1965 heiratete sie, 1970 kam ihr einziger Sohn zur Welt. Fünfzehn Jahre blieb sie zu Hause und widmete sich der Erziehung ihres Sohnes. Während dieser Zeit war sie die rechte Hand in den Geschäften ihres Mannes. 1985 schaffte sie den Wiedereinstieg ins Berufsleben und arbeitete bis zur Pensionierung als Sekretärin. Mit 47 Jahren ging sie noch einmal zur Abendschule und erlernte den Beruf Kosmetikerin. Von 1990 bis zur Pensionierung im Jahr 2002 war sie nebenberuflich Kosmetikerin im eigenen Institut. Acht Jahre übernahm sie im Frühjahr und Herbst die zweimonatigen Abendkurse in dieser Schule als Fachdozentin für Massagen. Ihre Vorliebe für Tagebücher brachte sie darauf, diese zu sichten, eigene Erlebnisse in Kurzgeschichten zu fassen und Bücher zu schreiben.

Anton Schatz, bürgerlicher Name Dr. Berthold Schmaltz, geb. 1940 in Würzburg. Der Autor praktizierte von 1974 bis 2005 als Facharzt für Allgemeinmedizin. Zudem war er von 1983 bis 1997 Lehrbeauftragter für Allgemeinmedizin an der Universität Mainz und ist Vorsitzender des Vorstands der Stiftung zur Förderung der Lehre und Forschung in der Allgemeinmedizin an der Universität Mainz (mit der Fa. Boehringer, Ingelheim) sowie Generalsekretär von Medicus Mundi International. Veröffentlichungen: „Die Allgemeinmedizin", Lehrbuch; „Hildegardiswanderung" (für Angehörige der Universität und ihre Angehörigen) im Rheingau; „Die Wahrheit wohnt in jedem selbst", Fouqué Literaturverlag, Egelsbach, 2001.

Gabriele Schlenker-Harthauser, geb. 1953 in Schwenningen am Neckar. Die Autorin ist Diplom-Sozialpädagogin und Psychoanalytikerin. Veröffentlichungen: Gedichtbeiträge im *Jahrbuch für das neue Gedicht 2007-2010*, Frankfurter Bibliothek, Brentano-Gesellschaft Frankfurt/M. mbH, Frankfurt/Main; Gedichtbeiträge in *Die besten Gedichte 2007/2008-2010/2011*, Frankfurter Literaturverlag, Frankfurt/Main; verschiedene Beiträge in der Anthologie *Neue Literatur*, August von Goethe Literaturverlag, Frankfurt/Main , Herbst 2008 im Teil „Glücklich allein ist die Seele, die liebt", Herbst 2010 im Teil „Wer Religion hat, redet Poesie"; Beitrag in der Anthologie *Das große Vorlesebuch 2011*, August von Goethe Literaturverlag, Frankfurt/Main.

Irene Schleske, geb. 1938 in Berlin. Die pensionierte Realschullehrerin hat 3 Kinder, 8 Enkelkinder und lebt mit ihrem Mann, einem pensionierten Professor für Sportpädagogik in Beilstein, Kreis Heilbronn. Ihre besonderen Interessen waren schon immer Religion, Literatur und Tiere. Nach der Pensionierung hat sie sich erstmals ein paar Schafe als lebendige Rasenmäher angeschafft und eine ganz neue Erfahrung gemacht: Die rührend anhänglichen und anspruchsvollen Tiere versetzen sie in eine spirituelle, meditative, kreative Welt, in der es immer Ruhe gibt. Die Autorin geht regelmäßig, versehen mit Block und Bleistift, mit ihren 7 Schafen spazieren, lässt sie dabei weiden und schreibt ihre Gedanken auf - meist in Gedichtsform. Sie hat seitdem zwei Gedichtbände verfasst: „Schäferstündchen und andere Gedichte", edition fischer, Frankfurt/Main 2009; „Gespräche mit Gott", August von Goethe Literaturverlag, Frankfurt/Main, 2010.

Heinz Schneider, geb. 1934 in Schlackenwerth/ Sudetenland, 1946 aus seiner Heimat nach Dömitz in Mecklenburg vertrieben, studierte ab 1953 zunächst in Leipzig und später in Greifswald Humanmedizin. Berufsziel: Militärarzt. 1958 erfolgte aus politischen Gründen die Entlassung aus der NVA mit Zwangsexmatrikulation. Nach einer „Bewährung in der Produktion" als Landarbeiter in Blankenfelde Wiederzulassung zum Studium 1959 zunächst an der Universität Rostock. Im gleichen Jahr Staatsexamen in Greifswald. 1962 Promotion zum Dr. der Medizin. Von 1967 bis 1998 Chefarzt der Diabetes-Abteilung am Kreiskrankenhaus Prenzlau. Veröffentlichungen: Im Frühsommer 2011 erscheint als literarisches Erstlingswerk „Die Normalität des Absurden". Diese Lebensgeschichte ist ein autobiografischer Ausflug in die jüngere Geschichte Deutschlands.

Hans-Joachim Schorradt, geb. 1954 in Berlin. Der Autor, der in Berlin die Schule besuchte, eine Forstarbeiterlehre machte und noch immer dort lebt, wurde 1983 nach einer 1977 ersten, in der Folge chronischen Erkrankung berentet. Veröffentlichungen: seit 1996 zahlreiche Beiträge in verschiedenen Anthologien.

Sieglinde Seiler, geb. 1950 in Wolframs-Eschenbach (Bayern). Die Autorin ist Dipl. Verwaltungswirt (FH). Neben dem Schreiben ist Fotografieren ihre große Leidenschaft. Veröffentlichungen: 119 Gedichte im Internet unter www.feiertagsgedichte.de; „Verfrühter Frühling", Gedicht, *Jahrbuch für das neue Gedicht*, Frankfurter Bibliothek, 2009, Brentano-Gesellschaft Frankfurt/M. mbH, Frankfurt/Main und *Die besten Gedichte 2009/2010*, Frankfurter Literaturverlag, Frankfurt/Main; „Blätterherbst", Gedicht, *Jahrbuch für das neue Gedicht*; Frankfurter Bibliothek, 2010, Brentano-Gesellschaft Frankfurt/M. mbH, Frankfurt/Main und *Die besten Gedichte 2010/2011*, Frankfurter Literaturverlag, Frankfurt/Main; „Wintermärchenland", Gedicht, *Jahrbuch für das neue Gedicht*; Frankfurter Bibliothek, 2011, Brentano-Gesellschaft Frankfurt/M. mbH; „Das Hutzelbrot", Geschichte, und „Es weihnachtet sehr", Gedicht, beide Weihnachtsanthologie *Besinnliches zur Weihnachtszeit*, 2009, „Wo wohnt der Frühling?", Geschichte, Anthologie im Herbst 2010 *Neue Literatur* , „Das Spielzeug des Mondes", Märchen, Anthologie *Das große Vorlesebuch 2011*; „Der fehlende Christbaum", „Des Jesuskindes Tränen", „Weihnachten" und „Heiliger Abend", Gedichte, Weihnachtsanthologie *Und es werde Licht*, 2010, genannte Anthologien August von Goethe Literaturverlag, Frankfurt/Main, 4 weitere Weihnachtsgedichte Weihnachtsanthologie 2010; *Unter dem Weihnachtsstern*, EPLA-Verlag Ganderkesee.

Elisabeth Susanne Stahl, geb. 1963 in Leverkusen-Wiesdorf. Die Autorin studierte Kunstgeschichte und Romanistik in Graz und Lille. Sie ging zunächst einer Unterrichtstätigkeit in Lille nach, seit 1995 ist sie als freiberufliche Kunsthistorikerin und Romanistin tätig. Buchveröffentlichung: „Correspondances. Ein forschungsgeschichtlicher Überblick zum Bildbegriff Charles Baudelaires", C. Winter, Heidelberg, 1999; Beteiligung an Jahrbüchern und Anthologien des Fouqué Literaturverlags, des Cornelia Goethe Literaturverlags und des August von Goethe Literaturverlags sowie der Brentano-Gesellschaft Frankfurt/M. mbH, alle Frankfurt/Main, 2001 ff.

Gabriele Westphal, geb. 1964 in Hildesheim. Die Autorin, die seit einem Jahr in Hanau lebt, ist als Projektcontrollerin tätig. Bisherige Veröffentlichungen: Lyrikbeitrag in der Anthologie *Neue Literatur*, Herbst 2009, August von Goethe Literaturverlag, Frankfurt/Main; Gedichtband „Licht und Dunkelheit", Wagner Verlag, 2010.

Dr. Konrad Zimmer, geb. 1934 in Stadtlauringen (Unterfranken). Der Autor, der heute in Königsberg in Bayern lebt, ist Ruhestandsbeamter, Reserveoffizier, Dr. h. c. und Ehrenprofessor, politisch, sozial, karitativ und humanitär stark engagiert und Träger zahlreicher Titel und hoher Auszeichnungen. Veröffentlichungen: unzählige zeitkritische und -geschichtliche Aufsätze und Leserbriefe; eine Vielzahl von Anthologiebeiträgen bei verschiedenen Verlagen.

Inhaltsverzeichnis

„Glücklich allein ist die Seele, die liebt"

Heike Peters

Ich habe es erlebt!

Erich Nessel

Heinz Schneider

Wer Religion hat, redet Poesie